現代リスク社会にどう向きあうか

【編者】
坂井俊樹・竹内裕一・重松克也

―小・中・高校、社会科の実践

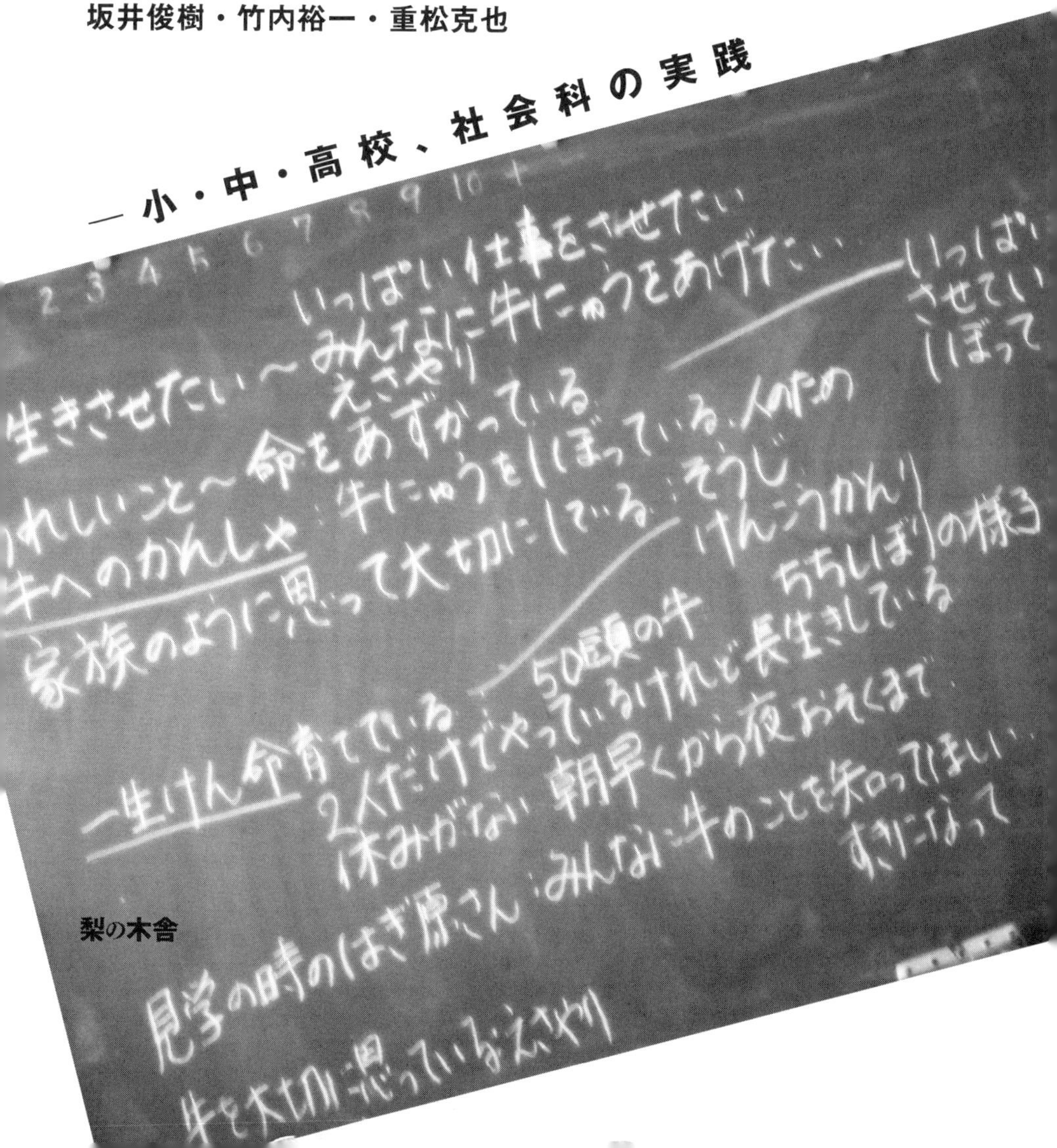

梨の木舎

はじめに

福島から考える

何度か福島を訪れる機会に恵まれた。研究会への参加を重ねるごとに、私たちの想像を越えた人びとの不安、不安定な心に触れた。またそれでも農作物を作り続け生きていかなければならない農家の方々の悲痛な思いにも接することができた。他者（よそ者）が理解や想像すらできない福島の現場に足を踏み入れたとしても、それにどれほど意味があることなのか、問い続けた。

また福島の教師たちの多くの実践報告からは、教師たち自身が精神的にもギリギリの位置に立ち、授業というフィールドで子どもたちに実際を直視してもらおうとする姿、現実に立ち向かう見方・考え方を育てたいとの思いや努力を知ることができた。放射能問題を授業で取り上げること自体、その壁は高く容易に進められない現実があることも語られる。ある教師は、こうした実践は一歩間違えると「地雷を踏む」という表現をした。

こうした教師たちによる薄氷を踏む思いの取り組み、今までの経験と叡智を結集して危機を乗り越え活路を見い出そうとする農家の人々、また教育や生産を支える支援ネットワーク関係者には頭が下がる。と同時に、今後を考えるうえで学ぶべき点が少なくなかった。

被災地の人々は、毎日のようにテレビや新聞を通して原子力発電所事故・放射能、避難記事、風評被害、賠償関連の出来事、大気汚染物質など、目を避けたいと思うことがらや情報に追われ、いやでも目をそらすことが出来ない状況に置かれている。半ば強制的に目をマイナス方向に向けさせられる現実の中にいる。他方で、東京電力や政府、エネルギー行政に対して、また原子力発電の恩恵をこうむってきた首都圏の人々への恨みや怒りは、それを強くすればするほど、ある種の虚脱感が増していくと推測される。人々は、時には怒りさえ隠蔽してしまう。この点を軽視したような、東京など「安全」な遠隔な地からの同情心、ここぞとばかり勇ましくする反原発の主張も、人々には簡単には通じない。

私たちが当事者と同じ地平に立って発想することは難しい。福島の問題に限らず、長年の水俣の問題も同様であり、一九九五年の阪神・淡路大震災や二〇〇四年の中越地震の被災、二〇一〇年の宮崎口蹄疫や鳥インフルエンザの被害をはじめ、いままでも数多くの予想もしなかった出来事が発生したが、私たちは多くの場合、その当事者の視点に立つことが容易でなかったという経験を持っている。その時、私たちにできたのは人々の心、当事者意識を多少なりとも理解しようとする努力だけだったように思う。

「リスク社会」ということ

浅野智彦氏は、人々がリスク現象を受け止めそれに対処しようとする時、さらに別のリスクが生じて深刻化するという関係を危惧し、リスク社会という概念はそのことを含意していると指摘している（日本社会科教育学会、二〇一一年度大会シンポジウムでの発言）。放射能の拡散という、とても大きなリスク問題に対して、福島の人々が現に負っている精神的苦悩や不安、避難、風評被害と言われるものはそのことを示している。しかもリスク処理においても個人が選択せざるを得ない場面が少なくない。個人の意思や判断で、福島の地を離れることも、また残ることもあろう。リスク社会の特徴は、個人が分断されているところにある。

リスク社会に向き合う時に、新たなリスクを増幅させることなく、私たちは向き合い方や問題解決の方向を考え、また問題解決のために人々をつなぐネットワークの形成を不可欠としている。その点で、いままでリスクを負ったり、現に負っているさまざまな地域での人々の向き合い方や活動からたくさんのことを学ぶことができる。例えば、二本松市の有機農業に取り組む人々の動きのなかに新しい挑戦と活路を見いだすことができる。さまざまな分野での福島の人々を支える研究者の活動は印象的である。地域に共感を持った専門家の専門知の提供があり、また専門科学研究が反対に福島の現状を学ぶ機会と位置づける姿がそこにはあった。

以上のように考えると、私たちは福島にとどまらず、他の多様な危機と向き合う事例やウィルスの爆発（パンデミック）という新しい危機の中に、これからのリスク社会に向き合う教育の視点を模索することが大事と捉えている。

本書の試み

本書は、「リスク社会」という視点で現代社会を捉えなおし、この現代社会に向き合う教育実践のあり方を再構築しようという趣旨で構成されている。グローバリズムの進展がリスク社会を必然化し、私たちは、今までとは異なる巨大で、同時発生または発生後瞬く間に国境を越えて拡散する諸問題、しかも既存の科学技術や学問的知見では容易に解決しえない諸問題に遭遇し、翻弄される現実に生きている。この新しい事態は、原子力発電所事故と放射能、ダイオキシン、鳥インフルエンザ、BSEや口蹄疫、社会的災害の性格をも持つ大規模自然災害、さまざまなウィルスの拡散、さらには新自由主義経済に伴う格差や貧困、資源獲得とナショナリズムがより強固になった結果の「領土紛争」など、さまざまな多領域の問題発生を内容としている。

リスク社会への向き合い方は、当然、その解決の仕方や方向を同時に考え、提案していかなければならない。さもなければリスク社会の主張は、単なる将来への社会不安を扇動するだけのものとして、それを語ること自体が危険なものとなってしまう。リスク社会への向き合い方のポイントは、正確な情報伝達と、多くの人々との民主的なコミュニケーションの創造と広がりである。また問題解決のためのネットワークの形成なども不可欠であろう。さらに既存の学問研究を相対化してみることが重要であろう。

以上のように考えると、教育実践において、こうしたリスク社会に向き合う内容と方法をどのように開発していけばよいのか、その点が課題である。私たちは、二〇〇八年以来、新しい時代における市民教育のあり方についての議論と教育実践を追究してきた（『社会科教育の再構築をめざして―新しい市民教育の実践と研究―』東京学芸大学出版会、二〇〇九）。しかし二〇一一年三月一一日の東日本大震災は、私たちの考える市民概念の甘さを露呈させ、その修正を迫った。私たちは以後、リスク社会概念を導入し、市民性とその教育実践のあり方について集中して検討してきた。とはいっても、本書の各実践にあっても、明確な方向性を持った提案ができたわけではない。その点では、本書は現段階における私たちの中間報告としての意味合いを持つものとしてご理解いただきたい。

最後になりましたが、各地の調査等にご協力いただいた関係者の皆様、および授業を作り上げてくれた児童・生徒の皆さんに深く感謝の意を表したい。読者の皆様からのさまざまなご意見、ご批判を頂ければ幸いである。

執筆者を代表して　坂井俊樹

目次

3章　リスク社会における教育実践

1章
リスク社会における教育の観点と実践

1 リスク社会における教育の観点と実践

坂井俊樹

はじめに

1 「共助」と個人化

三・一一以降、学校現場でも災害や原発事故などを扱った教育実践が取り上げられるようになった。私の知る限りでも、防災教育、地域のコミュニティーづくり、災害の歴史的教訓に学ぶ実践、脱原発を巡るディベート、被災地への思いを馳せた内容など多様な取り組みが積み上げられつつある。

防災教育においても、「公助」だけではなく、「自助」や「共助」の必要が言われ、被災した東日本の地域社会や人々が示した結束力、復興に向けた「共助」に迫る実践が出されつつある。被災地で見せた人々の困難に立ち向かう結束力は、日本の地域社会の持つ健全さを示しているとの評価も受けている〔ウルリッヒ・ベック、二〇一一〕。

現代の知識基盤社会のもとで、私たちがリスク社会（各種の薬害問題、口蹄疫、インフルエンザ、ダイオキシン、放射能、地震などの災害の多発社会）の中に置かれていることを、三・一一は自覚化させるものとなった。社会学者ウルリッヒ・ベックは、グローバル化した社会で、リスク概念を「非知（既存の科学的知見では解決が困難な問題）」領域、問題解決の困難な事態を含むものととらえ、世界はそれに向き合わざるをえない状況にさらされているとし、「個人化」された私たちの今日の問題状況（第二の近代、再帰的近代）を説いた。私たち一人ひとりが責任主体となって被災の現実に向き合わなければならない状況に置かれていることは間違いない。

福島での個人の行動や判断を見るまでもなく、私たちは、家族や地域、会社、労働組合、農協などといった社会集団ではなく、自立した個人による発信がより強く求められている。

このように考えると、改めて学校教育や社会科教育にとって、「社会参画」や「公民的資質の育成」などといった諸概念を、「個の自立」や「政治的主体としての個人」という面から問い直す必要があろう。その点で、三・一一は既存の教育の語りからの脱却を実践的にも意識させる契機となりつつある。

2 「知識基盤社会」と「高リスク社会」への向き合い

「想定外」は、二つの意味があろう。一つは、現段階の科学では解決が不可能な、あるいはきわめて困難な「破壊」（カタストロフィ）に近い問題の発生場面である。他の一つは、起こりうる「リスクがきわめて少ない」、あるいは少ないと思わされてきたことから生起した問題状況である。とくに後者の「リスクがきわめて少ない」との判断は、判断した時点でのさまざまな利害の錯綜した状況のもとで私たちが行った未来選択の結果でもあった。つまり「想定外」は、不可避の領域に属する問題状況と私たちの選択・決断にかかわって生じた問題状況との二つを含む用語といえる。

私たちが考えるリスク社会は、前者のリスクと後者のリスクの両方に向き合う必要が求められていると思われる。といっても、前者と後者の向き合い方では、その方法や私たちの立ち位置は大きく異なってくるであろう。前者は、問題そのものが設定しにくく、教育実践という教室空間を中心とする模擬的議論では迫ることが難しい。それよりも、後者のような、対立する事象、例えば「原発再稼働とフクシマ」というテーマで判断を迫るほうが、私たち自身の判断根拠の明確化と選択などが求められ、子どもたちにも政治主体としての実際上の意識が芽生える。

社会学者ニクラス・ルーマンは、「リスク⟷危険」、つまりリスクの反対概念を「危険」ととらえ、私たちの判断・決定による「想定外」を危険領域として位置付けた。小松丈晃は「未来において起こりうる損害が自分自身のコントロールの及ばない原因に帰属される場合、またその場合にかぎり、『危険』が問題になる」としている〔小松、二〇〇三〕。福島第一原子力発電所をリスク計算の上で安全と判断したために、東京電力はその事故を「想定外」と見なした。しかし、放射能漏れの危険性を十分に認識し、発電所の立地や環境に対して「危険」という判断や提言をしてきた専門家も存在してきた事実がある。そういう対抗的な判断や提言が的中しうる範囲というのは、リスク計算上の「危険率が低いとみなした」、あるいは意図的に「低いと思わされてきた」（政治的な判断）結果と見なすこともできる。どの立場、どのような観点から、そしていかなる利害がそこに絡むのか、私たちは改めて未来の選択に対する判断の諸相をより注視すべきである。

多様な、しかも重い社会的な課題に対して判断する場合、ある方向性の確認や合意形成のための民主主義的議論をいかに組織していくのか、またそのために、判断主体となる個々の能力をどのように高めるかはとても重要であろう。社会科教育も、授業の場面でこうした社会的な難題に対して、議論を通じて向き合い、合意を図ろうとする子どもたちの資質形成を考慮していかなければならない。そのための教材開発も不可欠となろう。

以上のように考えたとき、次の点を指摘しておきたい。

①当面、社会科教育をめぐる「学力」として、知識基盤社会に求められる「学力」と、それに付随する「リスク社会」に求められる「学力」との二重構造で考えるべきである。

②「リスク社会」における「学力」とは、単なる自然災害の脅威と防災教育に限定されるものではなく、グローバル化社会のもとで、私たちの判断・決定によって発生する問題への対応をも含み込んだ「学力」であり、そうした問題解決や克服に向けた「学力」を育成する新しい学習材の開発が急がれる。

以下では「リスク社会」における社会科教育の課題を具体的に考えていく。既存科学の問い直し、世論誘導を図るメディアの権威的な情報操作の問題（私たちのメディア・リテラシー）、環境倫理の観点からする循環型社会の視点、合意形成を図るための公共圏とコンセンサスの取り方の追究など、多様な課題が求められる。

1 科学への疑問／地域からの視点――科学的普遍主義への懐疑

1 科学者の立場

私たちは、福島第一原子力発電所の事故による放射能の低線量被曝の健康への影響について、テレビや新聞などの巨大マスコミを通じて、専門家（研究者）と称される人々の「安全」という判断が流布されたことを知っている〔広河隆一、二〇一二〕。しかし一連の報道から、放射能汚染地域の住民たちは不安を解消するどころか、その「安心」基準の不明瞭さもあって、むしろ原子力関連の専門家、科学者への信頼が喪失したことを経験した。無批判、無自覚に一部専門家の見解を流したマスコミや政府関係者に対する多くの人びとの不信を招いたことは周知の通りである。このような不信が引き起こされた原因はいったいどの点にあったのか、検証してみる必要がある〔影浦峡、二〇一一〕。

鬼頭秀一は、科学者の「科学的」「判断」に関して次のように指摘する。

「科学者が自ら従事する狭い分野の科学的研究のレベルでの科学的知識に基づく科学者としての判断、より広範な専門領域の専門知を共有する専門家としての判断、さらに、それに社会的、経済的、政治的な問題も含めた社会的領域の現場での技術官僚的、政策担当者的な立場での判断という、異なる政治的位相の判断が含まれる。『安全』

に関する科学者の言説には、その階層性の違いを意識的、無意識的に混同した科学者の行動が散見された。また、『安全』の根拠になる科学的データそのものと、その科学的データの解釈、さらには、それに基づく人々の判断と行動という三つの社会的レベルの中で、専門家が役割を果たすべきなのがどのレベルなのかということが整理されないまま、過度なパターナリスティックな判断が横行してそのことが逆説的に一般の人たちからの信頼を損ねたという問題もある。そして、より根源的には、科学者の『中立性』にかかわる問題がある」[*1]

科学者の専門性を逸脱した社会的・政治的・経済的判断の領域における「安全」という判断を引き出し、結果的に世論を誘導する役割を演じたのが大手マスコミの報道であった。ここには、科学者の責任があるのは言うまでもないが、原子力規制の国際基準を無視した特定の専門家の見解を無批判のうちに報道するマスコミも少なくなかった。第二次世界大戦中の国家総動員法下の報道自主規制による誘導と錯覚させる状況も生み出された（影浦峡、二〇一二）。他方では、「私たちが知りたいこと」に対しては、法律の限界内で取材し続けたフリージャーナリストの写真家・記者たちによる、インターネットを通じた新しい報道スタイルが真実を伝えることに貢献した記憶がある（オンライン・マガジン'fotgazet'など）。

以上のように考えると、原子力発電所事故をめぐる動向から、私たちは、次の三点の新しい認識が求められているのではなかろうか。

①科学者の判断はどの範囲までなら信頼してよいのかという問題に対する私たちの認識のあり方（科学者・専門家の言説）
②メディアや政治家の情報発信に対して、私たちの日々の向き合い方、とりわけ私たちの、いわば下からの情報獲得とメディアのあり方に対する認識の方法（情報の主体的な獲得、メディア・リテラシー）
③社会的・政治的判断の領域は社会状況や政治勢力との力関係に依存しており、新たな政治文化と民主主義社会に対する認識が不可欠である（当事者性・政治主体としての個の自立）

①では、一連の報道と政府の対応は、いわゆる科学研究、および科学者の言説が絶対的ではなく、あくまでも相対化する対象であることを私たちに学ばせてくれた。
②と③では、政治的・社会的な判断を行う場合、政治家の一方的な意思表明と決断ではなく、多様な立場の人々と政治家との間で熟議されたものか、あるいは弱者・被害者の立場に沿うなかで判断されたものか、という視点である。その点に関しては第三者からの検証が求められる必要が示され、危機への対応・決定は、一部専門家や政治家の独占物でないことが広く認知されるようになってきた。[*2] 鬼頭の主張をさらに取り上げて考えてみよう。

2 水俣から学ぶ――環境倫理学から

鬼頭〔二〇〇九〕は、環境倫理の観点から、認識論上の問題として科学の合理的解釈の問題性を指摘する（※一九九〇年代、奄美大島の二カ所のゴルフ場開発に際して、奄美のウサギが原告となって起こした自然破壊阻止の訴訟に関連させて――引用者）。

「（奄美大島では日常的にあった）海岸などにおける遊び仕事などの営みを通じた豊かな自然とのかかわりの喪失感と深い関係があり、それが『自然破壊への抗い』の原点となっており、そのことを、自然との関係性のあり方を倫理的な問題として捉えなおす根底に据えなければならないし、また、そのことが環境倫理を語ることの意味である。このように、開発による環境破壊に抗い、自然保護を訴えようとする言説をみたとき、東京の中央のメディアの中で普遍的で一般的に語られる言説と、現地の『現場』でさまざまに錯綜した社会的、文化的な状況の中で語られる言説との間には格差がある。環境にかかわる問題を環境倫理の問題として捉えようとしたときに、『現場』で働いていること、また語られ、思われている問題を総体として捉えることが必須になってくる。」〔鬼頭論文、一五五頁、傍線は引用者〕

地域の人々の間で一般的に語られる言説は「現場」言説であり、人々の生活や人生といった総体的、いいかえれば全人的な言説といえ、それらと専門家や中央のマスメディアとの認識差、ギャップがあることを指摘している。専門家の言説が、主観的には第三者的な立場から発信したとしても、「専門家の言説」として社会的・政治的な力関係のもとで利用されていく性格を持っているという。

鬼頭は、水俣問題に向き合う宇井純の「公害に第三者はいない」というテーゼに着目して、別の論文で次のように言う。

「彼らの動機がいくら中立性に基づいたものであったとしても、調停の現場で、原因究明や公害の認定という公共的な場において、公害の被害者の『被害』を絶えず全身でトータルな形で受けとめなければならないその全体的視点は、客観性、中立性を標榜する問題の空間の中で、部分化して捉えられることにより排除されてしまう。それは単純に政治的に排除されるのではなく、認識のあり方の問題として構造的に排除されるのである。客観性を旨とする科学者であっても、また、客観性と科学的厳密性を重視する科学者だからこそ加害者の立場を演じてしまうのである。」〔鬼頭秀一、二〇〇九、一五七頁、傍線は引用者〕

現在私たちが知る東日本大震災をめぐる論議、とくに放射能汚染に関する論議が、上記と同様な様相のもとにあることに驚く。

なぜなのだろうか。ここには、因果関係を証明するための科学研究の限定的、抑制的な合理主義が、反対の立場にある被害者の生活破壊という、いわば全人的、総体的なものの被害を証明するにはほとんど機能しないという根本的問題をはらんでいることに原因がある。

つまり合理性〔客観性と科学的厳密性〕と言われる場合、数値などを顕在化させ、それが示す具体的なデータが重視されることにある。

「被害者による公害認識が、『全身的・総合的』であるのに対して、発生源に対する外部者の認識は汚染物質の濃度や被害者の数といった『数字で表現できる部分的なもの』にとどまっている。第三者を標榜する専門家の認識は、公害を『全身的・総合的』なものとして受けとめることなく、『数字で表現できる部分的なもの』に限定され、その認識のあり方は加害者のものと重なってしまうのである。政策論的な上から見る視点では、公害の『被害』が抽象的かつ部分的にしか見えず、『被害』全体を見ることができない。」〔鬼頭同論文、一五七頁、傍線は引用者〕

以上、鬼頭の環境倫理を水先案内人にして既存科学観の問題点をみてきた。ここには、公害問題や環境を考える教育に対して、科学的学習の認識枠組みを具体的に考える視点が提出されている。次にその点を見てみる。

2 水俣から学ぶ――公害学習から

1 教育方法の視点をめぐって

「数字で表現できる部分的なもの」にとどまる科学研究の問題性は、人文社会諸科学研究のあり方の問題とも重なってくる。実証科学としての性格を持つ歴史学や地理学は、歴史資料をはじめとする諸資料、科学的なデータを根拠として、歴史的・地理的事象の本質理解を進めていく。しかし、例えば過去に発生した深刻な人権抑圧の歴史問題を解明しようというとき、多くの場合は、その非人道性を証明するデータには限界があり、データによる実証の困難さに直面する。それでも私たちは、従軍慰安婦問題、沖縄戦における集団自決の強要、南京虐殺事件の虐殺者数の探索など、資料探索の努力を重ね、新しい資料群を発掘することに成功する面もあった。

しかし、従軍慰安婦問題をめぐっては、上野千鶴子は、実証の問題（土俵）に引き込まれるのではなく、社会構成主義の立場から近代国民国家の問題として接近すべきと主張し、オーラルヒストリーやいわば質的な研究の必要を提起した〔上野千鶴子、一九九八〕。

ここには、実証性から離れ、歴史的個別性と普遍性のはざまで生きるハルモニのライフヒストリーがあり、そしてハルモニたちの生活認識を通した戦前・戦中の天皇制のあり方を問うことが重要視されてくる。

さらには、ハルモニたちの単に抑圧されただけの人生ではなく、一人の人間としての喜びや周囲の人々との協力、近代的価値観を超越する生き方の模索など、既存の価値観をとらえなおす視点が示される。そして、そうした視点からの教育実践が求められる。

2 「公害・水俣」実践から学ぶ――田中裕一の場合

熊本市の中学校教師で水俣病の実践をはじめて行ったとされるのは田中裕一であった。彼の実践（中学三年生、政経社・日本の公害三時間扱いのなかの一時間）は、水俣の患者たちに寄り添う立場で、聞き取りと綿密な調査、深くねりあげられた教材研究をもとにして、戦後教育実践史に位置づけられる授業を行ったとされる〔和井田清司、二〇一〇〕。地元では一〇年以上もタブー視されていた水俣問題を、あえて公開研究のテーマとしたのである。

田中は言う。

「今中学生に何ができるか、といえば10円の金の形骸化した同情よりも、事態の冷静かつ透徹した知的理解以外にないと考えた。教材には、教育におけるレアリズムの視点、科学性の視点で、最高かつ決定的なものを単純化する原則によって、この複雑な条件をもつ水俣病を単純化しようとした。」〔田中裕一、一九九〇、八七頁〕。

❶授業の概要

〔事前の、グループによる自主学習〕

テーマ（問題）別にグループが編成され、テーマごとに新聞の切抜きを台紙に張る作業をし、生徒各自が記事を読み、わかったことや感想を書きだし、班長がまとめていく。自主学習で生徒自身がつかんだことは次のようであった。

1、水保病の恐ろしさ、悲さんさ
2、患者の苦しみに共感した社会的ないかり
3、不知火海沿岸漁民争議——七〇〇〇人の漁民に一人三五〇〇〇円の補償
4、市民たちの冷たさ（患者への冷たさ、会社への気がね）
5、研究グループに圧力と良心的であろうとする医師たち、人間性を失った企業の実態とその社会的責任（傍線は引用者）

生徒たちが患者の苦しみに共感し、社会的な怒りを感じながら、市民たちの「冷たさ」という差別の現実に気が付く点が示された。その上で被害者に寄り添う良心的な医師たちの姿にも接近する。本時は以下の目標を持って進められた。

【本時のねらい】
(1)患者の記録と写真と肉声でその実態を知らせる。
(2)水保病認定までどこに問題があったかを理解させる。
(3)水保病の責任はどこにあったのかを理解させる。

(4)どうしてこの問題がおこったかを理解させる。
(5)どう解決すればよいかを考えさせる。

❷本時の展開―公開授業による抵抗

筆者が注目したのは、水俣病で夫と一人っ子を失った上野栄子さんの手記を読んで、教師が「何を訴えようとしていたか」を問い、子どもたちがそれに対して次のような順で回答した点である。一番多いのが「世間の冷たさ」（一八人）。次いで「対策のおくれ」（一三人）、以下「会社への怒り」（八人）、「熱望（二度と繰り返したくない）」（三人）などとなっている。「会社への怒り」や「対策のおくれ」ではなく、「世間の冷たさ」という人権侵害の問題が子どもたちに最も多く引っかかっていることが注目される。田中が指摘するように、それは一般市民の心情であり、生徒たち自身の問題でもあり、「公害問題は人権問題である」といわれる現実と理由が浮かび上がってくる。

授業後の子どもの感想のなかで、H・Kは「公害というものは、社会が生み出した一種の『犯罪』であるから、それをほんとうに理解し、今後絶対にこんな悲惨な公害を出さないためには、やはりぜひとも勉強をしなければならないと思う」（田中裕一、一九九〇、九三頁）として、公害を「犯罪」とみなした。その意味で「世間の冷たさ」も、そうした犯罪であり、集団的な暴力なのである。

こうした生活の視点までを含みこんだ教育実践であったがゆえに、公害学習として継承されることになった。また科学研究も、こうした田中の授業の視点を踏まえた研究（対抗的研究）がすすめられれば、環境倫理学へと結びつくのであろう。
以上の指摘を踏まえると、改めて私たちの三・一一被災者と向き合う視座が問われてくる。社会科として受け止めるべき提言と課題を考えることができる。

3 受け止めるべき問題の整理

1 人間全存在の受け止め

「数字で表現できる部分的なもの」に限定してしまう見方や、計測可能な客観的なデータだけが根拠となる「狭い科学概念」は、被害者の人生そのものを奪い取る悲惨な状況を招く場合が少なくない。限定された科学的因果関係であっても、当事者は生活や職業、つまり人生の全てを抑圧、剥奪されることになる。被害が引き金となって、差別や偏見にさらされるケースもあろう。福島第一原子力発電所の事故による放射能汚染の問題は、そのことの典型事例と言える。

徐京植は、テレビ番組の中で、「原発さえなければ」と壁に遺書を残して二〇一一年六月に自殺した福島県相馬市の酪農家のことを取り上げ、次のように語った。避難区域となり、この酪農家はフィリピンなどを転々とした、いわば「難民化」され、無慈悲にも徹底的に「根こぎ」にされたという。親から受け継いだ牛舎、とり残された妻子の絶望、どれくらい私たちはそのことを想像したのか。「想像力の同心円」は、中心に踏み込んでいくなり、怒り、悲しみという最も根底に近いものを「根こぎ」にしてしまったことを、人はなぜ想像出来ないのか。原発は、利益追求のために作られ、明らかに「暴力」だ、と。[*3] 徐も、明らかに学問における「現場」の視点からの立ち上げを問題提起したのである。

鬼頭は、「被害」を全体として捉えるためには、「聴く」という形でその人間の総体を掬い取るひとつの方法があると指摘する〔鬼頭秀一、二〇〇九、一六二頁〕。「聴く」という作業が、その人間の全存在を受けとめるということになる。書き留め、記録し続けるということもその延長線上にあり、ライフヒストリーを聞き取ることも同じ流れと言える。

2 数字的なもの

また歴史上の問題でも、ここ数十年の歴史研究で明らかになってきた近現代の民衆抑圧の歴史など、歴史の極限状況を示す諸事件についての論争において、さまざまな立場からの発言があった。事実をなきもの、あるいはどこにでもあり大した出来事でない、と主張する論者は、被害を証明する根拠となる資料や具体的な数値の証明データがない点を反論の根拠としてきた。客観的データではなく、被害を受けた人々を総体として理解する、大きな歴史的なうねりの中に改めて位置づけるなどの発想が必要であろう。

3 「出口のある教育の方法」ということ

不知火海沿岸で綿々として続いてきた漁と沿岸の人たちの海とのかかわりとそれに基づ

いた漁村集落があった。そうしたことのすべてが、「水俣病」が発見されたとき、どのように変化し、人びとの健康を侵し、地域社会を破壊し、不知火海沿岸全般における人間と自然とのかかわりのあり方にいかに影響を及ぼしてきたのか――私たちはそのことを近代文明論まで含めた射程で解明しようとしてきたはずであった。

徐の指摘する酪農家もまた、産業の衰退傾向にあった東北地方の太平洋岸地域にあって、生きるための生活と生産の努力と挑戦の連続であった。社会科の実践は、そうした地域の歴史や文化のもとで、こうした被害を考えることである〔例えば若松丈太郎、二〇一一〕。

そして何より大事なのは、地域に生きる人々の営みの中に、これからの展望を探ることである。それは時には近代工業化や発展を問い直す視点を含むことになる。

4 「よそ者の視点」――教育実践における当事者と他者の視点

「『被害者の視点』『抵抗の原理の視点』に立つことにより、その視点から『聴く』ことを行い、客観的な視点ではなく、『よそ者』的な視点から分析を行い、そこから普遍的な言語を紡ぎだしているのである。ここで注意すべきなのは、政治的に被害者や運動論の立場に立つのではなく、認識論的な意味においては、その視点に立とうとしていることである。…中略…それに対して、『分析』や『言語化』ということも含めて、普遍的な視点を導入しようとするのである。そこに『よそ者』としての方法論的な意味がある。」〔鬼頭秀一、二〇〇九、一六八頁〕。

「聴く」、「抵抗の原理の視点」、「よそ者」という三つの方法論的問題を鬼頭は指摘している。私たちは、こうした方法論的な提起を手掛かりとして、今日のリスク問題に向き合うために、ここに提示した四つの原理的ともいえる視点に立ち、改めて社会科や理科を中心とした教育を構想していくべきだと思う。

参考文献

◉ウルリッヒ・ベック
……「福島、あるいは世界リスク社会における日本の未来」（『世界』二〇一一年七月号、岩波書店、六八頁）
◉小松丈晃……『リスク論のルーマン』（勁草書房、二〇〇三年、三三頁）
◉広河隆一……「暴走する原発」（小学館、二〇一一年五月、『創 The Tsukuru』二〇一一年七月号［特集・原発報道の破綻］創出版）
◉影浦峡……『三・一一後の放射能「安全」報道を読み解く：社会情報リテラシー実践講座』（現代企画室、二〇一一年）
◉鬼頭秀一……「三、環境破壊をめぐる言説の現場」（岩波講座『哲学八　生命／環境の哲学』岩波書店、二〇〇九年）
◉上野千鶴子…「ジェンダー史と歴史学の方法」（日本戦争責任資料センター『シンポジウムナショナリズムと「慰安婦」問題』青木書店、一九九八年）
…「座談会」『水俣の啓示』上・下巻（一九八三年、鬼頭論文再引用）
◉和井田清司編著
……『リーディングス・田中裕一』（シリーズ戦後日本の教育実践、学文社、二〇一〇年）
◉田中裕一……『石の叫ぶとき――環境・教育・人間、その原点からの問い』（未来を創る会出版局、一九九〇年）
◉若松丈太郎…『福島原発難民――南相馬市・一詩人の警告一九八七年～二〇一一年』（コールサック社、二〇一一年五月）

◉宮崎日日新聞著
………『ドキュメント口蹄疫』（農文協、二〇一一年）

注

＊1…鬼頭秀一、日本学術会議哲学委員会・公開シンポジウム資料「原発災害をめぐる科学者の社会的責任——科学と科学を超えるもの」（九月一八日、於：東京大学）

＊2…ジュヌヴィエーヴ・フジ・ジョンソン著・船橋春俊ほか訳『核廃棄物と熟議民主主義——倫理的政策分析の可能性——』新泉社、二〇一一年。熟議民主主義は、当事者性を含めた熟議の分析枠組みとして、包摂、平等、相互尊重性、予防、合意を指摘する（一八頁）。

＊3…徐京植「心の時代〜宗教・人生シリーズ、私にとっての「三・一一」フクシマを歩く」（二〇一一年八月二〇日、NHK、Eテレビ）

2 リスク社会と社会科の教材開発・授業へ

坂井俊樹

1 新たな視点での教材開発

筆者らは、以下の地域調査を実施し教材の開発・発掘を試みてきた。

1 神戸市長田区真野地区（阪神淡路大震災と復興）
2 東日本大震災と学校――仙台市立小学校二校・石巻工業高校（三・一一）
3 宮崎県川南町周辺（二〇一〇年、宮崎県・口蹄疫）
4 放射能問題に向き合う人々（千葉県北部・福島県）
5 格差・貧困と学校調査（課題高校や児童養護施設隣接校）

ここでは、教材のあり方を考えるために、調査結果の概要を絞って報告したい。

1 神戸市長田区真野地区（阪神・淡路大震災と復興）

神戸市長田区真野地区（阪神・淡路大震災と復興）や東京都世田谷区太子堂二・三丁目（都市型防災街づくり）を取り上げる。

これらの調査は、教科書や関連資料では明らかにすることのできない、その地域や学校に即した具体的教材の視点を考えることであった。神戸市長田区真野地区は、長田区にあって火災の初期消火に成功した地域であると共に、震災後の復興が早く、地域住民主体のコミュニティーづくりが進められたことで知られている。真野地区の特異性は、単に住民の結束力が強いというだけではない。一九六〇年代、地域の「苅藻喘息」から子どもたちを守ろうと立ち上がった母親たちの反公害闘争に原点があった。地域の工場を臨海部へ移転させたり、大気汚染の原因を除去する活動を活発化させたりしたのである。地域住民のこの反公害運動は、やがて誰にとっても住みやすい、安心できる街づくりをめざすようになってきた。それを指導してきた街づくり協議会の積極的な活動が、阪神・淡路大震災をも乗り越えていく地域結束力が生み出されていった。本稿の冒頭で述べた「共助」の中身が、単に地域住民の助け合いの精神だけではなく、それを具現化するために行政との連携や住民個々の政治意識の高さと結びついていたことが指摘されなければならない。この点こそ真野地区から私たちが学ぶべき点であろう。

三軒茶屋駅北側に位置する世田谷区太子堂二・三丁目は、防災上の観点からも住宅密集地で危険地域であった。この地域に一九七〇年代から現在まで、真野地区と同じく「太子堂・街づくり協議会」が結成され、防災の観点から安心・安全の地域づくりを進めてきた。戸建転居跡地を区が購入し、ミニ公園にする、狭い路地を拡大する、消防車が入れる道幅の確保と周囲居住者の土地拠出、旧烏山用水の遊歩道化など、地域住民主体の街づくり計画に行政がバックアップする形で多彩な成果を残してきた。しかし地域住民の利害対立もあり、すべてが順調にいったわけではなかった。こうした合意をいかに図るのかが難問であった。例えば遊歩道ができることによって、その道と並行した道に展開していた下野谷商店街は、人の流れが変わり、衰退の一途をたどることになった。にぎわっていた商店街も六〇軒から数軒に減少し、現在では見る影もないありさまである。合意形成ということが容易ではないことや地域の利害と合意の条件を考えるために参考になる地域である。

2 東日本大震災と学校——仙台市立小学校二校・石巻工業高校（三・一一）

東日本大震災は、教育実践の題材とするにはまだ展望や見通しが立てにくい状況にあり、これからの課題と思われる。それでも地域に立脚して津波や放射能問題に迫ろうという実践も提案されだした。ここでは一つの事例を通して、歴史的な視点について考えてみたい。

平川新は、江戸時代の常磐道（浜街道）が、津波の影響によって海岸より内陸へ四キロのところに移したのではないかと説明している。当然に宿場や交通機能も移した菅原友子は、この平川の研究を受けて、小学校四年の実践において先人の知恵として子どもたちに学ばせた。*1

今回の調査で、仙台市立山下第二小学校（現在、山下小に併設）を訪問させていただいたが、街道は仙台市南方の亘理地域に位置しており、津波は街道手前まで迫り、海寄りは広く水没したという。歴史的には、津波は経験的に想定していたということである。しかしながら、私たちの近現代の歴史は、街道から海側の沿海部を開発し、宅地化などを進めてきた。産業の発展と仙台をはじめ都市部が拡大され、以前は「危険」とされた地域にも進出して農業や工場などの産業基盤が形成され宅地化も促進された。そうした地域変化が背景にあったことが指摘できる。同じことは、千葉県浦安市の埋立地の液状化問題でも、東京の巨大化による近郊地域の自然軽視の開発が促進されたこととも共通している。こうした被害の可能性が予測される地域開発は、個々の住民による対応ではなく、政治的な判断で開発を制限し、安全への配慮がなされるべきと捉えられる。つまり経済や社会の動向と政治の制限（安全への判断）、住民の危機意識を一体として考えていくべきで、そうした点を考えることができる。このような現代の課題を前提とした災害史教材の開発が求められる。

3　宮崎県川南町周辺（二〇一〇年、宮崎県・口蹄疫）

宮崎県の口蹄疫被害は、私たちの記憶にも新しい。二〇一〇年四月、宮崎県都農町で口蹄疫がはじめて発生した。七月までの三カ月ほどに、三〇万頭を数える牛、豚などの家畜類が、人間の手によって殺処分、埋められた。特に、その中心となった川南町は、県内有数の畜産地域であり、農家にとっては壮絶な体験であった。口蹄疫は、日本では明治期と二〇〇〇年に発生したが、そのときは、被害が限定的であったために、危機認識は乏しか

った と 指摘されている。口蹄疫は、感染力の非常に強いウィルス性の家畜を襲う伝染病で、防疫のためのワクチンはなく、感染したら殺処分以外に方法はない。日本の周辺でも中国、ベトナム、モンゴルは、汚染国として国際機関から注意喚起され、日本、韓国、台湾は、つねにこの感染の脅威にさらされている。一九九七年の台湾での口蹄疫は、台湾の養豚業を壊滅させたといわれているし、日本の後に発生した韓国では、一〇〇万頭を超える家畜の殺処分をしたという。口蹄疫は、グローバル化された社会のもとでは、畜産農家にとっては、厳重の防疫体制が不可欠な病気なのである。

私たちは三軒の畜産農家を訪問した。二年が経過した現在でも、農家の方の心の傷は癒えず、高齢ということもあり、畜産をやめたり、息子さんに引き渡したりした農家も多い。また精神的な後遺症をいまなお引きずる方もいらっしゃるほど、家畜の死という現実は私たちの想像を遥かに超える厳しさがあった。この調査で、私たちは、迅速な危機管理の徹底と情報の共有とメディアの責任、人々の危機意識の共有と行動のとりかた、行政や生産者だけではなく、住民の心構えなど、改めて考えるべきことを知った〔宮崎日日新聞、二〇一一〕。宮崎を訪問して、生産者の痛みと共に、私たち消費者の強い欲求と嗜好のもとで、価格競争による畜産のあり方の問題も知ることができた。家畜に輸入飼料や抗生物質などの使用、狭い畜舎で密飼による家畜自身の免疫力低下などの弊害が指摘され、むしろこれが根本的原因との指摘もある。口蹄疫は、国際化の中で周辺から容易に伝染する可能性を含んでいる。防疫には、国際協力の対応と研究が不可欠と思われる。*2

4　放射能問題に向き合う人々

福島県では二本松市や相馬市など、有機農法を営んできた農家が少なくない。二本松市有機農業研究会や福島県有機農業ネットワークなどであり、かねてより農畜産物の循環型の農業と食の安全・安心を追求してきた。しかし三・一一は、こうした営みを根底から揺るがすことになった。これらの農家はどのように放射能による土壌汚染や里山に大量に降り注いだセシウムと向き合おうとしているのか。いま農業関連を中心とした研究者と生産農家と流通担当者・消費者が連携してこの事態を乗り切ろうとしている。

また筆者が訪問し、さらに3章の山本実践でも取り上げられる千葉県北部地域、松戸、流山、柏、我孫子地域はホットスポットとして高濃度の放射能に汚染された箇所があり、無農薬・無化学肥料栽培の農家が直撃を受けている。この地域でも、生産者、飲食店・レストラン、スーパー、消費者などがネットワークを構築して、この危機を乗り越える取り組みを開始している。これらの事例から学ぶべきことは少なくない。詳細は、2章5節で述べたいと思う。

5　格差・貧困と学校調査（教育的課題を抱える接校から）

新自由主義は、小・中・高校の教育現場に影響し、低所得の家庭状況に置かれている子どもたちの厳しい現実がある。競争と自己責任の原理のもとで、「自分探し」が強要され、格差の問題も若者たちの内面の葛藤として封じ込まれている。格差・貧困の問題も、福祉国家が崩壊した結果、前提となる競争開始時点で不平等な位置に立たされてしまう子どもたちが多いことに原因がある。社会的なハンディを負った子どもたちへの向き合いは教育実践として今や不可欠な課題である。

また同様に、競争社会のもとで過疎問題も深刻化し、少子高齢化現象と相まって「限界集落」とさえいわれる地域の厳しい現実がある。他方、東京などの大都市の一極集中化が進行し、地方は切り棄てられることになる。このことは日本の農業を疲弊させることの原因でもあろう。こうした、地域の崩壊という現実に向き合う教育実践とはどうあるべきか。

格差、貧困、地域社会の疲弊は、社会の安定を阻害する要因となり、とりわけ家庭が子どもたちを包摂する役割を後退させていることが、新たな社会問題を醸成させつつある。例えば児童養護施設の現在は、児童虐待や育児放棄といった理由での子どもたちの入所が多く、二〇〇〇年以降、人数的にも増加する傾向にある。こうした子どもたちを学区に抱える小学校では、教師にも子どもたちの心のケアという専門知識さえ必要とさせている。

また高校でも、課題を抱える学校では、中途退学者を減少させることに苦慮する教師たちが少なくない。課題が山積する高校では、その教育実践も、その学校その子どもたちに合わせた課題が突き付けられ、子どもたちの生活圏に根差し、しかも生活を向上させていくための独自の実践課題がある。このように考えると、地域課題や生活現実の課題が集中する学校は、科学的な思考以上に、その子どもたちにとって生きていくための意義ある支援と「学力」が求められるのである。このことも一種の「当事者性」からの視点と言える。

おわりに

1章1節の「まとめ」で、リスク社会を考えるための四つの視点を示した。もう一度書きだしておこう。

❶人間全存在の受けとめ
❷数字的なもの
❸「出口のある教育の方法」ということ
❹「よそ者の視点」教育実践における当事者と他者の視点

これらの視点を大事にして、私たちはいくつかの教材作りのための調査を進めてきた。これらの視点に立つことによって、各地域から発信される内容や課題、提言には、私たちの通常の授業づくりにおける教材化とは異なる視点が浮かび上がってくる。例えば、農畜産を見る視点でも、「日本の農畜産業の自給率が低いから、外国に負けないための生産努力を工夫している」などという発想ではなく、「食の安全」に向き合う生産者たちの生産活動や困難さ、地域としての取り組みなどが浮上してくる。また宮崎の口蹄疫問題でも、生産農家の体験した苦痛や葛藤、牛や豚に対する愛情の深さなどである。単なる生産量的な多さやその地域の基盤的産業という指標では、畜産農家の心情には迫れない。

私たちは一種の幻想化された「グローバル化社会」の波に必死に抗う農畜産業の姿を見るが、そこからは競争や市場原理を問い直す視点を学ぶことが出来る。また経済格差の問題も、子どもたちが経済的豊かさとは異なる価値観を持ち、そして生き抜く知恵を獲得し自信につながっていく視点が大事と思われる。

さて、リスク社会に向き合う教育実践を具体的に考えていく場合、以下の諸点を取り込んでいく必要があると思う。列記してみたい。

一、地域や当事者のリアルな視点

地域の課題から出発する地域学習を模索し、教材化する。できる限り課題にかかわる当事者のライフヒストリーに基づいてアプローチする視点が重要と考える。

二、「食」や「生活」の安全・安心の視点——持続可能な地球環境や社会

在来・固定種を駆逐していくF1種子（一代雑種）の問題点、化学肥料、抗生物質や輸入穀物飼料など、私たちの「食」の安全を脅かす生産活動を問い直すことが大事と考える。在来品種や無農薬農法・畜産、循環型農畜産業を捉える視点の教材化。

三、科学研究の相対化——対抗的研究者の位置づけ

主要な科学的言説を相対化するために、対抗的研究者による複眼的な科学分析が必要。そのためには、ある問題に対する教科書記述もいったん立ち止まり問い直すことが大事である。市民としての幅広い視点からのアプローチということである。

四、合意をめざす議論の展開

今後、増加するであろう多様で、価値観が拮抗する問題に対して、私たちはいかに論議を進めるか。単純な合意形成は意味を持たない。議論の進め方については、二つの局面がある。一つは「方法的な合意」をめざす側面、二つは「内容的な合意」をめざす側面である。そして二つ目の「内容的な合意」をめざすことを主としながらも、

まず「方法的な合意」を模索すべきと思われる。「内容的な合意」が容易ではないことに対して、私たちは、どのようにこれからの議論を進めていけばよいのかを考えるとき、議論の「方法」や「ルール」を確定させていくことが大事である。対立から感情的になり、議論の場が破壊されることなく、議論の場を維持し、議論を継続し続けることがリスク社会では不可避であり、重要と考えられる。教室においても、この点を話し合ってみることである。

五、新しい政治文化の担い手の育成

自由な議論を展開するには、様々な立場から多様な意見を持ち寄り、また自由に発言できる環境が不可欠であろう。いわば開かれた公共空間として学級や学校をとらえる視点である。そして自立した個人が自ら判断し、意見を持ち、政治の役割に対しても発信していけることが大事である。新しい「政治文化」の担い手としての発信力とも言えよう。そうした新しい「政治文化」の担い手としての関心を高める工夫が必要である。

六、メディア・リテラシーの鍛錬——私たちの判断諸相

私たちは、一から五の点を支える能力として、メディアやインターネットにより流布される情報を正確に読み取り、分析し、判断する能力と共に、情報は与えられるだけではなく、問題解決のためには自ら情報を掴みとる努力と能力が必要になる。そのことによって多様な情報を有効に活用することが出来る。授業場面においても積極的に情報に関する教育活動を進めるべきだと思う。

七、未来を見据えた現実的妥協的な思考（柔軟な現実対応力）

四の点と関連して、問題解決のためには、環境破壊や人の生死などに関わった早急な解決が求められる問題と、領土主権や経済などの時間がかかる問題とがある。早急に合意がなされにくい問題の場合、指導する教師側も長期的な展望を予測しながら、今の現実状況で何をなすべきかという、「未来のあるべき姿」から現在の可能性を探る、そうした発想が重要であろう。

福島の農業が、食の安全・安心という視点から、有機農業や在来種の育成を全国に発信する地域になろうという展望を持ちつつ、今の放射性物質の除去と厳しい風評をいかにのりこえるのか、という現実的な問題を解決していかなければいけない。そこに見られるのは、未来や将来のあるべき姿を見据えた現実的対応という挑戦である。[*3]

注

＊1…菅原友子実践報告（二〇一一年一〇月二三日、日本社会科教育学会北海道教育大学大会での自由研究発表）。平川新「東日本大震災と歴史の見方」、歴史学研究会編『震災・核災害の時代の歴史学』青木書店、二〇一二年。

＊2…需要の高いサシ重視の牛飼育は、高カロリー飼料や狭い牛舎での高密集度飼育が、病気に弱い牛を育てるとの原因を指摘されている。例えば牧村進「二〇一〇宮崎・口蹄疫被害の教訓と再建への課題」『日本の科学者』四六巻四号、二〇一一年四月。

＊3…小菅信子は『戦後和解』（中公新書、二〇〇五年）において、「高邁な妥協」、つまり将来を見据えた現実的妥協を述べている。

2章

リスク社会が直面する諸課題

社会・経済的な観点から

1　地域社会と高齢者の生活保障

高田　滋

はじめに

高齢者および障がい者の生活保障は、近年この国では、施設福祉だけではなく在宅福祉のありかたを考える方向にある。それは、家族による介護の負担を軽減し、医師・看護師や介護師また保健師などの諸専門職による支援ネットワークを整えること、また地域社会住民による相互の理解と支援の仕組み作りを必須の前提としている。地域社会住民相互の「見守り」や「気づき」の必要性が語られ、お互いに「気を遣う」ことが期待されている。

しかし、地域社会での相互の関係性の変化については、「希薄になった」などと語られることが多かったせいか、その反動のように、東日本大震災では、阪神淡路大震災時と同様に、日常的な第一次的諸関係の大切さが強調されることになった。多くの過疎地域を抱えた東北地方にとっては、高齢者の生活保障の問題は、震災前後を問わず日常的に切実で大きな社会的課題の一つである。今次の震災はこの問題、つまり過疎化と高齢化との相乗化された問題をより深化させ顕在化させたのではないだろうか。

ここでは、地域社会関係の変容、過疎化の進行、高齢者の生活保障、震災復旧の目標の順に述べ、地域社会が変わりつつある中での高齢者の生活保障について考えたい。

1 地域社会関係の変容

地域社会関係の変容については、「希薄化」を含め多様に指摘されている。大都市圏では都市化や郊外化の動き、また多くの地域では過疎化の動きに合わせて語られてきた。

どこでも相互関係の質の変化が指摘される。つまり隣人になることに伴う与えられた関係の維持よりも、自ら選択する諸関係の形成と維持を大切にする傾向である。職業や趣味や市民活動の場、また人生の伴侶を、主体的な個人として選択的に取得していく人生の展開は、近代都市社会における人々の生活にこそふさわしく、その過程では、与えられた環境と諸関係からの離脱こそが目標となってきた。しかし、これはもう少し丁寧に見る必要がある。居住地を離れて働く人々とそうでない人、働く人々の中でも自営業層や家族労働者層のありかた、また多様な文化の中で育った人々の共生の状況など、これらの社会的な差にそって、同じ住民ではありながら、地域社会関係の作り方は違っている。居住地を離れた「職場」での生活や諸関係、家族と職場との移動の場面を日常的にもつ、職業という社会的役割を得た、「労働力」という地位を得ている人々は、この国でも全人口の六割程度であり、残りは居住地での生活が日常である。子ども、高齢で職業から引退した人々、病気や障がいのゆえに職業を得ていない人々、専業主婦などである。自営業の経営者や家族従業員は居住地での生活と労働がほぼ一体化した人々である可能性が高いし、地域社会運営上は貴重な人々であるが、働く人々の中での比率は小さくなっている。大都市圏では、居住地での生活者を見たときに、地域社会運営に中核的な年齢層がきわめて見えづらい事態になっている。

また居住人口が減少している地域は、現在珍しくない。そのような地域では相互関係自体が縮小している。場合によっては、生産年齢層を長期にわたって大きく欠く事態となっている。この国の地域間格差にしたがった人口移動や居住地のすみ分けの固定化のゆえに、高齢者を含む少数者が残され集住することになった帰結である。希薄化ではなく、孤立といった方が事態にはあっている。

背景には、近代産業化や生活の社会化の進行によって、地域社会での共同作業が難しくなったり、縮小したりしたことの影響がある。

❶近代産業化

この過程で、地域社会から働く場が切り離されてきた。農業、漁業、林業など、第一次産業の働く場は居住地に近く、地域社会は居住地であるとともに生産の場であった。また製造業や商業にあってもその経営は家業＝自営業の時代が長い。家族や従業員が生活する場は働く場に近い。これらでは、経営や労働力編成の関係網（協業関係）が生活の場の隣人関係に重なり、経営・労働環境の整備は生活環境の整備でもあったし、この関係網からの疎外は人生と生活の喪失に等しい。地域社会は職場であった。今は職場が空間的に居住地から分離している。職場の労働者は多くの地域から通ってくる。地域社会からすれば、それぞれの家族の構成員が、それぞれ別々の職場に通う状況になった。兼業農家では居住地は変わらず生産の場でもあるが、効率的な時間配分を考える中で、省力化も進み、共同作業は少なくなっている。農業経営の個別化はこんな面からも進む。地域社会での共同作業の多くが生産面での協働であったことを考えると、産業のあり方の変化は地域社会を変えることになったといえる。

❷生活の社会化

消費生活も大きな変化を見せている。家族生活のなかで、衣食住に関わる家事作業や家族のケアに関わる働きを、知人や隣人と相互に助け合うことも含め、自分たちの知恵や労力を使う形ではなく、相応する商品やサービスを外部から受け取る形で行うようになった。社会的分業が進み、購入できる商品やサービスが増えたし、制度化された公共サービスも整えられてきた。地域社会の中では住民の共同作業で支えてきた施設や社会的生活条件が多い。地域内の道路や水路、広場や公園、集会施設や掲示板、神社、防犯灯、共同墓地、共有林などの維持管理、また防災の作業や祭りも大事な仕事だ。生産上の必要がもともとあったものに加えて、生活上からも大切になったものが含まれている。これらの共同作業も外部委託が多くなった。自治体が引き受ける部分、業者に自治会費から頼む分、人を雇用して頼んでしまう分などが増え、自分たちでやる分は少なくなっている。これは、皆が地域社会外で働くようになったことも影響している。上で述べた産業の変化は、働き方を変え、地域社会や家族の中での時間生活も変えたといえる。町内会などは、自営業層や専業主婦、引退した高齢者などが支えていることが多い。地域社会の管理運営はそれなりの時間と労力を必要とするが、担える人が少なくなって、共同作業が難しくなっている。以上、つまり、生活の仕方が、外部の商品やサービスを受け入れるようになり、ここでもまた自分でやることが少なくなっていることを示している。資本制経済下の生活の社会化の進展、社会的分業の深化といえるものであろう。

2 過疎化の進行

居住人口の社会的流出、とりわけ生産年齢人口の流出、若者の不在に悩み、対応を余儀なくされている地域や自治体が、この国には多い。それは、端的には雇用の場や高等教育機関の偏在を背景にする。この国の人口の偏在や過疎化につながっている。

過疎化は、たんに人口が少ない、急速に減るというだけの問題ではなく、さらに地域社会や自治体の運営が難しくなり、そこに住む家族生活の日々の再生産が困難な事態を迎えていることを意味している。つまり地域社会や家族生活の持続の困難である。

持続の困難とは何か。例を挙げてみよう。

❶人手、とくに元気な人手が不足する。道普請も雪下ろしもままならない。地域社会は隣人の相互扶助共同体であり、その機能を低下また喪失する事態は、個々の家族の生活を困難にする。

❷人々の雇用が失われ、納税が難しくなり、自治体の税収が不足する。商品やサービスの購入が難しくなり、生活が維持できなくなる。国民として保障される福祉水準、自治体が

なすべき行政水準の維持が難しい事態となる。
❸社会化した私たちの生活を支える各種サービスや商品が不足する、あるいは選択が難しくなる。病院、買い物、社会福祉施設、道路、文化施設、学校などが不便になる。民間の経営体は顧客が少ない状態では商品やサービスを供給しない。市場経済と公共性の問題である。

人口が偏在し過疎化につながったりするのは、国内の地域間不均等発展の問題である。工業化、とりわけこの国の戦後の重化学工業化、および企業の国際化の影響が大きい。輸入資源に頼るこの国では、戦後は太平洋側諸港に近接する工業立地が選好されたし、中央政府主導の近代化過程をたどり、かつ中央集権的なこの国では、中央政府機関と企業の中枢管理機能の近接は経営的優位性を持った。これらのことは事業所群の限られた地域（東京など大都市や仙台など地方中枢都市）への立地を誘引しその地域の人口を増やしている。一国単位の近代化政策を強力に進めた過程では、国土を一体的に効率よく開発する志向性が強く、「新全国総合開発計画」以後はさらにその志向性を高めた。高速交通網と国土総分業の姿は、それなりに実現したものと思われるが、それは、一方で、この国の各地域が、国内での役割や中央地域（そこにある中央政府）との関係でのみ意味づけられる姿を生み出している。労働者とその家族は効率よく生産する仕組みにそって移動を求められることになり、工業化の過程では国内での大規模な地域間移動が見られることになった。農業においても、国内での主要農産物生産の分業化が進み、「主産地形成」などといわれたし、農家経営自体、専業の場合には、複合経営から単一種目の大規模経営が目指されることになった。国内の輸送・情報基盤の整備が大きく関連している。

この過程は、この国や中央政府にとって「意味のある」地域と「意味のない」地域の区分けを生み出し、場合によっては人口や生産機能を縮小する地域を生み出し、過疎化につながっている。このような過程が、この国の近代化のための必須の道だったのか、別の選択がありえたのかは、議論を要する。こう考えると、過疎地域の再生・復活は、国内あるいは中央政府や大都市にとっての、その地域の「意味」をあらためて見いだすことに求めるしかないようにみえる。むろん国土経営の基本方針が変わればまた別の道もみえる。

この国の中央政府の過疎対策は、各地域が長期持続的な再生産の方法（自立の道）を生み出すことを一応の目標にすえているが、その論理は、上記の「新たな意味」を見いだすための支援であり、それに加えて、今生活している住民への福祉対策としてある。「新たな意味」の道は、新たな価値を生み出すものとして、第一に産業の振興施策、雇用の場の確保施策が考えられている。事業体の誘致か創造につながる施策が要請される。近い過去においては労働集約型で輸送コストのかからない工業部門の進出が意義のあるものであったが、海外生産や輸入商品との競合が回避できず、今の段階では、都市住民のための観光振興か、「お取り寄せ商品」の生産が重要になっている。都市住民が日常生活の中で得られない心地よさを「過疎地」の環境の中に見いだしていくとき、滞在型の観光地としての意味が見いだされ観光資源となる。また地域の中で、新たな、他から差別化できる産品が創られ見いだされれば、地域の新たな持続が可能になる。さらに「中山間地域」の国土保全の意義を認め、その担い手として過疎地域の生産と生活の維持を図る考え方がある。農林業の公益的機能を基礎にする。農業生産や林業生産を持続し、それらの産業の担い手である住民が生活を存続することで、生産環境が保持され、国土保全につながっているという考え方である。これは、住民ではない事業体による国土保全作業も考えられる中で、地域の自然環境の事情に熟知した住民が関与することの意義、また保全作業が住民の生産生活環境の維持に接続していることの意義を認めるものである。「デカップリング」施策が過疎対策としてとられるようになっている。

過疎対策の福祉的側面の必要は、一国の国民としてどこに住んでいても他と同等の福祉を享受する権利があるし、そのことが憲法によって保障されていることによる。中央政府も地方自治体もこのことを看過できない。地方交付税交付金や各種補助金によって行われる過疎対策は、地域間格差を補い、住民への同等の行政サービス水準を実現する。この意味で福祉的意義を持つ。

今進みつつある地方自治体の政治的財政的自立性を高める地方分権政策は、政策上の決定権限とその裏打ちとなる財政上の裁量権の自治体による確保を内容としている。国税部分の地方移譲策（税源の移譲）が含まれる。所得税が減り住民税が増える形で行われた。地方自治の確立は重要な政治課題であるが、財政上は地方交付税交付金や補助金の削減を伴っており、このことは、国の関与が少なくなる半面、この国の内部にある地域間格差を反映する財政格差を補う国としての手立てを失うことを意味している。つまり国民として同等に享受すべき福祉水準の確保が地域によっては難しくなる危険をはらんでいる。「自立」の半面である財政面での国と地方の「切り離し」は、現実にある産業・雇用先の地域間不均等が解消されない限り、税収の格差となり、財政上の格差を固定化する可能性がある。過疎地域の生成は、近代化を視野に入れた長期の国家戦略の帰結であり、この「切り離し」は、長期的な自立の方策を確立する手立てが整わない限り、「切り捨て」と見なされることになろう。

現実的には、今後を長期的に考えたときに、これらの地域からの撤退の方策も必要になる。里山の管理、森林の管理など、国土保全の作業が必須で、その部分は定住者がいなくても行う必要があるし、経費が発生する。そのしくみの安定化を工夫する必要があり、原生自然化を回避する管理は放棄できない。今の下流域の住民の生活は、上流域の国土管理や河川管理の適正さに支えられている。私たちの生活は、すでにかなりの程度、自然の世界のありかたからすれば無理を重ねており、かろうじてその再生産の環境を維持している状態である。自然を完全に統制することはできておらず、中山間地域の環境管理は今後大きな課題になるものと思われる。

3 高齢者の生活保障——地域福祉への展開

高齢者福祉の領域では、施設福祉から在宅福祉にややシフトし、さらに介護保険制度の導入によって介護の社会化がやや進行した経過やその背景については、別の機会に検討した。結論部分では、以下のように述べた〔高田滋、二〇〇九、一六九頁〕。

「社会化された生活保障を自宅で実現する志向性は、直接的には、財政負担の問題よりも暮らし方の選択である。この志向性とあわせて、自己選択を前提とした社会保険によるサービス供給への志向性、またより地域自治体の裁量と力量にあわせた福祉サービスの供給の形を併せて選択し、地域福祉の時代を迎えたのである。結果として、私たち自身による裁量部分（選択）が増えたことは大きな変化である。サービスの選択に関わり、自治体への政治的な関与、また自分たちの市民活動による供給への工夫なども要請される。このためには、私たち自身の生活時間配分の工夫や学習活動の展開が重要であるが、労働時間の縮減や地域間の経済格差への配慮など、企業や中央政府による新たな工夫も求められている。」

長くこの国の高齢者介護の内容であった、家族と最小限の施設収容措置による介護は、その水準の低さや担い手としての家族の困惑と困難が多くの人によって指摘されるにいたり、さらなる水準の低下が心配される事態であった。高齢者が自宅で生活を継続する際に必要となる介護労働を家族の担当から幾分かを社会化して家族の負担を軽減し、施設の介護水準もある程度改善し、高齢者自身の「選択」過程を組み込んだ介護保険制度の導入（二〇〇〇年）によって、財政負担を減らす（民間資金の導入）という総合的な改善が二一世紀初頭に行われることになった。介護水準が低下しないことがこの改善への評価の最低限の基準と思われるが、「社会化」の効果は大きかったと考える。

厚生労働省は、社会・援護局長の下に研究会を設置し、二〇〇八年三月に「地域における『新たな支え合い』を求めて―住民と行政の協働による新しい福祉―」という報告書を研究会の報告として明らかにした。すべての住民に「地域で普通の暮らし」を実現していくことが今後の中央政府の政策目標であることを示しつつ、そのために必要な社会的サービスの全部を行政が提供することは難しく、住民相互の協力で、住民生活の課題を発見し気づき、そして専門機関へつないでいくことがこれからは大切であることを述べている。在宅医療、在宅福祉への動き、総じて地域福祉強調への動きは、地域住民の理解と協力なしには支えられないことを表明したものと思われる。全国社会福祉協議会は、「地域福祉推進セミナー――地域における『新たな支え合い』を求めて――」を、二〇〇八年六月から八月にかけて、全国七カ所で開いた。八月の福井市におけるセミナーでは、厚労省地域福祉課長が基調講演を行い、研究会報告を引用しつつ地域福祉の方向への取り組みの意義について強調した。変容しつつある地域社会の「絆」に期待するというのは、各地で使われる「福祉でまちづくり」という表現にも示されるように、あらためて再建への期待を前提にしたものであり、さほど簡単なことではない。また講演で示された諸事例はすべて農村地域のものであり、そこにみられる「絆」の評価は慎重に行う必要があるであろう。

今、政府は、地域福祉政策の展開の中で、地域包括支援センターを中学校学区レベルに整備して相談窓口を総合化し、各専門職（看護職、介護職、保健職）を分散配置して、各地域内の高齢者や障がい者の機動的なまた丁寧な状況把握をめざし、また地域密着型の小規模多機能型の施設配置を試みている。これは、当事者とともに、その家族や地域住民、各専門職間の、やや直接的な関係の構築を目指しているものである。

地域における諸専門職間の円滑な連携は、高齢者の生活保障を地域福祉へ展開し、地域住民が協働をしていく際の重要な前提となる。むろん地域住民の協働としての「見守り」と専門職へのつなぎがなくては、諸専門職も有効な働きを示せない。地域福祉と地域医療、あるいは医療・保健・福祉の総合化が言われている。「ノーマライゼーション」の理念にそった「地域ケア」あるいは「在宅ケア」の展開を進める条件となる。一九九〇年の社会福祉関係八法の改正によって、社会福祉の基本的な方向が「地域福祉」にあることが実質的に確認され、二〇〇〇年の社会福祉法によってさらに明示される。一九九〇年の老人福祉法の改正では、在宅福祉サービスの実施や老人ホームへの入所判断は市町村によることなどが定められ、身近な自治体がその事情にあわせて福祉サービスの内容を決めることになったのである。一九九四年の地域保健法による保健行政の市町村への集約（保健所の再編）によって、保健と福祉の総合的な行政が推進される可能性が高まることになった。また一九九二年には、医療法改正によって、入院期間の短縮と地域ケアとの連携がうたわれるようになった。「プライマリ・ケア」と高度機能医療の分担がいわれ、開業医と高機能病院の分化と連携がめざされた。身近な医療を私たちが生活している場でもっとわかりやすく展開しようとしたとも受け取れる。二〇〇〇年の介護保険制度の導入は、在宅福祉サービスの拡充をより進めるものであり、医療・保健・福祉の相互連携は、この介護保険の制度維持自体においても、強く求められることになった。介護予防の強調は保健と福祉の協力を要請し、在宅ケアの強化は、訪問医療・看護と訪問介護の連携を強く求めるものとなる。このような三領域の総合化は、高齢者等の在宅福祉・在宅ケアを進めるべく推進されてきたように思われるが、そのためには、三者間の日常的なコミュニケーションの保持が要請され、ケア会議等の日常化もみられることになる。円滑な三者連携がケアの質を決める。

以上からすると、今後の高齢者の生活保障を考える場合、地域社会のありかた、またその住民相互の関係の質は重要な要素となるが、先に述べた「地域社会関係の変容」や「過疎化」は機能的な動きではない。地域福祉に関わる多くの「成功事例」が政策の展開過程で示されてきているし、さらに「無縁社会」の問題提起がなされ、過疎地域の新たな価値や再生の事例群が称揚されるのは、この危機感の裏返しであり、地域社会の維持が重要な前提であるからだろう。しかし「地域社会関係の変容」は近代産業化や生活の社会化という社会構造変動を背景にし、「過疎化」はこの国の国土開発に関わる長年の政策的背景を有していて、今後これらの方向を変えることは難しい。このような地域社会や地域住民の現実の動きを前提にすれば、たぶん今後必要なのは、地域社会や住民の働きへの期待を過度に大きなものにすることではなく、有用な社会福祉施設や地域に活動拠点を持った専門職間連携との組み合わせを工夫し、在宅医療を担う医療専門職を支えていく地域基幹病院の整備や医療機関間のネットワークを構築し、在宅福祉も組み込んだ包括的な生活保障＝福祉システムを構築することである。

4 東日本大震災と復旧の目標

震災は、過疎化と高齢者の生活保障への対応に対して、どんな影響をもたらすのだろうか。復旧の目標を考える視点で、以下、述べたい。先にこの震災で考えたことを述べる。

1 震災を考える

原発の事故

大地震と津波の被災を契機とする今次の東京電力福島第一原発の事故は、大気や海水、また大地の放射能汚染を広く引き起こし、周囲三〇キロ圏の住民の広域避難を発生させ帰宅の見通しもつかない絶望的大事故となった。この国の今後の原子力政策に大きな影響を与えることになる。第一に、原発の技術が未完成なものであることが明らかになった。正常動作時はともかく、危機的な場面での対応はきわめて不安定である。これまでも使用済み核燃料や発電所廃棄物の処理では難渋し、青森県の六ヶ所村など南部下北地区に大きな犠牲を強いてきていることに加えて、運転や危機時の対応の不安定さが明らかになった。第二に、原発立地地域住民の不安を増した。福井県で考えれば、敦賀から五〇キロ圏をとれば福井県内はほぼ内包され、原発事故を想定した防災訓練や避難訓練が全県的に要請される事態となる。住民に不安のみ与え、理解が得られない装置は存続が難しい。多くの資金を地域社会対策に投入し、それが企業による地域社会対応の代表事例のように言われてきた各電力会社は、この事故と住民の不安をどう総括するのであろうか。この点でも原子力政策は転換を要請される。国も電力会社もその危機的事態を正しく認識すべきであり、産業界の利害のみを考えた発想はこの時期には住民の反発を買うだけである。環境に優しい原発、経済的な原発と宣伝されてきたが、そうではなかったわけであり、危機時の環境負荷の大きさや、膨大な事故対応経費を想定していない経済計算など、国民の理解を得ることは難しい。

船橋晴俊は、国内地域間の相対的地位の優劣にしたがった「受苦」の押しつけの連鎖構造を示した。自らの地域では受け入れられない迷惑施設を相対的劣位の地域に押しつけようとするもので、中央の大都市は巨大な「受益」を享受する一方で、汚染と危険が回避できない原発および関連施設を地方の過疎地域に押しつけ、巨大な「受苦」を回避しているとする。原発の廃棄物はさらに周辺の地域（六ヶ所村など）に向けられる。この連鎖の構造を「二重基準の連鎖構造」と呼び、最底辺の押しつけ可能地域が確定するまで、原発や関連施設の立地は不安定さをまぬがれないとした。また原発や関連施設の立地県は「受苦」の受け入れの代償を経済的財政的メリットとしているが、補償措置を伴う「迷惑施設」の持続的受け入れを前提とする極めて依存的で不健全な経済体質をうみだし、また地域社会内部において合意形成が難しい不安定さが解消できないとしている（船橋晴俊ほか、二〇一二）。この意味では自立をめざす振興策として、原発の立地は逆に機能したといえる。原発の立地は、国土空間の格差構造を前提とし、各地域の振興と格差是正をうたいながら、その構造をさらに強化するからである。

自然災害はなぜ「災害」

死者一万五八七九人、行方不明二七一二人、避難者数三二万一四三三人（二〇一二年一二月二六日現在）という、今次の大震災の大きさに驚く。多くが津波による被災であることは記憶すべきであろう。原発設計にとって津波の大きさは「想定外」であった。大地震が沿岸で起きたときの津波の大きさは今後考えておいてよいことがらである。津波の想定が甘かったとはいえ、災害時の中枢拠点となるべき公共施設の多くが被災したことは、考えるべき点を多く残している。日本の海岸部低地の多くはこのような危険を抱えている。

私たちはこのような危険な居住地に住むリスクをどのように軽減してきたのであろうか。自然の動きを統制するどんな技術を開発し得たのであろうか。私は、経済力も含め、自然の動きに向き合う私たちの技術に関し、今少し謙虚であるべきではないかと考える。自然の動き、とくに大きな動きを統制する技術は未完成であるように思われるし、完成することはないようにも感じる。その動きに対応する、あるいは適応するための見通しといくらかの技術の完成と整備に、私たちの力をもっと注ぐべきではないかと考える。つまり、自然の動きの法則性を把握し、その動きに適応するための知恵を私たちは蓄えるべきではないだろうか。自然の動きを統制する技術は、この法則性の把握から始まるが、しかし、越えられない限界もあるのではないか。原子力発電はやや限界を超えている。海岸に近い低地に定住するのも、自然の動きを考えればリスクが大きすぎる。山を崩し、谷や海岸を埋める技術も、現状では未完成である。造成した分譲地が崩壊し、埋め立てた海岸地では液状化が起こっている。河川改修も旧河道を水が走る水害をみると、完成された技術ではない。自然の一部であり、ともに生きている私たちは、私たちだけが他の自然の動きとは別に独立して動きうると考えることをやめるべきではないか。

自然災害は、自然の動きが「災害」の直因であるとしても、「災害」になってしまうのは、その自然の動きに対応できていない私たちの生活のしかたにある。自然はその法則性にしたがって動いている。その法則性にしたがいつつ、生き延びる術を私たちは備えるべきだ。自然を統制しようとする技術は今のところうまくいっていない。

以上のような基本的な議論に加えて、実証の課題ではあるが、今次の大震災においても、自然災害とはいえ、社会的な差をもって被災者が生じていることを看過すべきではない。今次の地震や津波の被害、阪神淡路大震災の被害、いずれにおいても、被災比率の高い人々が生まれた。高齢者、障がい者、また自然の変動に住民の対応が難しい地域（低地、地盤軟弱地、埋め立て地、河川流路付け替え跡地、地滑り危険地域など）に住まわざるを得ない人々などにおいて、被災者の比率が高かった。井上英夫によれば、今次の死者の六割弱が六五歳以上の高齢者であった〔井上英夫、二〇一一、三六頁〕。様々な事情において逃げ遅れ津波にのまれた人々である。阪神淡路大震災の被災地域は多くが地震に対して脆弱な地盤の地域であったし、住居の過密な密集地でもあった。今次の激しい被災地域の多くは津波が襲った沿岸地域である。居住選択においてリスクの高い地域といえる。自然の動きへの対応の社会的な力は、住民ひとしなみに同じではなく、リスクを多く引き受けていた人々もいるということであろう。

2 震災復旧は何をめざす

今回被災した東北地方太平洋側は、歴史的には少しずつ資源を発見し開発しながら豊かさを一歩一歩実現してきた地域である。北上川流域と仙台平野、福島中通りと浜通りは、一九八〇年代以降には、内陸部工業化の動きを示し、電子部品、自動車部品工業などが話題になってきた。新幹線や高速道路の効果もあるだろう。「発展なき成長」〔安藤誠一、一九九二」ともいわれるが、それなりの地域経済の基礎が構築されつつある。沿岸部はやや困難な状況にあるが、いくつかの漁港が遠洋漁業の基地として活況を示し、いくつかの湾口は良質な養殖場になりつつある。つまり困難は抱えながらも、ゆるりと工業化と近代化の成果を示しつつある地域になってきた。どれだけの人口を支えられるかの問題はあるとしても、一定程度の扶養力を示しつつある。このような離陸過程にあった地域の今次の被災は受難と言うべきであろう。第一の目標は、震災前の水準に復旧することである。この地域の多くは、過疎化と高齢化の進む状況を押しとどめることができるかどうかの最後の瀬戸際にいる。景観的には、また表面的には元気で美しい自然に囲まれたよい地域であるとしても、地域経済の状況は難しい。観光と福祉に地域経済の基礎を求めざるを得ない地域も少なくない。つまり、復旧の過程で、この年来の課題を克服することができるようになるのか否かが、第二の目標にかかわる。東北地方やこの地域が置かれてきた位置を考え、この国の国土開発戦略を考え、その上で、過疎化や高齢者の生活保障にかかわる課題の克服が可能になるのかが問題なのだ。

この地域では、近代化の一端を原発やその関連施設の立地が支えてきた。船橋晴俊がいうように、その補償メリットが大きいのだとしても、地域経済の自立に結びつかない「一過性」の効果だとすれば、私たちはこのことをいかに評価すべきであろうか。原発や原子力関連施設は復旧すべきなのだろうか。

被災からの復旧について、多くの構想が提案されているし、一定の計画に沿って国費が投入されている。多くの人々は、この際、漁業の共同化を進めよう、市街地の再編成を進めようと提案している。かなりの規模の「復興」予算が組まれている。うまく運用できれば念願の公共事業の多くが実現する可能性がある。しかし、財政と公共事業に依存した地域経済からの脱却も、これらの地域の大きな課題だ。どうすればよいか。一時の支援と連帯の気分はいずれ消える。各地域の自立が必要なのだ。

地域生活の再編成は回避できない。居住地の集約（高台へ、「便利」な市街地へ）は人口が減少しつつある中で、よい機会かもしれない。集約し、少ない財政で基礎を支えられる社会に変えていくのは、たとえば福祉システムを考える上で意味があるかもしれない。

産業はどうだろう。雇用の確保をまず考える必要があるから、交通系統の強化を考え、生産環境の整備を、この際実現していくことは重要だ。首都圏や他の地域との連絡を円滑にすることが可能ならよいことだ。農林漁業の構造改革が必ずや話題になり、モデルのように扱われる可能性もある。農業経営の大規模化・共同化、漁業の共同化、山林経営の共同化など。また家業的経営からの脱却、法人化が言及されよう。いずれの産業分野もこれまで多額の国費が投入されていて、国がこのような改革方向に言及すれば否むことは難しい。家業的経営は淘汰される可能性がある。

このような多くの構想が復旧過程で提案され、いくつかの長い議論がこれから始まるものと思われる。問題は、過疎化と高齢化に対応すべく多様な工夫を重ねてきた東北地方の各地域において、被災を契機に行われているこれらの復旧事業が何をもたらすのか、過疎化と高齢化を押しとどめることができるような提案になっているのかどうかである。東北地方の各地域は大地や土地が資源であるだけではなく、人々の生活の場所であることを忘れるべきでない。この際に考えるべきことの一つは、この東北地域で、農林水産業やいくつかの伝統産業を含む基礎産業が維持されてきたのは、地域に根付いた家業的経営であったがゆえという側面であろう。歴史的な多くの困難を超えられてきたのは、家業的経営が内包する「無償労働」であったことを正しく認識すべきである。このことを看過し経営を大規模化し法人化するだけであれば、それらの経営体のこの先での撤退は目に見えていて、結局、これら基礎産業の衰退につながる。今のこの国の国土開発戦略のままでは、東北地方の生産条件は国内的には相当に厳しい。やはり復旧こそ大事（第一の目標）と言うことであろうし、将来のこの国の行く末を考えれば、家業を維持し復活を期す復旧も意味があるであろう。岡田知弘は、被災地域の諸主体の「地域再投資力」の再形成が、復旧過程で重要であり、それでこそ「復興」資金が組み込まれた地域内経済循環の再構築が可能になると述べている〔岡田知弘、二〇一二〕。自立への道の確保こそ重要ということである。

参考文献
◉安藤誠一……『地域構造の再編と「発展なき成長」のメカニズム』経済地理学年報　第三七巻第一号、一九九一年
◉井上英夫……『住み続ける権利――貧困、震災をこえて――』新日本出版社、二〇一二年
◉岡田知弘……「広がる復興格差と地域社会経済再生の基本視角」岡田知弘他編『復興の息吹き――人間の復興・農林漁業の再生――』農山漁村文化協会、二〇一二年
◉全国社会福祉協議会編
……「地域における『新たな支え合い』を求めて――住民と行政の協働による新しい福祉――」これからの地域福祉のあり方に関する研究会報告、二〇〇八年
◉高田滋………「社会学からの提言――地域福祉を考える――」坂井俊樹ほか編『社会科教育の再構築をめざして――新しい市民教育の実践と学力――』東京学芸大学出版会、二〇〇九年

◉船橋晴俊ほか
……『核燃料サイクル施設の社会学――青森県六ヶ所村――』有斐閣、二〇一二年

2 現代日本社会における格差・貧困問題と社会科の役割

小瑶史朗

はじめに

本稿では、今日の「リスク社会」を特徴づけるトピックの一つとして格差・貧困問題を取り上げ、それと向き合う社会科教育のあり方について論じていく。

日本社会においては、一九九〇年代末頃から所得格差の拡大や不平等化の進行を指摘する言説が登場した。以来、「格差」は現代の日本社会を語る上で必須のキーワードに据えられ、教育や情報、恋愛など多種多様な格差論が生産・消費されることとなった。二〇〇〇年代半ば以降には〝ワーキングプア〟や〝ネットカフェ難民〟と呼ばれる人々の生活実態が可視化されたことや、日本の子どもたちの約一四パーセントが貧困状態にあるとしたＯＥＣＤの報告が呼び水となり、「貧困」に焦点を当てた議論が活発化している。

こうした現代日本社会における格差・貧困問題を社会科の立場から受け止める場合、

〝一億総中流社会〟や〝完全雇用社会〟といったこれまでの前提を問い直し、日本社会への新たな認識を構築することが一つの課題になると思われる。他方、格差・貧困問題が子どもたちの生活・人生に深刻な影響を及ぼしている現実を踏まえるならば、子どもたち自身を当事者と位置づけ、その主体形成に寄与する学習論を構築することが求められてくるだろう。

本稿では、このような二つの基本的課題が学校現場における教育実践の中でいかに具体化されているかについて、その動向と成果を整理していく。はじめに、本書が掲げる「リスク社会」という現代社会の特色と格差・貧困問題がいかに関連し、どのような変化と問題が生じつつあるかについて、〝グローバリゼーション〟、〝福祉国家〟、〝個人化〟をキーワードにして概観する。その後、学校現場に焦点を移し、格差・貧困問題を主題とした教育実践の動向・成果を三つの観点から整理し、その特質と意義を論じる。その上で、これら教育実践上の成果を受け止めながら、〝社会科に何ができるのか〟について考えてみたい。

1 「リスク社会」における格差・貧困問題の位置

冷戦終結後のグローバリゼーションの進展に伴い、今日、多くの国で労働市場が不安定化し、雇用不安が広がっている。特に先進諸国では、従来の製造業を基調にした大量生産・大量消費型の工業社会が動揺し始め、新たに「多様性と質」を追求するポスト工業社会への転換が進められつつある。そこでは、高度な知識・技能を備えた中心的な労働力とともに、グローバルな競争に機敏に対応するための「柔軟な労働力」として下請け化や非正規雇用の利用が拡大している。

こうした新しい生産・労働体制が台頭する一方、先進諸国の福祉国家システムはその成立基盤を根底から揺さぶられ、危機に瀕しているとの見方が示されている。

一般に、福祉国家は「給付」と「規制」を通じて福祉の実現を目指すが、グローバル資本の影響によって、これらの手段を行使することが困難になりつつあるとされる。[*1] すなわち、「給付」とは、税制を通じた資源の再分配によって格差を是正する機能を指すが、低成長時代に突入した一九八〇年代以降は、その財源的制約が強く意識されるようになり、とりわけ熾烈な国際競争の中に身を置く企業は税負担の削減要求を強め、企業の国外逃避を恐れる各国政府もその要求を無視できない状況が生まれている。他方、「規制」は、市民生活の安定・向上を目的として国家が市場に介入する営みを指すが、一九八〇年代以降は各種規制が経済発展の阻害要因とみなされるようになり、「規制緩和・撤廃」を目指す新自由主義政策の潮流が生みだされていった。

このような〝福祉国家の危機〟に付随して、今日の「リスク社会」を巡る議論で注目を集めている社会変動の一つが、「個人化」と呼ばれる動向である。

近代化は身分階層や宗教的戒律、地縁・血縁集団などの共同体から人々を解放し、個人の自由な選択を促進させてきたが、この「個人化」がより徹底した形で進行した結果、種々の社会的リスクに個人で対処しなければならない状況が拡大しているとの見方が示されている。[*2] 例えば、労働組合や住民組織の衰退、離婚・非婚の増加など、労働・家族・地域における人々の繋がりの希薄化が指摘されて久しい。こうした現象は一面では個人の自由な選択を拡大させているものの、他方では人生・生活上で直面する問題に対して個人で対処しなければならない状況を広げている。さらに、このような社会変動と、個人の能動性・自律性を強要する新自由主義イデオロギーが結びつくことで、失業等の社会的問題さえも私的な事柄に転嫁し、全て個人の責任に帰する風潮が広がっている。

以上のように、グローバリゼーションに対応した新たな生産・労働体制の下で不安定な雇用や失業が常態化する一方で、そのリスクを分散・軽減するはずの福祉国家が機能不全に陥るとともに、家族や労働組織などの中間集団もまた影響力を低下させつつある。これらの帰結として、諸個人が社会的保護を欠いた状態で予測困難な経済社会上のリスクに向き合うことを余儀なくされるという見通しが、「リスク社会」の危機的状況の一側面として描き出されている。

貧困や失業のリスクは以前から存在してきたが、もはや一国政府では対応しえないグローバルな構造の下で発生していること、さらに特定の階層・集団のみならず社会構成員全体にその影響が拡大し始めている点に、現代的特質が見出されている。そして、労働市場の柔軟化や福祉国家の衰退、「個人化」といった社会変動には地域差が見られるものの、基本的には現代社会の不可逆的な動きと考えられており、日本社会においても着実に進行しつつあることが指摘されている。

では、こうした社会変動は、子どもたちの生活・人生にどのような影響を与え、学校教育にいかなる課題を投げかけているのであろうか。また、社会科教師たちは日々の授業を通じて、いかなる資質・能力の育成に取り組もうとしているのか。以下、現代日本社会の格差・貧困問題を主題にした教育実践を取り上げ、これら諸点を検討してみたい。

2 格差・貧困問題に抗する社会科教育実践の展開

格差・貧困問題が深刻化する中で、教育研究においてはこれら諸問題を扱う研究が早い時期から展開されてきた。初期の段階では、学校が社会的格差を固定化・再生産させている点を実証的かつ批判的に読み解くことや、青少年の意識や行動、生活実態などを解明することに力点が置かれていたが、近年は、〝学校に何ができるか〟を実践的に探る動きが広がりつつある。その取り組みは多様な分野で展開されてきており、社会科においても格差・貧困問題の克服をめざす教育実践が現れ始めている。

昨今の教育社会学の成果が示すように、今日の格差・貧困問題は学習意欲や対人能力なども含んだ「学力格差」として問題化しており、教育達成の平等化を目指すことも教育実践に問われる重要な課題の一つとなる。[*3] そうである以上、あらゆる教科の学習指導過程全体のあり方を問う必要があろう。ただ、ここでは、格差・貧困問題を学習内容として扱うことができる社会科の教科的特質を踏まえて、この問題を直接的に扱った授業に限定して、その動向と成果を整理することにしたい。[*4]

1 現代日本社会の生活保障体制のあり方を問う実践

第一に取り上げるのは、社会権や労働法、社会福祉などの学習内容を刷新する動きである。これらの学習内容は従来から存在してきたが、これまでの〝完全雇用社会〟や〝一億総中流社会〟が崩れる中で、その内容を刷新する必要性が広く自覚されるようになり、新たに〝ホームレス〟や〝ネットカフェ難民〟、〝ワーキングプア〟などの事象を取り上げ、これを現代日本社会の生活保障体制の課題に関連付けて教材化する試みが活発化している。その一事例として、ここでは松井克行の実践[*5]を検討してみたい。

松井は高校公民科「政治・経済」において、野宿者問題を切り口として日本の社会保障制度のあり方を探る七時間扱いの単元を、次ページの表1のように開発している。

まず第一時では、憲法二五条で「生存権」が規定されているにもかかわらず、生活保護を受けられずに餓死する人々が存在することを提示し、その実現は経済政策に委ねられていることを「プログラム規定説」との関連から捉えさせている。第二時では、経済政策および人権保障の不備により、人間としての尊厳・権利が脅かされている野宿者の厳しい生活実態を提示している。第三・四時は、個人／社会レベルで原因を究明し、第五・六時では個人／社会レベルで取り組まれている既存の解決策を検討している。その上で、第七時で欧州をモデルに取り、理想的な解決策として〝フレキシキュリティ〟等の雇用・社会政策を紹介している。

このように、野宿者問題を事例にして貧困の実態を知り、それを許さない社会的感覚と社会的弱者への共感的理解を深めながら、これらの問題を生みだす社会構造と日本の経済政策・社会保障制度が抱える問題点を検討し、あるべき社会政策・制度を探究している。その特質は、最新の社会情勢を積極的に取り入れて学習内容の刷新を図り、そこから現代日本社会へのアクチュアルかつ批判的な認識を獲得させようとしている点である。社会科が担う「社会認識育成」という側面に重点を置いた迫り方であり、その認識を基盤にして問題解決を担う市民の育成が企図されている。また、松井実践では経済・福祉に関わる政策および制度のあり方が重点的に問題化されている。この点を、「リスク社会」を巡る問題状況と関連付けて考える場合、グローバル化が強いる貧困化というリスクに対し、福祉国家がそれを分散・軽減すべきことを再確認させ、それを実現するための雇用・社会保障政策のあり方を探求させている。いわば、福祉国家を担う政治的主体を育成する取り組みであり、特に「社会的弱者」への重点的な資源配分についての国民的合意を形成する試みとして

表１　松井実践の概要

時	段階	単元構成の論理	主要発問
1	導入	「生存権」保障の限界 →経済政策へ	「なぜ、最高裁判所は、生存権をプログラム規定と判断？」 「なぜ、生活保護を受けられずに餓死する国民がいる？」
2	問題提示	・経済政策の不備 ・人権保障の不備	「なぜ、先進国で豊かな日本で、貧困に喘ぐ人が増えているのか？」 「なぜ、路上死する人さえいるの？」
3	原因の究明① (個人レベル)	経済政策の不備の具体例の提示	「なぜ、貧困生活に陥ったのか？」 「なぜ、貧困生活から抜け出せないのか？」
4	原因の究明② (社会レベル)	背景にある経済のグローバル化、金融危機	「1998年、日本経済に何が起きた？日本経済の構造は、どう変化した？日本の産業界は、どう変化した？」
5	現状の解決策の検討①	解決策検討［個人レベル］ 経済政策、人権保障	「なぜ野宿生活者は『自立支援センター』に入所したがらない？」 「なぜ、行政は公園にフェンスを囲い、鍵をつけるのか？」 「私たちは、野宿生活者の人権をいかに保障すべきか？」
6	現状の解決策の検討②	解決策検討［社会レベル］ 経済政策	「なぜ、日本のセーフティネットは脆弱なのか？」
7	理想の解決策の検討	欧州の雇用創出策を基に解決策検討	「欧州雇用創出政策は、いかなる点で日本と異なるか？」 「日本を貧困のない社会にするにはどうすればよいか？」

(出典) 松井克行「野宿者問題から『貧困』について考え『持続可能な社会の形成』をめざす公民科『政治・経済』の単元開発と実施」公民教育学会『公民教育研究』19号、2011年、42頁より。一部を筆者が変更した。

位置づけることが出来る。このようなリスクを軽減・分散させる社会的諸制度の役割を認識し、その運営をチェックする市民を育成することも、「リスク社会」における社会科の重要な役割の一つになろう。

2 労働関連法の活用力を育成する実践

他方で、格差・貧困問題が「社会問題」であると同時に、諸個人の生活・人生に直結する問題であることを踏まえた上で、子どもたちが生活・人生で直面している（するであろう）具体的な問題場面で活用しうる実践的な知識・スキルの育成を目指す方向性が示されている。その代表的な取り組みとして、井沼純一郎の実践「アルバイトの契約書をもらってみる」[*6]を検討してみよう。

大阪府の高校教師である井沼は、高校生が「『格差社会』で負けないように、とりあえず一〇年生きていくのに必須な知識・スキル」として、「①労働基準法の賃金、労働時間、休憩、休暇、解雇、女性の権利などを理解する。②時間計算と％計算ができる。時給と割増賃金の計算ができ、給与明細の見方がわかる。③携帯やパソコンでネット検索ができる。ハローワークに接続して求人票の閲覧などができる。新聞やテレビのニュース番組、情報誌などから情報をキャッチする。④法律感覚。法律をどれだけ覚えているかではなく、『なんかヘンなのでは？』と思える感覚を育てる。[*7]」の四点を挙げる。また、これらに加え、さらに困難に直面した際に頼れる人脈の形成を目指してグループワークを数多く取り入れ、さらに「一〇年ノート」と銘打ったノートを作成させ、卒業後に活用できるよう、学んだ知識を記録させてきたという。

このような指導方針の下で、公民科「現代社会」の授業の一環として生徒たちのアルバイト先から雇用契約書（労働条件通知書）を手に入れる学習に取り組ませている。そこから自らの労働実態と労働契約・労働基準法との齟齬に気づかせ、労働者としての権利を実現するよう促し、実際に違法状態の改善や良好な労使関係に発展したケースも生まれたという。

約八割の生徒が何らかのアルバイト経験を持ち、卒業後は「少なくない生徒が非正規雇用と周辺的正社員の間を生きていくだろう」という見通しの下で取り組まれた実践であるが、学校と労働市場との接続に関心を払い、〝社会変革〟というよりも眼前の生活を切り拓く実践的な知識・技能を習得させようとしている点に、その特質を見出すことができる。格差・貧困社会を問題視しながらも、〝そこでいかに生きるか〟という現実的要請に重点を置いた取り組みに位置づけられよう。また、「リスク社会」を巡る状況との関連からいえば、社会的リスクが個人を直撃する状況が想定されており、その対処に求められる知識・技能を習得することが企図されている。その意味で「リスクの個人化」に対応した試みとして位置付けることが出来よう。

3 存在論的不安に向き合う実践

ところで、昨今の格差・貧困問題は既に子どもたちの生活にも深刻な影響を与え始め、家庭の経済的困難によって生活基盤となる衣食住さえ充足できない事例や、虐待・ネグレクトに苦しむ事例などが数多く報告されている。さらに経済的困難は、子どもたちの成長に多面的な影響を与え、能力の伸長が阻害されることや、著しく低い自己評価を招くこと、生きることへの不安や周囲への不信を醸成し、他者や社会との関係を断ち切ってしまうことなどが指摘されている。このような子どもたちが負わされた生活課題や心理的な「傷」を受け止め、その回復と成長のために何が必要かを、自らの教科指導の課題として探る動きがある。そうした取り組みの一つとして、田中恒雄の実践（3章に収録）を取り上げてみたい。

県立高校の教師である田中は、公民科「倫理」のなかで生徒の生活課題と教科内容を意識的に結びつけた学習を継続的に積み重ね、その集大成として「自己形成史」を綴らせる活動に取り組んでいる。田中は、生徒たちに「自己否定」を強いる新自由主義改革ないし自己責任論の暴力性を確認した上で、それを乗り越える視座を「無条件の生存の肯定」に定め、「自己肯定こそ権利意識の根幹」であるとする。その上で、書くことを通じて個々人が抱える問題を社会的に問い、自己ではなく社会に怒りを向けること、この点に子どもたちが負った「傷」を癒し、権利主体として成長する契機を見出している。

生徒たちの「自己形成史」を読むと、いじめや序列的な人間関係の中での〝生きづらさ〟、殺人の衝動、リストカット、性暴力・性非行、家族との死別と貧困生活などの現実が感情を伴った生々しい言葉で綴られており、その厳しい生活実態と「心の傷」の深さに改めて驚かされる。それでも、そこには、目を背けたくなる過酷な現実を直視する姿や、個人的な悩みを「社会」と関連付けて問い、他者（教師や級友）を信頼して開示する姿勢が現れている。そうした点に、生徒たちの成長を見出すことができるのであろう。

田中の取り組みは、生活綴方教育や「子どもの生活現実に根ざす社会科」という歴史的に蓄積されてきた実践づくりの視点を、現代に蘇生させる試みとして理解できる。今井康夫は「山びこ学校」を分析する中で、「書く」という営みのなかに、①私―自己関係の主観的に真正な現実、②私―世界関係の客観的な現実、③私―他者関係の社会的（対人的）な現実、という三次元の現実と向き合う契機が内包されていたことを指摘しているが[*8]、田中実践にもこの三要素が含まれていると考えられる。すなわち、自己の辛い体験や厳しい生活現実と正面から向き合い、それを社会的次元で客観的に捉え返しながら、周囲の人々との関係を編み直そうとする契機である。

また田中実践は、社会的承認が得られず、危機的状況（存在論的不安）に陥った子どもたちの精神的な回復作業に、教科学習を通じて向き合おうとする点に特質がある。すなわち、様々な事情から自己の居場所と存在理由を見失い、社会から「異物」として無視・排除される感覚を持つ子どもたちに対し、自己を中心とした「地図」ないし「物語」を作成させることで、自己の内面世界を再構成させるとともに、再び他者・社会と結合する意欲を引き出す点に社会科の役割を見出そうとしている。

さらに「リスク社会」との関連から言えば、将来的なリスクへの備えというよりも、既に危機的状況（存在論的不安）に陥った子どもたちの回復・成長を支援する取り組みとして位置づけることが出来る。そこでは、あらゆる活動の源泉となる「心」に焦点を当てながら、現代社会が強いる自己責任論の暴力性に気づかせるとともに、生活世界における居場所と人間関係を作りだすことで、自己への肯定的評価と他者への信頼を回復させ、権利主体として再び立ち上がらせることが企図されている。「リスク社会」を生き抜く上での精神的拠点を作り出す試みといえよう。

3 格差・貧困問題の克服に向けて

以上、格差・貧困問題の克服を目指した教育実践の動向と成果について、三つの事例を紹介しながら整理してきた。これら諸実践は、問題のとらえ方（社会／個人）、問題解決への時間的射程（将来／近未来／現在）、焦点化する領域（政治／経済（労働）／社会心理）、育成する資質・能力（認識／技能／意欲）などの諸点において、それぞれ力点の置き方を異にしている。このような差異を生み出しているのは、科目の違いもあろうが、対象とする子どもたちの課題の違いではないかと推察できる。ここで取り上げた実践は全て高校段階の取り組みであり、生徒たちの生育歴や「リスク」との距離を見定める中で、重点の置き方に変化が生まれたのだと思われる。

そうした違いを持ちながらも、これら諸実践は次の三点において共通した性格を有している。すなわち、(一)「連帯」や「協同」といった価値を重視していること、(二) 高校・公民科を対象とした実践であること、(三) 既存の社会秩序への「批判」ないし「抵抗」という視点を重視していること、である。このことを前提として、今後、発展的に深めるべき論点を三つ提示しておきたい。

第一点目は、「連帯」の契機をいかに探るかという問題である。

松井実践では、貧困を許さない感覚や「社会的弱者」への共感が重要な要素になっており、資源の再配分を通じて格差・貧困の解消をめざす福祉国家自体も、「連帯」という価値を暗黙のうちに制度化したシステムといえる。また井沼実践で強調されている実践的な知識・技能の習得も、それらを実際に活用するには他者との協同が不可欠であり、井沼自身もそのことを見据えて協同的学習の場を意識的に組織している。また田中実践においては、プライベートな悩みを他者に開示し、その痛みを分かちあうことが、実践の成立に関わる重要な前提となっている。

このように、いずれの実践でも「連帯」や「協同」が重要な要素となっているが、昨今の青少年の意識・行動を巡っては、そうした「連帯」なり「協同」なりの困難さが様々に指摘されている。例えば、インターネット・携帯電話の普及によって選択的な人間関係が広がっていることや、対立・摩擦を回避するコミュニケーションが浸透していること、消費文化の多様化に伴って共通文化が失われつつあること、自己責任論が過剰に内面化されていること、身近な人々との関係構築に多大なエネルギーを割く一方で、その外部への関心を失っていること等の指摘である。総じて人間関係の希薄化や「公共性の喪失」とでもいうべき事態が進展しているとの見方が提示されている。

こうした指摘を踏まえるならば、「連帯」や「協同」がいかにして可能なのか、その契機をどのように探ればよいのか、また学校での協同的経験が現代を生きる子どもたちにとっていかなる意味を持ち、その後の生き方にどのような影響を持つのか、といった諸点を丹念に探っていくことが重要と思われる。

二点目は、ここで取り上げた実践事例はいずれも高校・公民科における取り組みであったが、それ以外の学校種や科目・領域で出来ることはないか、という点である。

確かに格差・貧困問題は、高校（生）段階でリアリティを伴ったより切実な課題として受け止められるであろうし、選抜と序列化を通じて格差社会の矛盾が先鋭化して現れているのが高校だと思われる。そのため、現在のところ格差・貧困問題への対応は高校段階が先行しているように見受けられるが、とはいえ、小・中学校が軽視されてよいわけではないだろう。特に公立の小・中学校では、教室内部で生活水準や学力状況の〝二極化〟が進み、高校教育とは異なる固有の対応が求められている可能性もある。そうした各学校段階の特性や発達上の課題の違いを踏まえながら、教育実践の視点を探ることが大切であろう。

一方、社会科において現代日本社会の格差・貧困問題を正面から対象化できるのは公民領域であるが、地理・歴史領域でも関連する知識を間接的に扱うことは可能である。さらに、自信を失った子どもたちのエンパワーメント、貧困を問題視する社会的感覚、「弱者」や他者の痛みへの共感といった諸課題は、おそらく一単元の指導だけで達成できるものではなく、日常的な実践を地道に積み重ねることが不可欠であろう。その意味で、格差・貧困問題を主題にした「直接的教育」のみならず、この問題を取り立てて扱わない授業のなかで何が出来るのか、いわば「間接的教育」というもう一つの迫り方を考えていくことも重要と思われる。

最後に三点目は、「抵抗」のみならず「適応」という視点からの迫り方である。

本稿で取り上げた三つの実践は、格差・貧困問題を批判的に捉える認識的枠組み（松井実践）、問題に対処するための実践的な知識・技能（井沼実践）や精神的拠り所（田中実践）を提供しており、いずれも既存の社会秩序を批判し、それに抵抗するための諸能力を育成する点では共通している。社会科が〝民主主義社会の担い手の育成〟という目標を掲げる以上は、不当な社会を批判し、それに抵抗するための資質・能力を育成する点に、教科として果たすべき固有の役割があると考えられる。

ただ、そうした「抵抗」の視点に加え、「適応」という側面から学校の役割を探る主張がある。例えば、労働問題について精力的に発言してきた熊沢誠は、「すべての高校生が徹底的に学ぶべきこと」として、労働関連法や社会保障制度、社会運動の歴史と現状に関連する知識に加えて、「この社会の分業構造のなかにあるさまざまの仕事の数的比率と、それぞれが果たす社会的役割と、社会的に要請される職業倫理」、「働く人々がこうした仕事について感じることのできるやりがい」や「その仕事にまつわる現実のしんどさ」などを挙げる。[*9] 学校が子どもたちの職業選択により責任を持ち、仕事の世界への「適応」をも積極的に担うべきとの提言である。

こうした提言は、既にキャリア教育として導入されているが、社会科として受け止められる余地も少なくない。例えば、熊沢による提言の一部は小学校社会科の第五学年・産業学習のなかで取り組まれていると言えるが、仕事に就くことを現実的に考えはじめる中学校・高校段階でこそ、そうした学習が意味を持つのかもしれない。いずれにせよ、ここでは十分に触れることが出来なかったが、「適応」という側面からも社会科が果たすべき役割を見出すことは可能であろう。

以上、本稿では、現代日本社会における格差・貧困問題に焦点を当て、三つの実践的潮流を手掛かりとしながら、〝社会科に何が出来るのか〟を考えてきた。現実的には、格差・貧困問題に対して学校および社会科が出来ることは限られているのかもしれない。しかし、学校がその努力を放棄した時、問題は一段と深刻化していくであろう。子どもたちの生存や尊厳を守り、その人生を切り開く学校の役割が、より厳しく問われる時代を迎えようとしている。

注

＊1…この点については、武川正吾『連帯と承認―グローバル化と個人化のなかの福祉国家―』（東京大学出版会、二〇〇七年）の第三章および第四章を参照されたい。

＊2…「個人化」の日本社会における進展を検討したものに、ウルリッヒ・ベック、鈴木宗徳、伊藤美登里編『リスク化する日本社会―ウルリッヒ・ベックとの対話』（岩波書店、二〇一一年）がある。

＊3…社会階層間の学力格差が拡大していることをいち早く実証的に示した苅谷剛彦の研究は、「学習意欲」をも含んで格差が拡大していることを指摘した点で大きなインパクトを与えた（苅谷『階層化日本と教育危機―不平等再生産から意欲格差社会』（有信堂高文社、二〇〇一年）。その後、本田由紀は問題解決力やコミュニケーション力、創造性といった客観的把握が困難な非定型的能力を「ポスト近代型学力」と呼び、労働市場においてこれら諸能力が重視されつつある社会的風潮を「ハイパー・メリトクラシー」という用語で問題化した上で、これら諸能力の獲得もまた家庭資源に依存する面が強く、その格差が拡大傾向にあることを指摘している（本田『多元化する「能力」と日本社会――ハイパー・メリトクラシー化のなかで』NTT出版、二〇〇五年）。

＊4…現代日本社会における格差・貧困問題が学校教育の中でいかに教えられているかについて、その実践的動向を整理した研究に、久保田貢「中高生が学ぶ現代日本の『貧困』についての研究」（『愛知県立大学教育福祉学部論集』第五九号、二〇一〇年）、同「中高生が学ぶ現代日本の貧困」（貧困研究会『貧困研究』第五号、二〇一〇年、明石書店）がある。そこでは貧困を主題にした授業が、①最貧困の事例から学ぶ授業、②卒業生・保護者の実態、「貧困」観を問う授業、③高校生自身の労働の現実を分析する授業、④文化祭・学習発表会を交えた総合的な授業の四つに分類され、いずれの実践も当

事者性の獲得を重視し、オルターナティブな世界を提示していることが示されている。

　本稿は、久保田と同様に現代日本社会の格差・貧困問題を主題にした教育実践を分析するが、久保田の研究が教科・領域を限定していないのに対し、本稿では社会科の役割という視点を重視し、また「リスク社会」との関連に着目して検討を進めた。

＊5…松井克行「野宿者問題から『貧困』について考え『持続可能な社会の形成』をめざす公民科『政治・経済』の単元開発と実施」公民教育学会『公民教育研究』一九号、二〇一一年。

＊6…井沼淳一郎「授業：アルバイトの契約書をもらってみる」、教育科学研究会『教育』、二〇一二年三月号、国土社。

＊7…井沼前掲論文、六五頁。

＊8…今井康夫『メディアの教育学――「教育」の再定義のために』東京大学出版会、二〇〇四年、一九九～二〇二頁。

＊9…熊沢誠『若者が働くとき』ミネルヴァ書房、二〇〇六年、一六五～一六八頁。

歴史的な観点から

3　植民地支配の記憶をめぐる歴史リスクと和解

金　広植

はじめに

フクシマ原発事故は、現代社会が高リスク社会であることを改めて問いかけた。ウルリッヒ・ベックは、グローバル化の中のリスク増大は、国家社会間の相互依存性を高める一面もあると論じている〔宋ジェリョン、二〇一〇、一〇二頁〕。東日本大震災に対する韓国人の支援と声援は、まさに隣国の事故はもはや対岸の出来事では済まされないという高い危機感の表れでもあった（もちろん、援助は韓国からだけではない）。その後、我々は自然災害と人為的災害（原発リスク）に続き、領土問題をめぐる「歴史リスク」の高まりを体験している。本稿での「歴史リスク」とは、歴史認識のズレに起因する国家間の葛藤が深まり、軍事・経済・文化社会等の緊張が高まるリスク状況を指す。歴史リスクは、領土問題においてこれからも尖鋭化する恐れがあり注意を要する。

その中で、日本国内では領土問題関連本が相次いで刊行され、真摯な議論が行われる中、マスコミ（特にテレビ）での報道は皮相的なレベルに留まっており、国内向けの言説に終始していると言わざるを得ない。マスコミの報道が学界の常識を反映できない状況は、以前からの問題であるが、近年はとりわけ報道番組のバラエティ化によりその深刻さが際立っているように思われる。メディアリテラシーの問題は本書収録の該当論文にゆずり、本稿では植民地に関わる問題に限った議論を展開したい。

釣魚島・尖閣列島問題は、中国において日清戦争の延長線上で考えられている。同じく、独島・竹島問題は、韓国において日露戦争と深く結びつけて考えられている。中国と韓国では日清戦争・日露戦争は日本の侵略戦争として位置づけられており、日本領有権を訴える日本政府の立場は侵略戦争を追認する植民地正当化の行動として解釈されている。この問題を日本がいかに受け入れ、向き合っていくのかが重要と思われる。

本稿は、日清戦争・日露戦争が日本の侵略戦争であったかを論じるものではないが、少なくとも日本が日清戦争後に台湾を植民地化し、日露戦争後に大韓帝国の外交権を奪い、保護国化したことは紛れもない事実である。今、日本の教育に求められるのは、尖閣列島と竹島が「固有」の日本領土だという強弁ではなく、日清戦争以降に進められた植民地支配の過程を詳細に教え、その痛みを共有し、植民地の記憶から学べる東アジアに生きる市民の育成ではないだろうか。

1 謝罪／おわびをめぐる政治学

アメリカ・ダートマス大学のジェニファー・リンド（Jennifer Lind）は、植民地支配と謝罪／おわび（以下、謝罪と略記）をめぐる表層的な流れを分かりやすく提示している。リンドは、かつて支配／被支配の関係にあった国家間の関係が悪化するのは、支配した側が謝罪しないからではなく、むしろ謝罪後に問題がより複雑になるという〔Jennifer Lind, 2008, 93〕。それを日韓関係にあわせて説明すればこうである。一九九〇年代に日本が植民地支配、日本軍慰安婦問題などについて謝罪し、それを韓国側が受け入れることで一段落するわけではない。なぜなら、日本政府が謝罪すれば、日本国内の保守勢力から謝罪に対する「反発（反動、逆効果 backlash）」が生じ、閣僚の妄言や保守の組織化をもたらす。韓国のマスコミはそれをそのまま報道し、日本の謝罪を認めなくなる。毎年八月に日本の歴代首相が植民地支配について謝罪の弁を述べているものの、韓国では、日本はこれまで本当の意味で謝罪したことがないと認識している。そして日本の保守は、いつまで謝罪を繰り返すのかと苛立ちを露わにし、国民を扇動している。

長期不況の中の日本社会には、ある種の不安と空虚さを抱えながら、いわば束の間の解放感と安定感を求めて、「新しい歴史教科書をつくる会」に群れつどう「普通の市民」たちが増えている〔小熊英二・上野陽子、二〇〇三、八～九頁〕。このような状況の中で、保守勢力の扇動に普通の市民までもが共感を覚えるようになる図式が存在している。

リンドは、次のように述べている。

実感したのは、日本の歴史問題の本質は、日本が謝罪していないということではなく、謝罪が引き起こす国内の論争から生まれる、ということだった。毎回、ある高官が謝罪すれば別の政治家はそれを非難し、時には日本の過去の残虐行為さえ否定する。より詳細な歴史教科書が出ると、保守層は刺激され、残虐行為を言い紛らす本を書く〔ジェニファー・リンド、二〇一二〕。

植民地支配に関する謝罪は、日本内部にそれを否定する保守勢力の反発を呼び、妄言が相次ぐ。それを韓国側のマスコミが拡大再生産するという構造が出来上がっている現状を、リンドは克明に描いている。実際に多くの新聞・雑誌などで東アジアの現状を説明する構造としてよく取り上げられてきた。

リンドの研究が日韓関係、および日本と東アジアの歴史的和解と関連して示唆するところは、日本側が植民地支配の歴史を記憶し、謝罪する行為は確かに隣国との和解に役立つが、謝罪に関して政治勢力間の合意が国内的になされない状況では、日本政府の謝罪行為が、むしろ逆効果を生み出すということである〔尹テリョン、二〇〇九、二五八頁〕。

問題は、リンドの主張が皮相的な分析に基づいており、展望を提示するよりは、現状を説明するに留まっている点である。リンドは日本国内の政治勢力間の合意による中道的方式での和解を日本に勧めているが、それが相手国から支持されるかは疑問である。何よりも、ドイツと日本、ヨーロッパと東アジアにおける歴史経験の違いや特殊性を度外視した主張であり、現実味を欠くといわざるを得ない。

2 「国益」を損なう保守

リンドの主張は、とりわけその前提において二つの大きな問題を持っていると思われる。

一つ目は、謝罪とそれに対する日本国内保守勢力の反発を単純化している。保守の反発が謝罪により顕在化したのは間違いないが、謝罪によって初めて保守の反発が生み出されたわけではない。保守勢力は謝罪のみならず、歴史をめぐる全ての事項に対して反発しているのではなかろうか。保守勢力の反発は、東アジア冷戦構図が終わりを告げ、アメリカと東アジアの新しい関係を模索しなければならない今日、その現実を直視せず、既得権の維持だけに固執する欲望に過ぎないのではないだろうか。

二つ目は、百歩譲って、謝罪によって保守の反発が顕在化し、逆効果を生じたとしても、それがすぐに国家間の対立を生み出すわけではない。一九九三年八月、当時の河野洋平官房長官談話によって保守の反発が顕在化したにもかかわらず、東アジアの域内交易は依然として増加傾向にあったし、何よりも人的交流・文化交流による民間レベルでの理解は深まり続けている。小泉元首相の靖国神社公式参拝の強行以降、保守の『読売新聞』でさえも首相の公式参拝に反対している現状を、リンドの図式では説明できなくなる。リンドが主張する国家間の対立は、謝罪／反発よりも領土問題においてより尖鋭化している。

いずれにしても、リンドの問題提起は、加害国の植民地支配の記憶に対する否定が被害国との関係に悪影響を及ぼすという点において注意を要する。一九九〇年代以降の東アジアの歴史への和解に関わる民間レベルでの真摯な努力にもかかわらず、現在における日韓関係の悪化は、保守勢力の反発（妄言）に一因がある。保守勢力がよく口にする「国益」というイデオロギーが、国益どころか、深刻な歴史リスクを招いている現状を自覚しなければならない。

リンドは謝罪する前に国内での社会的統合を図らなければならないと主張するが、国内が先で、国外は後であるという認識はもはや時代遅れの発想ではないだろうか。筆者は謝罪の理論化よりも、歴史の記憶をめぐる正しい認識、それに基づいた領土問題の解決のための対話がより大事だと考えている。現在韓国の教育現場で進められている「東アジア史」が一つの実践例になるのではないかと思われる。以下では、植民地期教育の問題を検討し、その認識を基に「東アジア史」の未来を拓く現状を紹介し、今後の展望を述べたい。

3　植民地期教育の問題

前述したような保守勢力の反発は、間違った歴史認識に起因しているが、その根底には植民地支配の本質に対する認識の欠如にある。彼らはよく「植民地で日本は良いこともした」と強弁する。確かに、帝国日本は、植民地で日本語を普及させるために教育機関を作り、「開発」を行ったことは事実である。しかし、植民地で帝国日本が行った「開発」は、植民地を永久に支配するために行われたものであり、植民地民のための福祉ではなかったことは言うまでもない。本節では、植民地における国語（日本語）教育の実態を明らかにし、植民地支配の構造的な問題を検討してその意味を考えてみたい。

1 植民地の中の国語（日本語）教育

一九一〇年八月の「韓国併合」後、朝鮮総督府において早急に取り組まなければならない課題は、朝鮮人児童向けの国語普及のための植民地教育であり、国語教科書の編纂が喫緊の作業であった。教科書編纂を主導した部署は、学務局編輯課である。教科書担当者はまず、統監府時期の教科書の字句を緊急に修正した。例えば「日語」を「国語」に、「日本」を「内地」に、「韓国」および「我が国」を「朝鮮」のように修正して一九一一年初めに『訂正普通学校学徒用 国語読本』（全八巻）をはじめ、朝鮮語読本（全八巻）、漢文読本（全四巻）などを編纂し、朝鮮人児童に配布した。普通学校とは、朝鮮人児童向けの四年制初等教育機関である（一九二一年から六年制になったが、三〇年代は再び四年制、二年制が増加した）。植民地朝鮮における普通学校教育は、あくまでも植民地に必要な人材育成のための基礎教育であり、中等教育への進学は考慮しない普通学校完結の教育であった。植民地期に普通学校は増加したが、高等普通学校は低迷していたことがそれを示している。

朝鮮が植民地になった一九一一年から総督府学務局は第一期教科書の編纂に取り掛かるが、そこで最も重要視されたのは国語教科書である。従来の研究ではあまり言及されていないが、総督府は一九一一年初めの「訂正本」作成・配布後、同年一二月に『普通学校国語補充教材』を編纂した。四年生の時、巻八の終了後に教えるように指示された補充教材は、一八課から構成されている。「第一課 大日本帝国」「第二課 明治天皇」から始まっており、植民地化により朝鮮人が「大日本帝国の臣民」になったことを教育させる目的があったことは明らかである。補充教材に続き、『普通学校 国語読本』(全八巻、一九一二～一九一五年)が刊行されたのに対して、朝鮮語と漢文は『普通学校 朝鮮語及漢文読本』に統合・改題され、全一二巻から全六巻に半減され、一九一五年から一九二一年にかけて刊行された。日本語教科書が年二冊使われたのに対し、朝鮮語・漢文教科書は年一冊使われ、巻五と巻六は普通学校が四年制から六年制に移行する過程で追加されたことにも留意しなければならない。

このように、総督府は国語教科書を作ってから朝鮮語・漢文教科書を三分の一に減らして編纂したことが読み取れる。第一期は「普通学校の教科書中、国語には最も重きを置」いて「諸教科の中心」に位置づけられていたことは紛れもない事実である〔立柄教俊、一九一二、二五八頁〕。

このように教科書は作成されたものの、普通学校の整備は遅れ、植民地の問題を露呈させた。植民地朝鮮の植民地性は、朝鮮人子女の就学率をみても明らかである。内地では義務教育が実施されていたのに対し、朝鮮における完全不就学率は、一九一〇年代には九〇・九パーセントから九五・六パーセントの間を推移しており、一九二〇年代には八〇・二パーセントから八七・〇パーセントの間を推移している。いずれも女子の完全不就学率は九二・一パーセント以上であった〔金富子、二〇〇五、三六九頁〕。

2　植民地教育の矛盾

植民地教育における国語教育の遅れについては、朝鮮軍（朝鮮を管轄した帝国日本陸軍の一つ）も苛立ちを示していたほどであった。一九三〇年代に入り、朝鮮軍は朝鮮人の兵役問題、即ち徴兵制に強い関心を示し、一九三七年に第三次朝鮮教育令（一九三八年）に先立ち、普通学校・高等普通学校を「内地人」小・中学校と合併し、「内鮮共学」化するように総督府に求めた。その具体的な刷新策は、小学校に合併して義務教育制度化する、小学校教育などを刷新して朝鮮児童に強い国体認識と国家意識を涵養させ、皇国臣民としての強い信念と誇りを持たせるといった内容であった。実際に学務局は一九三七年八月に朝鮮軍宛に極秘文書「国民教育ニ対スル方策」を出し、朝鮮軍の事前承認を得たことが明らかになっている〔宮田節子、一九九七、一一三～一一七頁〕。

しかし、大陸侵略の拡大と共に国語普及運動を進め、「喧嘩も寝言も国語でする」ような状態を意図したにもかかわらず、極限化した「国語生活」の要請と現実の落差は余りにも大きすぎた。一九四四年三月、徴兵実施を直前にひかえて、全羅南道のある村の実体調査をした中谷忠治は、「かれこれ半箇年以上もの予備訓練を施され」「徴兵検査の予行演習に集った壮丁」の日本語の語彙は、「内地人の二歳半即ち数へ年三歳の者と同様」であったと報告している。しかもそれは単にその村だけの状況ではなかった。このように国語普及運動の惨憺たる「成果」のほどを物語っている〔宮田節子、一九八五、一一八頁〕。

つまり「韓国併合」以降、総督府は日本語普及のための植民地教育を拡大していったことは事実であるが、就学率や学校の整備は依然として低いままであった。日中戦争以降、慌てて徴兵制のための日本語普及が叫ばれたが、計画通りには進展しなかったことが確認できる。外村が指摘するように、朝鮮から労働動員されて内地に来た者の中で「戦争について知っているのは一〇〇人のうち五人」という状況は、受入れ側の日本内地の政治家を嘆かせたが、この事実を知りつつも戦争遂行のための労働動員を進めなければならなかった朝鮮側の官僚は、その現実の困難を思い絶望的な気持ちを抱かざるを得なかったはずである〔外村大、二〇一二、二三二頁〕。

以上のように、植民地教育の限界と、植民地と内地の考え方・意識の齟齬は大きな矛盾を抱えたまま進められ、破局を迎えたのが戦前の植民地状況であった。このような歴史経験を直視せず、「植民地で日本は良いこともした」という空虚な主張は、東アジアの歴史リスクを高める危険な行為であるといえる。

幸いにも、一九九〇年代後半から本格的に進められた東京学芸大学とソウル市立大学の日韓歴史共通教材作成を皮切りに、和解に向けた日中韓三国協同の歴史教育研究が続けられている。その延長線上で、二〇一二年度から韓国では植民地経験を踏まえた、東アジアの認識向上と和解の道を模索するための「東アジア史」という教科がスタートした。次節では、その現状を踏まえて今後の可能性を模索したい。

4 「東アジア史」の可能性

二〇一二年には『新しい東アジアの近現代史』（上・下　日本評論社）が日中韓三国で

刊行され注目を浴びている。また韓国では、高校歴史科における選択科目として「東アジア史」が正式に新設され、現場で実践されている。

1 「韓国史」と「東アジア史」

「東アジア史」は、韓国の「二〇〇七年改訂教育課程」において導入された。李明博政権になって廃止あるいは縮小の対象として一時期危機を迎えたこともあったが、「東アジア史」に対する学界・教育界の期待の中で進められ、二〇一一年八月に二つの教科書（天才教育版、教学社版）が検定にパスし、二〇一二年三月から使われている。教育科学技術部は二〇一一年に東アジア史料集『東アジア史 教科書補完指導資料 中・高等学校用』を刊行し、教科学習の便宜を図っている。また、「東アジア史」の成立と共に、東アジア史関連書が相次いで出版されている（二つの「東アジア史」教科書の参考文献を参照）。「東アジア史」の構成は次のような六部から成り立っている。

Ⅰ、東アジアの歴史のはじまり（先史）
Ⅱ、人口移動と文化の交流（古代）
Ⅲ、生産力の発展と支配層の交替（中世）
Ⅳ、国際秩序の変化と独自的伝統の形成（近世）
Ⅴ、国民国家の模索（近代）
Ⅵ、今日の東アジア（現代）

時間的には先史時代から現代までを、空間的には今日の日・中・韓・ベトナムとその他の東アジア全地域で活動した民族と国家の歴史的事実・共通点・相関性・交流を取り扱っている。「東アジア史」は、「韓国史」と「世界史」という二元的歴史教育に起因する自国史と世界史の断絶、それによる排他的民族主義、欧米中心主義、他文化に対する偏見や優越意識、退屈で難しい歴史授業を補う教科として期待を集めている。「東アジア史」は、一国史的観点を相対化し、東アジアに関心を持ち、東アジアの関わりと比較、相対主義的観点と相互交流の視点に立つ叙述を目指している。

「韓国史」に比べて「東アジア史」は、空間領域・歴史認識および叙述の範囲において東アジアの視点を維持している。例えば朝鮮半島の「稲作」「仏教」などが外部から入って東アジア交流の中で展開されたことを示し、歴史への興味を高め、韓国史を客観的にみる視点を提供している。高校生に対して東アジア交流の重要性を認識し、隣国の歴史共同体に開かれた観点をもつように構成されている。

また、「韓国史」を東アジアの中からその関わりを比較するように導く。「東アジア史」を通して東アジア人が成し遂げた文化の共通性と相関性を探求し、東アジア地域の発展と平和に能動的に参加できる資質を育む。そして、東アジアの過去と現在に対する客観的でバランスの取れた理解と分析能力を育て、和解と協力を基に東アジアが共同の平和と繁栄を構築できるように関心を持たせる必要があるところから「東アジア史」教科は、東アジア歴史共同体間の相互関連性と各共同体の特性を理解させることで、相互尊重と信頼関係を築くことを目指している〔鄭娟、二〇一一、二六三～二六八頁〕。

「東アジア史」は一国史的韓国史の教育の改善に役立つと思われる。しかし、鄭娟が指摘するように、東アジア史関連の研究状況は不充分であり、「東アジア史」は「韓国史」に比べて叙述の完成度という側面でまだまだ改善の余地があるのも事実である。

その改善の役割は韓国のみならず、日中韓が共同でこの問題に関心を持ち取り組むことで、より開かれたものになると思われる。

2 独島・竹島問題の授業実践

最後に、冒頭で言及した独島・竹島問題に関する授業実践を紹介し、「東アジア史」における叙述を検討したい。「東アジア史」の執筆に関わっている朴中鉉は、和解解決の方法としての「東アジア史」の意義を強調し、一九九〇年代以降に台頭している民族主義を乗り越える方法として、「東アジア史」の可能性を説いている。次いで、独島・竹島問題の授業実践を報告しているが、それは現状を分析し、問題解決の模索を試みる内容になっている。朴は、和解に重点をおき、授業の方向・目的を四つにまとめている〔朴中鉉、二〇〇九、八一～八三頁〕。

・歴史的事実を正確に伝える。
・両国の状況を自分と相手の立場で考える。
・問題解決の方案を模索する努力をする。

・両国に対する好感度を高め、相対化を可能にする。

第一に、領土紛争の重要な論点を客観的・歴史的資料に基づいて探究する。学習者の史料探求能力と判断力を培う。第二に、相手の立場を考慮し、問題の背景・近年の動向を把握して、相手を理解できる学習を工夫する。第三に、前段階での学習を基に、自分の立場から問題解決の方法を模索する。討論を通して多様な意見を交換する。現実には達成困難な方法であっても、考えを導く過程を重視する。第四に、両国間の問題解決を模索する過程において両国の理解を深める。その模索の結果が両者を全て満足させることはないことを念頭において、現在の状況から合理的な結論を導き出し、未来志向的な歴史和解の可能性を模索する。

朴の授業実践は、事実の確認、相手の立場の理解、未来志向的な問題解決の方法を模索する方向で進められており、示唆に富んでいる。筆者は、領土問題に関する議論は、「固有領土」という起源論的視点を相対化する点から始めなければならないと考えている。「固有領土」という発想からは対話も問題解決も生まれない。国民国家形成の過程で領土概念がいかに発生し、その中で発生した事実関係を相手の立場も取り入れて相対化する。その上で解決策を考える授業が求められる。

また、「東アジア史」の立場から領土問題を取り扱う時、利害関係にある事項ではなく、例えば日本の場合、尖閣列島、北方領土問題の状況を踏まえて調査し、日本が抱えている矛盾を東アジアの視点から相対化していく学習が求められる。

実際に二社の「東アジア史」でも「東アジアの（歴史）葛藤と和解」という節が設けられている。教学社の教科書では、領有権紛争は「植民地・占領地の戦後処理の過程で生み出された場合が大部分である。したがって、近代以降の歴史問題とも深く関わっている」と前置きしており、問題の発端を明確にしている〔ソン・スンチョル他、二〇一二、二三四頁〕。

孫崎享は「第一に、相手の主張を知り、自分の言い分との間で、各々がどれだけ客観的に言い分があるかを理解し、不要な摩擦はさける。日本人のほとんどが、尖閣諸島についての中国側の主張点を認識していない」と指摘している〔孫崎享、二〇一二、八八〜八九頁〕。

歴史リスクを乗り越えるための大前提は、相手と自分の言い分を客観的に理解し、不要な摩擦を避けることにある。少なくとも「東アジア史」のスタートはその理解と、摩擦を乗り越えるための重要な教科になれると思われる。そのために東アジア共通の認識に基づいた教材づくりが求められる。東アジアの人的・物的交流に比べて、歴史・社会文化に対する理解・交流は少なかった。「東アジア史」が真の理解・交流の一歩になれるように高い関心と議論が求められる。将来的には東アジア共通の「東アジア史」を使って実践される日を夢見る。

最後に、今日の「東アジア史」を考察するにおいて、東アジアの外部、特にアメリカの影響力を踏まえなければならない。「東アジア史」は朝鮮戦争、ベトナム戦争におけるアメリカの役割を叙述している。いま日韓は、アメリカ・中国とどう向き合っていくのかについて、重要な岐路に立っている。その問題も含めて「東アジア史」が抱える課題は多いといえよう。

おわりに

これまで、歴史リスクが高まっている東アジアの状況を踏まえて、歴史リスクの実像とその解決の一つの方法論として韓国で実践されている「東アジア史」について考察した。歴史との和解をめぐるジェニファー・リンドの主張を考察する中で、保守勢力の問題を改めて浮き彫りにした。続いて、植民地期朝鮮で展開された国語（日本語）教育の実態を明らかにし、植民地教育が抱えていた矛盾と限界を分析した。

東アジアをめぐる歴史リスクが顕在化する一方、一九九〇年代以降持続的に進められてきた日中韓の共同研究の成果が近年相次いでおり、勇気づけられる出来事である。その延長線上で韓国では、二〇一二年度から東アジア間の歴史リスクを乗り越えるべく「東アジア史」という教科がスタートした。「東アジア史」は、一国史的観点を相対化し、相対主義的観点と相互交流の視点に立ち、東アジア史の和解を目指している。「東アジア史」は従来の一国史的観点の改善に大いに役立つと思われる。しかし現状では、東アジア史関連の研究は充分ではなく、今後、日中韓が共にこの問題に関心を持つことで、「東アジア史」に肉付けしていく共同作業が求められる。

「東アジア史」は、東アジアの現状、相手の立場、未来志向的な和解を模索する方向で進められており、二一世紀東アジアに生きる人材を育てる上において重要な示唆を提供していると思われる。日本での高い関心と、具体的な実践を期待したい。

参考文献

● Jennifer Lind, ……Sorry States: Apologies in International Politics（Cornell University Press, 2008）.

●ジェニファー・リンド ……「A new solution to Japan's history problems」『朝日新聞グローブ』二〇一二年十一月三〇日

●アン・ビョンウ他 ……『高等学校 東アジア史』天才教育、二〇一二年

●ソン・スンチョル他 ……『高等学校 東アジア史』教学社、二〇一二年

●尹テリョン…「日本と東アジアの歴史的和解」『戦略研究』四十六、韓国戦略問題研究所、二〇〇九年

●教育科学技術部編 ……『東アジア史 教科書補完指導資料 中・高等学校用』二〇一一年

●宋ジェリョン ……「ウルリッヒ・ベックのコスモポリタンビジョンとその限界」『現状と認識』二〇一〇年冬号

●鄭娟……「〈東アジア史〉教科書の韓国史叙述 検討」『歴史教育研究』十四、韓国歴史教育学会、二〇一一年

●宮田節子……『朝鮮民衆と「皇民化」政策』一潮閣、一九九七年（一九八五年未来社版の増補版）

●小熊英二・上野陽子 ……『〈癒し〉のナショナリズム――草の根保守運動の実証研究――』慶應義塾大学出版会、二〇〇三年

●金富子……『植民地期朝鮮の教育とジェンダー――就学・不就学をめぐる権力関係――』世織書房、二〇〇五年

●鈴木宗徳他編 ……『リスク化する日本社会 ウルリッヒ・ベックとの対話』岩波書店、二〇一一年

●立柄教俊……「朝鮮に於ける教科書編纂事業に就きて」『教育時論』一九一二年二月（近代アジア教育史研

究会編『近代日本のアジア教育認識・資料篇［韓国の部］』全八巻、龍溪書舎、一九九九年）。

●外村大……『朝鮮人強制連行』岩波書店、二〇一二年

●日中韓3国共同歴史編纂委員会
……『新しい東アジアの近現代史』上・下　日本評論社、二〇一二年

●朴中鉉……「歴史和解の方法としての〈東アジア史〉——独島（竹島）の授業を中心に——」坂井俊樹・浪川健治編『歴史教育と歴史学の協働をめざして——ゆれる境界・国家・地域にどう向きあうか——』梨の木舎、二〇〇九年

●孫崎享……「尖閣問題 日本の誤解」『世界』二〇一二年十一月号

自然災害に向き合うコミュニティの観点から

4 リスクの軽減と地域社会の役割
―神戸市長田区真野地区における阪神・淡路大震災からの復旧・復興に学ぶ―

竹内裕一

1 リスクの軽減と地域社会

二〇一一（平成二三）年三月一一日、東北地方太平洋沖を震源としたマグニチュード九・〇、震度七の巨大地震は、死亡者約一万五九〇〇人、行方不明者約二七〇〇人、建物の全壊・半壊約四〇万戸という未曾有の被害をもたらした（二〇一二年末現在）。それは、都市直下型地震として記憶に新しい一九九五年の阪神・淡路大震災の被害（死亡者六四三四人、行方不明者三人）を遥かに超える大規模自然災害であった。

想定外の規模の地震だったとはいえ、その被害はあまりにも甚大であった。なぜこれほどまでに被害が拡大したのか。それは、社会の発展を優先させた人間の営みがあったからである。ベック（一九九八年）は、リスクとは社会の発展と無関係に襲ってくるものではなく、近代化と文明の発展に伴う危険であり、人間の営み自体がつくりだしたとする。漁業によって生計を立てている三陸地方の人びとにとって、漁獲物を素早く加工し運搬するには、魚市場や水産加工場を海沿いに建設するのは理にかなっているし、職住近接の観点からして、地域の人びとが海の近くに住居を構えるのもまた当然のことである。しかし、人間が経済的な効率性や生活の利便性を追求すればするほど、津波被害の蓋然性が増し、被害は拡大する。津波という自然現象は古来より変わらないが、人間社会の発展に伴い、その被害規模は肥大化するというリスクを内在させているのである。

山田昌弘〔二〇〇六〕が指摘するように、リスク社会における「生活水準向上の願い」と「社会の持続可能性」の間のジレンマを解くことが、われわれに課せられた喫緊の課題である。しかし、この課題を解決することは容易ではない。自然災害を回避することができないのと同じように、人間社会の発展も止めることはできないからである。

そうであるならば、「生活水準向上の願い」が生み出すリスクを前提とした対応策を考えなければならないだろう。自然現象である巨大地震や大津波を回避することができないならば、その被害を最小限に抑える対策が必要であり、不幸にも被災した場合には、一刻も早く住民の生活を復旧・復興するためのハードとソフト両面にわたるシステムづくりが必要である。

本稿では、現代社会に内在するリスクを軽減するための装置としての地域社会に着目したい。考察の対象とするのは、神戸市長田区真野地区である。真野地区は、阪神・淡路大震災の際に、地域一丸となって被災住民の救助・救護・救援にあたり、その後の地域の復旧・復興においても、住民が主体となったまちづくりを積極的に展開したことで、各方面から高い評価を得ている〔阪神復興支援ＮＰＯ 一九九五、広原盛明 一九九六、今野裕昭 二〇〇一、佐藤滋他 二〇〇六、復興まちづくり研究会編 二〇一一、神戸都市問題研究所 二〇一一等〕。本節では、先行研究に学びながら、真野地区の先進的な取り組みを分析することにより、リスク社会におけるリスク軽減のための視点を検討する。

2 真野地区における住民主体のまちづくりの進展*1

1 端緒としての住民による公害追放運動

阪神・淡路大震災後の真野地区の成熟したコミュニティの取り組みは、一朝一夕にできたものではない。まず、真野地区における住民主体のまちづくりの展開過程を簡単にたどることにしよう。

長田区は神戸市街地の外延部に位置し、神戸都市圏が拡大する過程で急激に都市化されていった地域である。長田区にあって真野地区は東南端に位置している（図1）。大阪湾に面した臨海地域には、三菱重工や川崎重工、神戸製鋼といった大規模装置系工業とその下請け工場が多数立地しており、第二次世界大戦後、真野地区はそれらに勤務する工場労働者を受け入れる形で小規模な低層住宅や木造賃貸住宅が建設され、急速に住宅地域へ変貌していった。日本経済が高度成長期に突入すると、地域内には周辺の親工場から独立して下請け・孫請け工場を創業するものが多く出現し、機械・金属加工、ゴム製品製造、マッチ製造などの中小零細工場の集積地域になっていった〔山本俊一郎、二〇〇八〕。その結果、一九六五（昭和四〇）年ごろには、真野地区は住宅と工場が無秩序に混在する住工混在地域としての性格を有するようになっていた。加えて、地区の北側を国道2号線が通り、東を兵庫運河、西を新湊川に囲まれるという比較的隔絶した地域性を有していたこともあり、従来から住民同士の結びつきは強く、職住近接のいわゆる下町的なコミュニティを形成していた。

地域の急激な都市化・工業化に伴って、真野地区ではさまざまな問題が生じた。その一つが「かるも（苅藻）喘息[*2]」と呼ばれる慢性気管支炎の発生である。地区内および周辺地域の工業化が進展するにつれて、粉塵・煤煙・悪臭・騒音・振動など、工場を発生源とする公害問題が深刻な様相を呈し始めた。とりわけ、阪神工業地帯を貫通する周辺幹線道路の交通量が増大するにつれ、その排気ガスで空気はさらに汚れ、地区の子どもたちを中心に喘息を発病するものが増加した。

このような事態に至って地域住民が立ち上がった。一九六六年に第一回の住民大会を開催し、住民の健康と生活防衛のための公害追放運動が始まった。当初、この運動に積極的に参加したのは幼い子どもたちを持つ母親たちであった。母親たちの粘り強い取り組みにより公害追放運動は次第に広がりをみせ、多くの地域住民を巻き込んだ幅広い住民運動へ発展していった。その結果、一九七一年には、公害企業との間に、地域住民の製油工場への立ち入り検査権を認めた「公害防止協定」を締結す

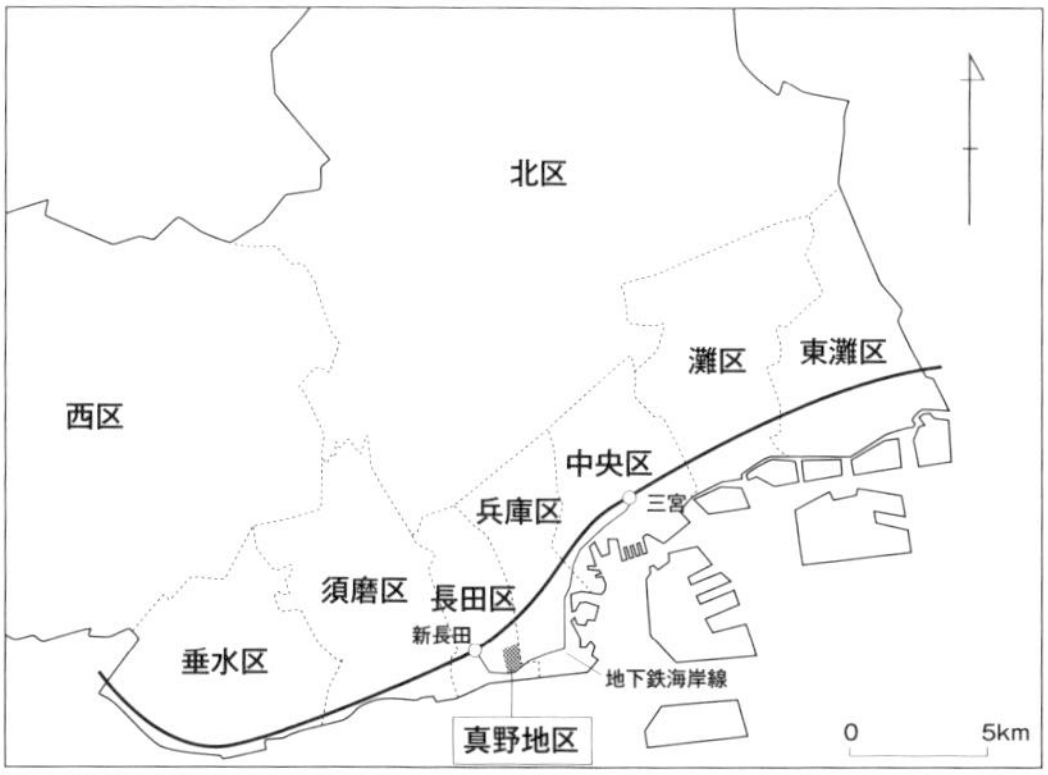

図1　神戸市長田区真野地区の位置

ることができた。その後、真野地区の住民の命と生活を守る公害追放運動は、一過性の住民運動に留まらず、自分たちの地域は自分たちで守り、育てていくという住民主体のまちづくり運動へと昇華していくことになる。

公害追放運動は一応の決着をみたが、同時に問題となったのは、移転した工場の跡地をどのように利用するかという点であった。一般に、公害反対の住民運動は、当面する問題が解決すると急速に縮小していくのが常である。しかし、真野地区の場合は、工場跡地に保育園や公園を作る運動へ引き継がれていった。具体的には、地域住民が神戸市にはたらきかけて工場跡地を買い上げさせ、そこに住民の要望を取り入れた市民公園を開設させたのである。さらに、住民奉仕による幹線道路沿いの花壇づくりや子どもの遊び場づくり、各家庭での草花の一鉢運動、工場の塀を取り壊して垣根植栽に植え替えてもらう取り組みなど、多彩な活動を展開した。

2 住民主体のまちづくりの推進

一方、一九七五年頃になると、高齢化という問題がクローズアップされてきた。大都市内部に位置する住工混在地域である真野地区は、狭隘な道路や木造長屋に象徴される老朽化した狭小住宅が多数存在し、住環境は劣悪であった。そのため、若者は就職や結婚を機に地域を離れる場合が多く、地域住民の高齢化が急速に進んでいった。[*3] こうした問題に直面して、真野地区では、一九七六年に地域の民生委員を中心に、住民ボランティアが独居老人を訪問して声をかける「一人暮らし老人への友愛訪問」の取り組みを始めた。さらに、巡回車による寝たきり老人への入浴サービス、会食方式による独居老人への給食サービス事業など、多彩な地域福祉・医療にかかわる取り組みが展開された。このように、真野地区の住民運動は、公害問題が解決した後も、自分たちの生活する地域は自分たちの手でつくりあげていくという運動へと転換を遂げ、より多くの住民を巻き込んだ運動として継承・拡大していった。

一九八〇年頃になると、真野地区の住民運動はさらなる質的転換を遂げることになる。地域住民がより快適な生活空間を確保するには、地域緑化や地域福祉・医療といったソフト面だけでなく、まちづくり（都市改造）というハード面の根本的な整備が不可欠である。一九八〇年以前、真野地区では一九七一年に「まちづくり懇談会」を組織し、あるべきまちづくり構想策定に向けての準備に取りかかり、一九七八年には、自治会や商工業者など地域を構成する各層の有志住民、学識経験者、市職員からなる「真野地区まちづくり検討会議」が結成され、まちづくり計画を練り上げていった。そして、一九八〇年に「真野まちづくり二〇年構想案」を住民に提案し、それを実現するための「真野地区まちづくり推進会」が結成されたのであった。こうした地道な取り組みの成果として、一九八二年には神戸市との間に「真野地区まちづくり協定」を結ぶことができ、まちづくり推進会を中心に市営住宅の建設や老朽長屋の共同建て替えの推進、狭隘道路の拡幅などの事業を徐々に実現していった。

3 阪神・淡路大震災からの復旧・復興

1 震災被害への緊急的対応

一九九五年一月一七日の阪神・淡路大震災において、家屋が密集していた長田区は最も被害の大きかった地域の一つであった。長田区の被害は、死者九二〇人、全壊家屋一万四六六二棟、半壊家屋七七七〇棟であり、さらに震災直後の火災により約五〇〇〇棟が焼失し、約四四万平方メートルが焼け野原となった。真野地区には当時約二二〇〇世帯、約五七〇〇人が居住していた。地区内には老朽化した木造長屋や文化住宅が多かったため、全壊家屋二二・三パーセント、半壊家屋五一・七パーセントと大きな被害が出たが、火災による消失は約二〇〇〇平方メートル（四三戸）、死者一九人にとどまった。

被害が軽微だったのは、震度七の激震地域からややずれていたという幸運にもよるが、地区住民総出の消火活動や救助・救出活動といった初期段階での対応が功を奏したからであった。特筆すべきは、発災後三日目には、安否確認、炊き出し、食事・支援物資の全戸配布など、緊急時の様々な活動を混乱なく遂行するために、真野小学校区の一六の自治会長の連合体として「真野小学校災害対策本部」が組織されたことである。この対策本部は、災害時の混乱状態の中で、行政や支援団体からの支援・救援サービスを被災者である地区住民にもれなく提供し、住民からの要望や情報を吸い上げ、復旧・復興に生かしていくという役割を担った。

災害時に地域を一元管理・運営する組織を素早く立ち上げることができたのは、前述のような住民主体のまちづくり経験の蓄積があったからに他ならない。真野地区には、町内会組織である自治会だけでなく、婦人会、老人会、子ども会、民生児童委員協議会、同志会（壮年会）、小学校PTAなど様々な地域団体が存在する。従来から真野地区では、地区内の行事や地域の問題に対して、それらに関係する諸団体が集まり、「実行委員会方式」で運営するという体制をとっていた。つまり、諸地域団体は、それぞれの自主性・主体性を保持しながら、ゆるやかな地域ネットワークを形成することにより、行事運営や地域の問題解決にあたってきたのである。この地域団体の「ゆるやかな連合」〔今野裕昭、二〇〇一〕によるまちづくりの経験こそが、素早い対策本部の立ち上げを可能にし、二次被害を最小限に防ぎ、住民の生活再建を迅速に進めることを可能にした。

災害対策本部は、ライフラインが復旧した一九九五年二～三月以降は、避難所の運営のほか、建物補修への大工斡旋、共同建て替えへの支援、地区内の仮設住宅建設と地元住民優先入居の要望をまとめる等、住民の生活再建のための支援活動と地域に即した復旧・復興関連情報の提供（情報誌『真野っこガンバレ！』（週刊）の発行）をおこなった。被災以降の真野地区のこうした取り組みは、「災害弱者を出さない」「被災者は被災した場所で生活再建する」という地区構成員の共通理念のもとに実践された。高齢者や障がい者などの社会的弱者をはじめ、被災した地区住民全員を地域が面倒をみるという体制は、復興期に入っても継続されていくことになる。

真野地区における避難所は一九九五年八月に解消された。同時に、対策本部も解散し、復興支援業務は「真野地区復興・まちづくり事務所」に引き継がれていった。しかし、一通りのライフラインが整備され、仮設住宅の建設、被災者の生活再建が本格化してくる復興段階になると、徐々に地区内に復興のあり方をめぐって「不協和音」〔今野裕昭、二〇〇一〕が生じてきた。

2 復興まちづくり

震災後一年が経過する頃になると、地区内では市営住宅、高齢者住宅、共同建て替え住宅、コレクティブ住宅などの住宅建設が相次いだ*4（写真1・2）。地区の復興が急速に進展したのは、八〇年代初めから進めてきたまちづくり計画とそれに向けた地道な取り組みがあったからであるが、震災後どのようなまちにしていくかについては、住民の被災程度や避難状況、職業、年齢などによってその思いは異なった。さらに、避難所が解散し、「平等」の名の下に住民の多くが遠く離れた仮設住宅にも入居せざるを得ないという現実は、真野に帰りたくても帰れない状況を生み出し、「被災者は被災した場所で」という復興理念の再考を迫った。こうした状況を背景に、震災を機にかねてより計画していたまちづくり構想を一気に進めようという意見に対して、高齢者など社会的弱者の立場を支援するようなまちづくりをめざすべきだというもう一方の意見もあり、両者の対立が次第にあらわになっていった。この意見対立は、先に示した神戸市の被災者救済事業方針が「被災者は被災した場所で」生活実現できない内容であったことが主な原因であるが、市営住宅や民間の借り上げ住宅、共同建て替えマンションなどが完成すると、真野地区以外の人々が多数流入し、しかも流入者には高齢者が多いという現象が同時進行していたことにも起因していた。

地区の厳しい現実を踏まえ、住民は粘り強く議論を重ねた。そして、最終的には、真野地区住民が長いまちづくりの経験の中で守り育ててきた「社会的弱者にやさしいまちづくり」という共通理念を確認し、合意を見いだしていった。具体的には、まちづくり推進会

写真１　東尻池コート（共同建て替え）
火災後，消失被災地に住民が協力して建て替えた路地継承型集合住宅（５階建て18戸・２店舗）。長屋共同建て替えモデルとして注目を集めている。

写真２　真野ふれあい住宅
被災者を対象に建設されたコレクティブ住宅。全29戸のうち高齢者向けが21戸，一般世帯向けが８戸。台所・食堂を共同化し，談話室，屋上菜園などの共用部分を設けている。

がハード面を担当し、まちづくり協定・地区計画を見直し、地区のバリアフリー化や近隣商店街の整備など高齢者にやさしいまちづくり、住宅・商店・工場の共存するまちづくりプランを策定していった。他方、一九九六年に再編された「真野地区ふれあいのまちづくり協議会」は、一人暮らし老人や寝たきり老人の生活サポートなど高齢者ケアを中心にソフト面を担当した。こうしたハード・ソフト両面での取り組みをとりまとめ、調整していったのが、先の「復興・まちづくり事務所」であった。

なお、地区住民の自主的なまちづくり・生活支援システムを構築することができたのは、建築や都市計画などの専門家、ボランティア、学生など地域外からの献身的な復興支援があったことも大きな要因である。[*5]

3 真野地区の震災復旧・復興から学ぶ

真野地区の取り組みからわかるように、巨大地震のような緊急事態が発生したとき、その被害を最小限に食い止め、二次被害を防ぎ、またその後の住民の命と安全を守り、生活再建に向けた復興を行うには、成熟した地域社会の存在が欠かせない。とりわけ、住民が主体となった自主組織は、被災者に対するきめ細かな対応、生活再建に向けた地域のグランドデザインの策定とその実現に向けた合意形成などを推進する上で、重要な役割を担っている。真野地区の場合は、初期段階の「災害対策本部」、復興期の「復興・まちづくり事務所」がその役割を担っていた。

真野地区でこのような自主組織づくりが可能だったのは、前述のように長年にわたる住民主体のまちづくり経験の蓄積があったからに他ならない。ここでは、真野地区の取り組みから学ぶリスク社会に対応する視点を、二点に絞ってまとめておこう。

第一は、地域団体が相互の自主性・主体性を認めた上で、「ゆるやかな連合」による地域ネットワークを形成していたことである。今野裕昭〔二〇〇一〕は、都市の地域集団には、自治会や婦人会、老人会、PTAなど地域公認団体からなる「地域組織型のコミュニティ集団」と、特定の目的意識を持った自発的な個人が集まって結成する「テーマ型コミュニティ集団」の二つのタイプがあるとする。真野地区は典型的な「地域組織型」であるが、その時々の地域のかかえる問題（テーマ）により地域団体が「ゆるやかな連合」を組み、問題解決にあたっていくという点においては、「テーマ型」をも含み込んだ取り組みであると言えよう。この点において、地域団体の「ゆるやかな連合」は、地域を構成する多くの住民が、当事者としてかかわることができるしくみとして優れている。リスク社会に対応していくには、自主性・主体性を基盤とした地域団体の柔軟な地域ネットワーク組織が重要な役割を担うことを認識し、地域における日常的な活動を地道に積み重ねていく必要があるだろう。

第二は、対立が生じたときには性急に結論を出すのではなく、粘り強い対話を積み重ねることにより、多くの構成員が納得して問題解決、あるいは合意形成を図るという点である。真野地区住民はこのような対話の重要性を公害追放運動の中で学んだ。当時、真野地区の人々は、公害を発生させる企業に対して、裁判に訴えるという強硬手段をとるのではなく、一五年という長期間にわたって粘り強く対話を重ねることにより、自分たちの思いを伝え、納得の上で移転してもらうという手法をとった。こうした対話による問題解決の手法は、先に紹介した震災後の復興方針をめぐって地区内に「不協和音」が生じたときにも威力を発揮したことは言うまでもない。リスク社会において、被害者が特定の階層や階級に偏在することも少なくない。また、リスクを回避する方法も立場や考え方により異なる場合が多い。そのような場合、多数決で安易に結論づけるのではなく、時間の許す限り粘り強く対話を積み重ね、構成員の多くが納得できるような合意を形成していくことが重要であろう。

4 地域の復興と企業の役割

1 リスク社会における企業と地域社会

他方、未曾有の被害をもたらした東日本大震災とその後の復旧・復興に際して、改めて地域社会における企業のあり方が問われることになった。地域社会の一員としての企業は、震災発生時には自社の従業員だけでなく地域に生活する住民の命と安全をどう確保するのかという防災上の危機管理のあり方が問われ、さらに復旧・復興にあたっては経済主体として地域経済の再生にどのようにかかわるべきなのかという重い課題を投げかけられたのである。

ここでは、真野地区に立地する三ツ星ベルト株式会社（以下、M社）の地域社会との共生を目指した取り組みの実態を分析することにより、リスク社会における企業と地域社会の関係性について考察してみたい。

M社は、一九一九（大正八）年に神戸市長田区真野地区で創業した木綿ベルトを製造する合資会社三ツ星商会を起源とする。M社は、創業後ほどなく木綿ベルトからゴムベルトへ製品転換をし、以後、ゴムベルトを中心にコンベアベルト、V型ベルト、歯付ベルトなど多様な伝動用・搬送用ベルト類を生産するようになった。現在、自動車用ベルトなど伝動ベルトの分野では国内シェアの六〇～七〇パーセントを占めており、M社は日本でも有数のベルトメーカーである。*6

M社は、国内に真野地区と東京（中央区日本橋）に本社機能があり、真野地区には隣接して研究開発機能と発泡射出成形品を生産する神戸事業所がある。その他、国内の四ケ所に工場・事業所があるほか、欧米やアジア地域を中心に一二ケ所の事業所を有している。M社は、国内自動車メーカーや家電メーカーの海外進出に歩調を合わせる形で、早い時期から生産拠点の海外展開をはかっており、現在では全生産額の約七〇パーセントを海外生産が占めるまでになっている。

2 阪神・淡路大震災に対するM社の対応

震災当日、M社の神戸事業所では、工場内部の工作機械が横倒しになり、床に資材や金型などが散乱したものの、幸いにも設備や建屋に大きな損傷はなかった。ところが、地震の揺れが収まった直後に、M社の東側で火災が発生した。M社には火災に備えて手押し小型動力ポンプ車二台が配備してあった。被災直後、長田区では至る所で火災が発生していたため、消防署に消防車派遣を要請しても消防車が到着しない状態にあった。さらに、激しい揺れのために水道管が破損し、消火栓の水も出なかった。そのような中、M社社員と地区住民は、工場内に備えてあった防火水槽の水や井戸水を使って懸命の消火活動を行い、地震発生当日の昼前には鎮火に成功した。結果として、住民・企業の協力による消火活動により奇跡的に延焼が食い止められ、地区全体の壊滅的な被害には至らなかった。

その後、M社は、震災復旧に当たって、被災した真野地区の住民のために体育館を四月末まで開放し、約三ケ月半の長きにわたって約四〇〇人の被災者を受け入れた。さらに、操業再開に向けて自社工場の復旧作業に当たる一方、四国工場から生産用として送られてきた水を避難者の生活用水として提供したり、社員が地区避難民の世話に自ら進んで従事するなど、会社を挙げて地域支援にあたった〔保井剛太郎、二〇一〇〕。

3 地域社会の一員としてのM社の取り組み

住工混在地域である真野地区における企業（工場）の存在は、ある時には公害を発生させ、住民の生命を脅かす迷惑施設であった。しかし一方で、多くの住民にとって企業は自らの生活を支えるかけがえのない職場であり、中には地域住民であると同時に企業経営者としての顔を持つ住民も少なくない。真野地区における企業と地域社会との関係は、公害という問題をめぐっては対立関係にあるが、一方ではよりよい地域をつくっていくためのパートナーでもある。こうした企業と地域社会との共存関係は、まちづくり活動においても同様である。M社の場合も、一九八〇年に結成された真野地区まちづくり推進会に設立当初から主要メンバーの一員として参加しており、地区のまちづくりに積極的にかかわってきた。

一九九二年、M社は真野地区に工場と研究所を残して、本社機能を神戸市中央区にある神戸ハーバーランド・センタービルに移転させた。神戸ハーバーランド地区は、一九九二年にJR神戸駅の海側に広がる旧国鉄湊川貨物駅跡地を中心に、神戸市、住宅・都市整備公団（現・都市再生機構）及び民間事業者によって再開発された商業・業務・文化施設などからなる複合都市施設である。神戸市は、このウォーターフロント開発事業を成功させるべく、市内に拠点を置く大企業に対して業務地区進出を促した。M社も、神戸市の誘致活動に呼応し、自社の企業イメージを高めるためにも、新都市・神戸ハーバーランドへの本社機能の移転を決断した。

しかし、一九九五年の阪神・淡路大震災を経て、地域の復興に取り組んでいた真野地区まちづくり推進会から、地区住民の総意として、まちの復興・活性化のためにぜひとも本社を真野地区に戻して欲しいという強い要請を受けた。その結果、M社は地域の要望を受け入れる形で、二〇〇〇年一一月に神戸ハーバーランドから創業の地・真野地区に本社機能を戻したのである。

この本社機能の真野地区再移転という決断は、本社ビル賃貸料が年間約六億円にも上り、経費削減を求められていたことに加え、M社の生産・経営体制の再構築という経営戦略的側面も有していた。M社の業績は日本経済の高度成長に歩調を合わせる形で拡大し、世界へ生産拠点を拡大させていったが、これまで本社機能は創業の地である神戸から離れることはなかった。しかし、一九八五年以降のグローバル化の急速な進展により、政治・経済の中枢管理機能や資本、情報が集積する首都東京の地位が著しく高まり、神戸に本社機能を置くことによる不利益が増大していった。M社は、二〇〇〇年に社内の経営効率化をめざして、従来あった東京出張所を東京本社に格上げし、神戸本社の経営管理機能の全てを東京に移転させた。他方、神戸本社は、真野地区への再移転をきっかけに、神戸事業所に隣接して基礎研究と製品開発のためのテクノリサーチセンターを建設し、神戸事業所の生産機能と連動した「ものづくりの拠点」としての機能に特化していった。こうして、経営の中枢管理拠点としての東京本社、研究開発・生産拠点としての神戸本社という、東西二本社体制が確立した。M社の時代状況に対応した生産・経営体制の再構築戦略が、真野地区にM社の本社を再移転させることになったのである。

M社は真野地区への復帰をきっかけに、「住民と企業の共生によるまちづくり」をスローガンに掲げ、従来にも増して地域とのかかわりを積極的にすすめた。具体的には、本社移転と同時に、本社ビルに隣接して、地域住民も自由に利用し集えるコミュニティ・レストラン「エムエムコート」[*7]を開店した（写真3）。二〇〇一年には、社内のボランティア任意団体「三ツ星ベルトふれあい協議会」が結成され、地域住民との交流を目的とした様々な行事やイベントを企画・運営している。他方、震災後の防災対策にも積極的に取り

写真3　三ツ星ベルト神戸本社と「エムエムコート」（手前）
三ツ星ベルトの本社に隣接して社員・地域住民が利用できるレストランを開店した。

組んでいる。震災以前からあった「自衛消防隊」などの組織や防災対応システムをさらに拡大・充実させると同時に、年に一回、地域住民や長田消防署も参加する総合防災訓練を実施している。

4　企業にとっての地域社会、地域社会にとっての企業

M社の場合、伝動ベルトや発泡射出成形品などを製造する製品特性からして、長田区の地場産業であるケミカルシューズ産業のように地域と深くかかわった生産・流通構造を持つわけではない。地域と隔絶したところで研究開発や生産が行われていると言っても過言ではない。

それにもかかわらず、M社は地域社会とのかかわりをもつことにこだわる。それは、企業のイメージづくりという経営戦略的意味合いがないわけではないが、社会的存在としての企業が社会に対して果たすべき役割とは何なのかを念頭においたM社の経営理念が具現化したものとして理解すべきであろう。経済活動を通して得た利益を単に自社の拡大再生産に投資するだけでなく、社会全体に還元していくことにより企業の社会的責任を果たすという経営理念は、阪神・淡路大震災以後、日本の企業に広く共有されつつある。そして、東日本大震災を経た現在、企業経営に占める社会貢献活動の割合はますます高くなっている。

企業が地域社会と繋がることは、M社にとって新たな視点からの社員教育や組織作り、ひいてはリスク管理という側面も持っている。地域との交流活動を積極的に推進した、現

会長の西河紀男は、活動に参加した社員について次のように述べている。「こうした交流を通して、『人を大切にする』『人の役に立つ』という気持ちを養ってもらう。こうして人間性を磨いた社員が一人でも多く増えることが、阪神大震災のような大災害に再び襲われても、動揺せずに乗り切れる組織づくりに結びつくと確信している」（日経ビジネスオンライン、二〇一一）。社員一人ひとりが地域社会と繋がることにより人間的な成長をはかることができ、結果としてより強固で柔軟な企業組織を創出することができるというのである。

では、地域社会にとっての企業とはどういう存在なのであろうか。真野地区においては、M社の存在自体が地域の活性化に繋がっている。その一つが地域経済の活性化である。M社が真野地区に存在するというだけで、工場や研究所を維持管理するために必要なものや道具、日用雑貨類などの調達、従業員の地域での飲食など、金額は必ずしも大きくはないが、地域内において金が動く。そのことにより地域に雇用機会が創出され、地域経済が活性化されることになる。

もう一つの活性化は、地域住民の生活の活性化である。前述のように、真野地区はインナーシティにあって高齢化が著しい。こうした高齢化した地域にM社が存在するというだけで、M社に勤める若い人たちが地域に出入りするようになった。M社の推進する地域交流イベントに参加していく中で、社員たちは自然と地域の人たちと顔見知りになり、地域でのネットワークが形成されていく。例えば、M社が推進する「朝のあいさつ運動」は、当初、社員の間では半強制的な扱いに反発もあったようだが、長く続けることにより地域の人たちと自然に挨拶を交わす関係になっていったという。神戸ハーバーランドに本社があったとき、社員にとっての会社は単なる職場でしかなかった。しかし、真野地区に移転してからは、地域社会とのコミュニケーションを通して会社が生活の場にもなったのである。

5 リスク社会に対応した地域社会の創造を目指して

真野地区における約四〇年にわたるまちづくり活動の中で培われてきたコミュニティは、決して防災のための組織ではなかった。しかし、われわれは、地域住民がお互いに助け合うという共助の心とシステムを持ったコミュニティこそが災害にも強いことを、真野地区の取り組みから学ぶことができた。さらに、二〇〇六年、真野地区の人々は、暴力団組事務所追放運動をよりしなやかに、かつよりしたたかに地域を挙げて展開し、それを成功させた〔暴力団組事務所追放等協議会、二〇〇七〕。真野地区コミュニティの力量は、以前に増して強化され、鍛え上げられているのである。

しかし、問題がないわけではない。真野地区では、震災後、一旦流出した人口がなかなか元に戻らなかったが、二〇〇一年に開通した地下鉄海岸線により交通の便がよくなったことに加え、前述のハード面でのまちづくり事業が一定の成果を上げるにつれて、徐々にではあるが若い層の転入も増えている。一方、地域を支える産業面では、長引く不況の中で地区の中小零細工場は苦境に立たされており、廃業に追い込まれる工場も少なくない。さらに、東部に隣接する運河沿いの工場跡地は、大型店を中心としたショッピングセンターとして生まれ変わった。現在の真野地区は、住宅機能に特化した地域に純化されようとしているのである。

インナーシティに位置する住工混在地域という真野地区の地域性が急激に変化を遂げようとしている現在、地域の産業や昔ながらの近所づきあいと縁もゆかりもない新住民が増える中で、果たして従来のような地域社会の濃密な関係性を維持していくことができるのか。今まさに真野地区コミュニティはその真価が問われている。新たな局面を迎えた真野地区では、リスク社会に対応した地域社会のあるべき姿を求めて、さらなる模索が続く。

参考文献

●ウルリッヒ・ベック……（東廉・伊藤美登里訳）『危険社会―新しい近代への道』法政大学出版局、一九九八年

●神戸都市問題研究所……『阪神・淡路大震災の概要及び復興』神戸市、二〇一一年

●今野裕昭……『インナーシティのコミュニティ形成――神戸市真野住民のまちづくり――』東信堂、二〇〇一年

●佐藤滋・真野洋介・饗庭伸……『復興まちづくりの時代――震災から誕生した次世代戦略――』建築資料研究社、二〇〇六年

●日経ビジネスオンライン……「震災の修羅場で学んだ 災害対応の〝本質〟 三ツ星ベルトの西河紀男会長が語った復旧までの軌跡」（http://business.nikkeibp.co.jp/article/manage/20110314/218982/?rt=nocnt. 2011.3.15）

●阪神復興支援NPO……『真野まちづくりと震災からの復興』自治体研究社、一九九五年

●広原盛明……『震災・神戸都市計画の検証・成長型都市計画とインナーシティ再生の課題』自治体研究社、一九九六年

●復興まちづくり研究会編著
……『復興まちづくり実践ハンドブック』ぎょうせい、二〇一一年
●暴力団組事務所追放等協議会
……（真野地区・東尻池北部）『スクラム組んで――暴力団組事務所追放まで二九七日間の記録――』、二〇〇七年
●真野地区復興・まちづくり事務所
……『阪神大震災「真野っこガンバレ!」縮刷版　震災の記憶と復興への歩み』㈲真野っこ、一九九七年
●真野地区まちづくり推進会
……『真野地区復興記念誌　日本最長・真野まちづくり――震災一〇年を記念して――』二〇〇五年
●保井剛太郎…「我がまちの企業の防災対策（一）　人を想い、地球を想う。地域の団体、住民と一体となって減災と活性化を目指す――三ツ星ベルト株式会社」近代消防四八(三)、二〇一〇年、五六～五八頁
●山田昌弘……「リスク社会論の課題」『学術の動向』二〇〇六年、三五～三八頁
●山本俊一郎…『大都市産地の地域優位性』ナカニシヤ出版、二〇〇八年

注

＊1…真野地区における復興まちづくりに関しては、現地調査に加えて、おもに、〔真野地区まちづくり推進会、二〇〇五〕、〔今野裕昭、二〇〇一〕、〔真野地区復興・まちづくり事務所、一九九七〕などを参考にした。

＊2…苅藻とは真野地区を構成する地区（現、苅藻通）の地名の一つで、当時は四国に渡るフェリー乗り場につながる幹線道路が通っていたため、排気ガスによる大気汚染がひどかった。

＊3…地域の高齢化は、住宅が狭小なため、二世帯同居することが困難であるという物理的な理由もある。

＊4…神戸市は、震災前から「真野まちづくり二〇年構想案」（一九八〇年）に基づいて地区内に公営住宅用地を少しずつ確保しており、そのことが迅速な住宅建設を可能にし、地区のまちづくり計画を前倒しして実施することができた。

＊5…柴山直子「外部支援体制の試み――神戸市真野地区を例に――」〔佐藤滋他、二〇〇六、五二～五八頁〕に詳しい。

＊6…M社の現在の生産品種構成は、伝動ベルト及び関連商品、搬送ベルト及びシステム・関連商品が全売

り上げの八三・七パーセントを占めており、残りの一六・三パーセントが発泡射出成形品、防水シートなどの防水・遮水材、エンジニアリングプラスティックなどである（二〇一一年）。

＊7…「エム（M）エム（M）コート」は真野のMと三ツ星ベルトのMとをつないで命名された。

5 放射能汚染問題と有機農業の取り組み
—千葉県柏市周辺と福島県二本松市の事例から—

坂井俊樹

はじめに——福島で感じたこと

小田賢二（福島県南相馬市出身）は、震災以降、故郷やその周辺地域に頻繁に通い、今回の大震災がもたらした現実、特に原発事故の影響を知るために、線量計を携えて県内各地を訪ね歩いている。「ゴールデンウィーク中の五月三日には、南相馬市の西部にあり、かつて何度も登った太平洋を望む国見山の山頂へ登った。……残念ながら、福島第一原子力発電所のある双葉町・大熊町までは見ることはできなかったものの、眼下に広がる光景は、まさに驚くべきものであった。というのも、かつては山頂から砂浜海岸となっている海岸線をみると、防潮保安林の松林が緑のベルトのように見えていた。しかし、それらが津波でほとんど流され、砂浜の灰色のみとなっている状態であった。改めて、津波がもたらした被害の甚大さに驚愕を感じざるをえなかった。しかし、それ以上に報告者を驚かせたのは、原町区の南方にあり、二〇キロ圏内の警戒区域（当時）となった小高区では、海岸線から水田地帯を経て市街地近くの国道六号線までの広いエリアが、三月一一日そのままで湛水状態にあることだった。……二〇キロ圏内にあり、人の立ち入りが禁止されている小高区は、時が止まった状態であった。※1」

筆者も、この小田の文章から一年九カ月後の二〇一三年二月に南相馬市小高区を訪れたが、地震による被害で廃墟と化した商店街の姿は異様であった（日本社会科教育学会プロジェクトメンバーとして訪問）。近くの下浦や沼尻地域では、家屋の土台ごと破壊する津波の破壊力の凄まじさと共に、津波から二年近く経過している現在も、何ら手つかずのままにある状況に改めて驚かされた。

1 「出口」の見える実践や研究

三・一一は、既存の産業や科学技術への信頼を動揺させる事態でもあった。経済発展や工業社会を支えてきた近代諸科学のあり方、とくにその諸成果やそれを支える「学問研究」の方法論まで問いかける契機となっている。「水俣」を問い続けてきた鶴見和子は、すでに次のような近代科学の方法的問題点を指摘していた。

「これは学問の課題だと思うんですけど、水俣の問題というのは、やはり近代工業文明の最も極限的な害悪を身にひきうけた人たちの問題です。そうすると、わたしたちが使っている学問の分析の道具というものは、近代工業文明の枠の中の学問の用語です。その方法で分析していくと、出口なしという推論が最も客観的に、科学的であるということになるわけです。……それに対する反論は、出口のある学問の方法をわたしたちが水俣調査の中から出していくことにしかないと思っています。」〔鶴見和子、一九八三〕

座談会に同席した宗像巌は、鶴見の指摘はとても重要な論点としながら、次の補足発言をしている。「この本を水俣で苦しんでこられた方がたが読まれて、そこになんの希望も期待ももたれなければ、やはり社会科学研究の本質が問われることになると思います。水俣の調査を続けていて感じますことは、この地にはなにか不思議な明るさがあるということです。」〔宗像巌、一九八三、傍線は引用者〕

鶴見の言う「出口のある学問」とは、問題解決に何ら寄与しない近代学問・思想の成果やあり方を問い直し、被災や被害を受けた人々に問題解決の示唆と展望を与える方向性を持った学問研究のことであろう。それは、宗像の言う「不思議な明るさ」に結びついた研究ということである。水俣を巡る相克は、近代学問が、「科学的合理性」を根拠に、当事者としての患者を抑圧する傾向にあったことの経験から生じている。このように考えた時、いまの大震災被災地を中心に求められる教育実践も、こうした東北などの現実を基盤とする、いわば当事者にとって展望の持てる内容と方法が求められているように思われる。

筆者は、ホットスポット問題で揺れる東京近郊の千葉県北部の柏市周辺の農業生産者や、広域的な放射能の被災地である福島県二本松市周辺の有機農業による生産農家の動向に注目している。両地域共に、

南相馬市小高区沼尻。遠く遠望できるのが防波堤。2年経過しても何も変化が見られない状況（2013年2月・筆者撮影）

いまも問題解決の展望が見えにくい状況にあり、野菜や米などの農産物の販売は、「風評被害」による売れ行き不振で苦しい立場にある。それでも、両地域の農家の方たちは、その逆境に対して向き合い、現状打開の方向に向けた努力をしている。そして、この二つの地域に共通しているのは、単に農業生産者だけではなく、多様な領域の研究者や農産品流通担当者、販売店、個別消費者がかかわり、一つの新しい地域ネットワークを構築しつつある点である。その意味では、問題解決のための「出口」を模索する研究者の重要な役割が見えてくる。以下、概要を紹介したいと思う。

2 放射能問題と農業生産——千葉県柏市周辺の無農薬・無化学肥料農家

千葉県北部の松戸、流山から柏、我孫子一帯は、福島第一原子力発電所事故により放出された放射性物質が気象条件によって拡散し、降雨と共に同地域一帯に降り注ぐことになった(三月二一日)。首都圏近郊地域に放射性セシウムの高濃度地域が出現し、地域社会を動揺させることになった。市内の学校や公園、道路の側溝などからは、高い放射線量が検出された。その後、一定の除染が市によって行われたが、まだ多くの場所から放射線が検出されている。江戸中期の田沼意次の干拓で知られる手賀沼でも、流入水によって高い放射線量が検出される場合もある。

柏市まちづくり協議会「ストリート・ブレーカーズ」の事務局長である五十嵐泰正が中心となって『みんなで決めた「安心」のかたち』(五十嵐泰正、二〇一二)という書籍が刊行された。同書には、柏周辺のホットスポット問題に向き合おうとする有機農業や循環型農業による新規参入農家の取り組みが紹介されており、とくに消費者などに信頼される地域の関係構築の歩みを具体的に知ることができる。

「ストリート・ブレーカーズ」は、一九九八年に青年会議所内に設立されたまちづくり団体である。急速な都市化と地元住民との接点をもとめた新しい地域像を、若者を中心にして構想しようと立ち上げられたものである。その活動の延長として、二〇〇九年には農業と食の安全の問題につなげる「地産地消」の活動として地域住民との交流を図る活動が開始された。また市内の若手農家に呼びかけ、柏神社境内での地元野菜市の開催（ジモトワカゾー野菜市）、あるいは市内レストラン店主に呼びかけて生産農家を訪問する企画など、生産者と消費者をつなぐ活動を展開してきた[※2]。

二〇一一年七月以降、柏一帯の農産物の危険性が言われ始め、これら農家の野菜や鶏卵は急激に販売不振に陥った。農家の経営は深刻さを増し、「安心・安全」にこだわる消費者ほど離れていくという現実があった。インターネットを通した東京都内の個別販売は、壊滅的となった。柏における農家と住民の信頼関係も大きく揺れ動いたという。こうした状況において、「ストリート・ブレーカーズ」は、円卓会議という独自の「協働」するネットワークを企画した。地域のホットスポット問題に対して、地域の多様な立場の人たちが参加し、議論し、問題の共有を図ろうと考えたのである。円卓会議の参加者は、農協を通さない直販系の有機農業農家、地元レストラン店主、育児中の若い母親たちなどであった。議論を重ねて、住民と農家が、「安心・安全」を見える形で示す流通の方向を決めていったことはとても意味があった。①徹底した土壌、農産物、空間の放射線量の計測のルール化と公開、②暫定放射能を、政府基準値の五分の一、二〇ベクレル／kg以下にする（安全範囲と理解する）方向であった。そのためには、放射能測定方法の明確化と測定現場への市民の参加を促すことにした。「当然、現在の科学的所見でも二〇ベクレル／kg以下が、絶対的に『安全』という保証はない。それでも、二〇一二年三月の時点の柏の汚染度における野菜の基準値として折り合って合意されたものであり、決して普遍的なものとも、絶対的なものとも考えていない。」（五十嵐泰正、前掲書）と説明される。生産者、流通担当者、レストラン店主、消費者などが「折り合える」、地産地消、安心安全な野菜、味覚的にも自信の持てる農産物生産など、地域の多様な人々との合意形成を目指した結果といえる。[※3] 筆者は、二〇一二年七月にマイ農家に所属する二つの農家を訪問した。

1「自然農園レインボーファミリー」

開設してから一〇年ほどの歴史となる「自然農園レインボーファミリー」（流山市名都借・笠原氏）では、環境重視循環型農業をめざしてきた。野菜の肥料も自農場でまかない、味にこだわる野菜生産に力を置いてきた。「私たちは『循環』を大切にしています。畑で農薬を使わずに野菜を作り、野菜や外葉や形の悪いもの、虫食いの物などを鶏が食べます。そして鶏の糞を畑の肥料として使っているのです。鶏小屋では雄鶏・雌鶏が自由に歩き回り、地面をつついています」（同園チラシより）とうたい、美味しい野菜を売り物にしている。例えば鶏も、日本で改良された採卵鶏「岡崎おうはん」「後藤もみじ」を飼育し鶏卵を生産・販売している。

循環型農業を目指して、農場内で肥料を循環させ、ニワトリも飼育している。「農薬を使わないのも、野菜そのものの安全というよりも、土の中にいる生物たちを壊したくないということが強いんです。どんな生き物であろうと人間が共存する形でやっていきたいと思っています」[※4]

二〇一一年七月以降、売り上げが通常の半分以下となり混迷するが、地元の農家を理解し、信頼、支援してくれる人たちとの出会いによって、従来とは違う方向での生産と流通、販売を考えたという。きっかけは、子どもが通園する幼稚園のお母さんたちに草むしりとジャガイモ掘りのお願いをしたところ、予想を超えたたくさんの方が、放射能問題がありながらも手伝いに参加してくれたことであった。このことによって地域の人とのつながりや自分たちの線量の計測に対する理解が生まれ、ある方向が見えてきたという。「一〇まで測ればその下まで、一までやれば〇・一まで求められる。でもいくらやっても、

鶏が自由に動き回れるようにしている（レインボーファミリー）

圃場内に設けられている地域の支援者たち（母親など）との交流の場

無農薬を信じない人と一緒で、信じてはもらえない。それは多分、どんなことでも永遠につづく、だから私は、違う方向を向いてやっていこうと思いました」〔五十嵐泰正、前掲書、傍線は引用者〕。笠原さんの言う「違う方向」とは、生産と流通・消費との新しい関係作りへ向かおうとしている笠原さん自身や作った農産物に信頼を見出してくれることを指している。

2 「わが家のやおやさん 風の色」

手賀沼を挟んで柏市と我孫子市に点在する農地で野菜生産を営む今村直美さんと細渕有里さんは、地域の人々に結びついた生産を願い、二〇〇九年に「わが家のやおやさん 風の色」を立ち上げた新規就農者である。※5 少量多品種栽培で、地元の人にとって身近な農家になりたいと思い、「風の色」で使用する肥料は、鶏糞、米ぬか、ぼかし肥料といった有機肥料のみで生産している。近くの豆腐屋さんからのおからが貴重な肥料の基本と語る。露地栽培しかしていないので、野菜は旬の時期しか収穫できないが、柏・我孫子市内のスーパーの産直コーナーや自然食品店で販売したり、我孫子と柏周辺の個人消費者への直接配達をおこなったり、また市内レストランにも食材を提供、販売したりしている。近隣の老人ホームとの契約も実現した。「毎週届けることで野菜を買ってくれる人とつながることができます」と語る。

栽培の基本は農薬は使わないこと。それよりも虫に立ち向かえる強い抵抗力のある野菜にするために私たちはサポートをする、と語る今村さん。レインボーファミリーと同様に生物と共存する農業生産をめざしている。トウモロコシも、周囲の畑で栽培されるトウモロコシよりは一見成長が見劣りする。しかし「食材」としての安心感がある。「現在、就農五年目ということで、無農薬・無化学肥料の農業を周囲の人たちから学び、また地域の人々に支えられながら、子どもたちの農業体験などを取り入れた活動を行っていきたい」※6との夢を持っている。

隣接する竹林や茗荷畑から、高い放射能数値が検出されることも現実である。しかし、そのことを公開し、出荷する農産物や農地に関しては、円卓会議の計測方法により、信頼獲得に努めている。経営的にはとても厳しい状況にある。それでも、単なる生産・販売する農業ではなく、人々のネットワークのもとで展開する農業に希望を抱いている。

両農家の訪問調査を通じて理解できたのは、いったん離れた消費者の信頼を取

露地栽培による多品種の作物を栽培している今村さんと細渕さん

放射線量の計測をしながら、農地の状況を見まもる

り戻すことは容易ではない点である。どんなに信頼を得ようと努力をしても、消費者の目は厳しく、活路が見いだしにくい現実があろう。しかし、従来のインターネットによる「安心」の個別販売という一方的関係ではなく、スーパーや小売業などの流通担当者や個人消費者、レストラン店主などとの見える関係を作り上げる、つまり笠原さんや今村さんや細渕さんたちを信頼する関係性の構築をめざしている。その意味では円卓会議に参加したことはとても意味を持ったものと思われる。

3 放射能問題と農業——福島県二本松市の有機農法農家の取り組み

1 有機農業と放射線

一九七〇年代、福島県でも初期の有機農業を開始した大内信一さん（二本松市中里・「二本松有機農業研究会」会長）は、今回の原発事故により六〇パーセントの顧客が去ったという。それでも「やはり我々は与えられた土地で、与えられた状況の中でどう生きるかが大切かと思います[*7]」と語る。農地を案内していただいているとき、大内さんはある畑で立ち止まり、原子力発電所事故の際、この畑いっぱいにあった収穫間近のほうれん草が、広げた葉っぱで畑の土を降下する放射能から守ってくれたことに感激したこと、そして栄養が豊富な土地であれば、作物がセシウムを吸わないことに確信を持てた、という。「土の豊かさ」と「作物の賢さ」が私たちを支えるのであり、「有機農業と輪作で作物を組み合わせれば何とかなると思いました[※8]」と語る。そこにベテラン有機農業家としての熟達した技術が垣間見られる。

二〇一一年秋、地域で一〇〇ベクレルを超えるコメが検出され、地域全体の出荷停止となった。「有機農業で骨折った私の米も出荷停止になりました。自分だけが安全なものを作っても通用しない時代になったのです。そのために、今年は地域全体でゼオライトを振り、カリ肥料を振り、深く耕しました。地域全体で、本当にひさしぶりにみんなで力を合わせて、二週間ほどかけてその作業を行いました。おかげで放射能は、四分の一か五分の一くらいに減りました。今年も風評被害で売れるという保証はありません」（大内信一、二〇一三、傍線は引用者）

大内さんの希望は、「自分だけが安全なものを生産するのではなく、地域全体で安全なものを栽培していこうということです。ふくしまを日本一安全な農産物の生産地にしたい」

有機ニンジンジュース。いまの生産販売を支える主力商品（JAみちのく安達・二本松有機農業研究会・販売）

3.11の時、ほうれん草が守った畑。輪作を行い、現在はネギが植えられている。ネギはセシウムを吸着しない野菜の一つ。輪作は次の作物の防虫にも役立つ。（二本松市・阿武隈川が流れる・2012年1月撮影）

ことだという（大内信一、前掲書）。

2　NPO法人ゆうきの里東和ふるさとづくり協議会

福島県二本松市東和地区で農業を営む菅野正寿さんは、人の免疫力を育てるのはその地域の風土に合った旬の食生活にあると考え、有機農業を二〇年来続けてきた。いまは県内の有機農業者をつなぐ「福島県有機農業ネットワーク」の代表である。そして二〇一一年三月十一日、放射能の拡散のもとで、菅野さんの農業も大打撃を受けることになった。放射性物質セシウムが大量に降下し、里山と耕作地を中心に汚染された。その被害は深刻であったが、農産物の放射能検出が深刻化したのは事故直後からの二カ月間だけであり、以降は農産物からはほとんど検出されていないという〔菅野正寿・長谷川浩、二〇一二〕。農地以外からは放射能が高く検出される中で、農地や生産物から検出がされにくいのは驚くべき事実と語る。つまり大内さんと同じく、「放射能を抑え込む土の力（粘土質と腐植の多い土壌ほどセシウムが吸着する）」に学び、二本松市東和地区や福島県全体の農業の進むべき方向が有機農業であり、放射能問題の克服と同時に人の健康に寄与する食材を提供したいとの思いである。菅野氏は、あるシンポジウムで次のように語る。トンボの飛びたつ光景や多様な生物が共存する田んぼの姿を捉え、そして、「私はこの光景を見たときに、今までこの面積からいかに多く米をつくる、とるかを考えてきたのが、ここにはこんなにいっぱい生き物がいて、農家というのは米づくり、野菜づくりだけではないんだな。虫たちやさまざまな生き物と一緒に生きている。美しい田んぼの光景を見るたびに、農家は景観もつくっているんだなと」[※9]と語る。日本の田畑も、単に食糧、食べ物をつくるだけではない。農薬を減らして、鳥や虫たちのいる風景にしていかなければいけないんだなと、この光景に出会ってから思った心境を披瀝された。

現在、日本有機農業学会などの研究者と連携して、除染や放射能に向き合う農業をさまざまに実験的に実践している。そしてそうした活動を支える地域のＮＰＯ、流通団体、農産物販売所と協力しながら流通に乗せようとしている。放射能に強い作物の選択的栽培、有機肥料の混合によるセシウムを吸着させてしまう土づくり、土でセシウムを封じ込める深耕、小まめな産物の測定（放射能の見える化）などを試みているところである。

二〇一三年二月九日に二本松市東和文化センターで、研究者たちの取り組みの「中間報告会」（主催・里山再生・災害復興プログラム調査実行委員会）が開催され、一五〇人ほどの農家の方が参加された。報告会の中心となってきた野中昌法（新潟大学）は、「主体はあくまでも農家であること」、「『測定』することを復興・振興の起点とすること」、「地元で愛される農業・農産物生産を優先すること」、「生産者・消費者・流通・学者が一体となって理解をふかめること」、そして「この会は『実践ノウハウ』の共有を行うこと」と、冒頭に挨拶をした。研究者に依存するのではなく、農家と研究者が一緒になってこの困難な状況を克服していこうという呼びかけであった。その上で、研究者たちによって以下のことが伝えられた。

①地域の実態調査（土・水・山・作物・健康）について、
②農業を行うことで放射性物質の作物への移行が抑えられる。

③耕地を耕すことで放射物質は封じ込めることができる。

④農業を行うことで地域のコミュニケーションも復活できる。

⑤さらに調査をして営農や生活の上で注意しなければならないことがある。

この五つの視点、とりわけ②と③は、三・一一以降の二年間の営農で、耕しつづけた農地の土壌や空間線量、農産物の放射線量が基準値以下の低い数値、また不検出の事実によるものである。

そのうえで、具体的に次の研究者から報告が相次いでなされた。

【報告会の進行】

①「森林の状態と森林復興」（金子信博）
②「棚田・農業用水と稲作り、大豆栽培」（原田直樹）
③「ゆうきのサト農産物検査から」（武藤正敏・海老沢誠）
④「野菜栽培とげんき肥料」（木村園子ドロテア）
⑤「稲架がけと竹の子」（小松崎将一）
⑥「稲の品種、動物・昆虫」（横山正）
⑦「農家の生活と消費者との連携」（小松知未）
⑧「福島農業復興に向けて」（長谷川浩）
⑨「自給に関するアンケート調査の結果報告」（飯塚里恵子）
⑩「放射線写真で調べた放射性セシウムの植物中の分布」（大貫敏彦）
⑪各報告の上に「今後の取り組みの紹介」（野中昌法）と「自信をもって農の営みを行うことの意義」（中島紀一）

福島県有機農業ネットワークなどは、原子力発電所の事故と津波被害の著しかった南相馬市有機農家の営農再開にも、積極的に支援をしている。小高区（冒頭の写真参照）は立ち入り制限の解除地域となったが、用水やインフラも整備されていない状態にある。そのもとにあってでも農業再開を希望する農家の支援を行っている。[※10] ここには、福島県の有機農業者の人的なネットワークと支援によって現実に向き合おうという姿がある。

長い伝統を持つ福島県の有機農業者たちは、そのネットワークを活用して放射能問題の

報告会に参加する農家の人々。里山の放射能汚染対策は容易ではなく、生活する人たち、特に子どもたちと隣接する里山汚染は、今後の中心的課題といえる。（「中間報告会」2012.2.9・東和文化センター）

克服の努力を継続させている。※11

まとめ

ここまで紹介した千葉県柏市周辺や福島県二本松市の農業生産者たちは、現在も容易には販売・流通の展望を持つことができないが、改めて新しい地域のネットワークづくりや県内外の消費者との関係を築こうとしている。そのためにより一層の生産農家の顔の見える流通、放射能の測定の厳密化と情報公開を基盤に歩みだしている。ここには今までにない、生産が単に「安心・安全」な食材を提供・販売するという関係ではなく、消費する側も積極的に生産者を支えるという関係が求められている。基盤には自分たちの食生活の未来像をどのように描き出すかという問題が関わっている。

放射性セシウムは危険物質であるけれど、そのことも含んで私たちの「食の安全」の問題を共通認識として位置づけている。そのためには、地産地消を重視すること、在来品種による生産を展開するなど、グローバル化のなかでの日本の農畜産業の進め方を模索するという意思を持っている。放射能問題がグローバル化と自由経済のもとでの農業を問い直す契機となるという構図である。

ところで、なぜ柏周辺と二本松周辺の両地域でこうした新しい地域づくりが動き出したのであろうか。菅野氏をはじめとする福島県の有機農業者たちは、一九九〇年代、首都圏から県内のゴルフ場開発や産業廃棄物処理場計画に対して、積極的に反対運動を展開してきた。そして「東和の自然を守る会」を結成し、一〇年に及ぶ反対運動により撤退させたという。この力が有機農業と地域づくりの基盤となって二〇〇〇年代の町村合併の反対運動や地域づくりにつながっていったという（菅野正寿・長谷川浩、前掲書）。この有機農業者たちの歴史が、放射能問題への取り組みと重なっていった。これは、柏の円卓会議が、柏周辺のまちづくり協議会としての活動や地域の無農薬・無化学肥料農家と流通者、消費者とをつなごうとする「地産地消」の地域づくりの流れがあったことと類似している。このことは阪神淡路大震災で被災した神戸市長田区真野地域の復興まちづくりが、住民主体により急速に推進された背景には、一九六〇年代から七〇年代にかけての反公害と福祉のまちづくり活動の流れがあったのと同様である。

これらの事例から学ぶことは、きわめて危険な状態の突如の出現（危険領域の出現）に対して、それまでの地域住民主体の地域づくり運動や地域破壊の動きに対する地域保全の闘争を展開してきた経験が重要であるということである。地域社会に生きる人々の積極的な自己の生活の「安全・安心」を守ろうとする日常の地域づくり運動とその意識が、今日の問題克服にとって重要だということを示している。その点の経験を学びたいと思う。※12

参考文献

●鶴見和子「座談会」……色川大吉編『水俣の啓示――不知火海総合調査報告』下巻（筑摩書房、一九八三年、三〇一頁）
●宗像巌………「座談会」（『水俣の啓示』下巻、一九八三年、三〇一頁）。
●五十嵐泰正…『みんなで決めた「安心」のかたち』（亜紀書房、二〇一二年）
●大内信一……「月刊　愛農」（二〇一三年一月号、一一頁）
●菅野正寿・長谷川浩

……『放射能に克つ農の営み―ふくしまから希望の復興へ―』（コモンズ、二〇一二年、一四頁）

注

※1…小田賢二・日本社会科教育学会全国研究大会（二〇一一年一〇月二二日・北海道教育大札幌校）緊急被災地報告会から。なお筆者は二〇一一年夏に、相馬市に続く宮城県側の山元町を訪れ仙台市立山下第二小学校の状況をお伺いしたが、そこでの衝撃と同じでありながら、二年たっても先が見えない南相馬の苦悩がある。

※2…こうした背景には、柏周辺一帯には、サラリーマンや公務員など他の職種から転職した新規参入の農家や、若い世代による自然農法の農家が複数存在していた。なおインターネットで「MY農家を作ろう」を検索すると、各農家が紹介されている。

※3…もちろん、こうした合意がなされたとはいえ、風評被害の勢いは激しく、経営の安定は遅々として進まない部分もある。

※4…二〇一二年七月八日のインタビューより。

※5…千葉大学園芸学部の園芸別科で同窓生だった女性二人が、この地に転居し開始した。

※6…二〇一二年七月八日のインタビューより。

※7…二〇一三年一月三〇日のインタビューより。

※8…同右

※9…日本社会科教育学会（二〇一二年九月）・第六二回大会・シンポジウム資料より。

※10…「おだかつうしん四号」（小高区有志発行・代表　根本洸一）。

※11…同ネットは二〇一三年三月には東京世田谷区下北沢にアンテナショップを開設した。

※12…一九八〇年前後の地域主義思想のなかに、この危機に際しての取り組みの前例が示されてきた。経済学者の玉野井芳郎を中心とした地域主義運動は、地産地消、地域づくり、循環型生産と社会との協働を目指していた。社会科教育から玉野井理論を論じたものに、松本敏「『地域主義』による社会科の構想への視点―玉野井芳郎氏の遺産をふまえて―」日本社会科教育学会『社会科教育研究』第五五号、一九八六年、がある。

民主主義とメディアの観点から

6 政治不信とメディア不信を越えて

—熟議とメディアリテラシーのあり方—

鈴木隆弘

はじめに——〈わからない〉というアポリア——

ウルリッヒ・ベックが突きつけた「リスクを誰が負担するのか」という問いは、福島第一原発事故を経験した私たちに対して、厳しい問題を突きつけている。被曝に伴うリスクは、いつ、誰に、どの程度現れるのかが定かではないためだ。

もちろん、事故に伴う野菜の出荷停止などの被害はすでに発生している。しかし、消費者である多くの子どもたち、そして私たちにとっては、食品における放射性物質の基準自体がよくわからないというのが実感であろう。まして、食品摂取を通じた内部被曝による低線量被曝の問題は、科学的にも詳細が不明確である。このような〈わからない〉という事実を前に私たちは立ちすくむことになる。

この〈わからない〉という事実の存在が、日本社会に様々な混乱を引き起こしている。

つつある。

原発は安全に推進できるのか、否か。原発がなければ電気が不足するのか、否か。結論が出せない、このような〈わからない〉という事実は、過剰な不安と根拠のない安心を生みつつある。

二〇一二年末の衆議院議員選挙を例に考えてみよう。選挙では、脱原発が争点にならなかった。むしろ、原発よりは実感しやすく、わかりやすい争点——景気対策を訴えた党が圧勝した。しかし、選挙そのものは盛り上がりにかけ、戦後最低の五九・三二パーセントという投票率を記録した。この低投票率を、決められない政治、つまり判断出来ない政治への不信と分析する人々もいるが、特筆すべきは、橋下徹大阪市長に代表されるように、特定の政治家に全ての判断をゆだねようという、選挙や議会（国会）の機能自体を否定しかねない投票行動が見られたことである。このように、現在の日本では、〈わからない〉現実を前にした議論と熟慮より、〈わからない〉からこそ、自らは考えず、政治家に「全権委任」しようという動きが有権者からも高まりつつある。

このような判断停止が見られる一方で、今回の選挙では、新たな動きもみられた。フェイスブック[*1]などネットツールを活用し、政治にもネットの声を反映させようという動きである。しかし、同時にネット上では、政治不信の声だけでなく、メディア不信の声もあふれるようになった。このメディア不信の原因を、政治的スタンスの違いに求める見方もあるが、これは事実と異なる。ネット上におけるメディア不信は、左右の違いを超えて一般的な現象となりつつあり、メディアへの批判から、メディア不信の社会への蔓延へと広がりを見せつつあるということである。

図1は、選挙直後、筆者の家に投函されていたビラである。[*2] ビラに「メディアリテラシー」という教育用語が使われていることに着目して欲しい。

このビラは、特定の新聞社を攻撃したもので、考察に値しないが、メディアリテラシー能力の向上をうたうビラが撒かれているという事実は考察に値する。メディアリテラシーとは、情報を主体的に読み解く力のことを指す教育用語であって、政治用語でも日常生活用語でもない。にもかかわらず、このような教育用語が記されたビラが受け入れられる素地が社会に生まれているのである。では、なぜその素地が社会に生まれたのか、そしてその素地がつくられた社会において、どのような教育実践が求められているのかが問われなければならない。

図1　「メディアリテラシー」の必要性をうたったビラ

以上を受けて、本論文では、ベックが指摘したリスクが顕在化し、拡散された現在において、低投票率に象徴される民主主義への不信と、ネットに現れるメディアへの不信を克服するため、どのような教育実践が求められるかを探ることとする。まず、熟議民主主義とその教育実践への応用方法について述べる。次に、リスク社会におけるメディアリテラシー教育実践について検討する。以上の作業を通じて、リスク社会下において求められる学校と社会科実践の役割について触れる。

1 民主主義のための教育

1 議会制民主主義の「危機」

日本の社会科教育においては、民主主義が暗黙の前提とされてきたといえる。これは、社会科が日本の民主化＝民主主義化のために誕生した教科であったから当然であったといえるが、一方で、なぜ日本では民主主義が、なかでも議会制が政治決定の方法として採用されているのかについては、あまり多くの説明がなされてこなかった。

多くの教科書は、政治単元の導入段階において、政治においては対立（紛争）が免れ得ないこと、ゆえに紛争を除去し、合意を得ることの大切さが説かれる。二〇〇八年度版学習指導要領、中学校社会科公民的分野では、「対立と合意」が先修概念として提示されているが、このことの反映といえる。しかし、次の学習段階では、合意達成の必要と、制度としての議会の重要性が示されるのみで、他の選択肢は示されない。議会設置の理由として、直接民主主義（直接民主制）の現実的な不可能性が説かれはしても、では、なぜ議会制民主主義（間接民主制）でなければならないのかは十分に検討されてはいない。もちろん、議会制民主主義における民意と政策決定のズレなど、議会制の課題については示されているけれども、議会制民主主義の必要性とその限界について、教科書レベルでは十分な検討がされていないように見える。

2 「サブ政治」化

ベックが、リスクに関する紛争が増している現社会では、あらゆる領域において「サブ政治」化が生じているとするように、事実、日本社会でも、この「サブ政治」化によって、議会制民主主義への不信が高まってきている。

リスクが莫大なものとなることによって、本来政治の領域に属してはいなかった科学技術や経済が政治的な機能を果たすようになっていることを「サブ政治」化というが、この「サブ政治」の領域では、政策が「専門家の『科学的合理性』のみから評価される一方、リスクにさらされる当事者である市民の判断は不合理なものとして黙殺され、市民は政策決定からも閉め出される」（尾内隆之、二〇〇七、八〇頁）。この結果、「サブ政治」によって議会で扱われる政治が浸食され、市民は政策決定から排除されていくこととなり、市民には不満と政治不信が高まっていくこととなる。

わかりやすく言い換えよう。環境や科学に関するリスク問題においては、専門家、つまり科学者や官僚などが合理的判断を下し、「不安」を持つ市民の、ある種直感的な判断などは不合理なものとして排除される。一方、議会も、このリスク問題の政策決定の際には、専門家集団ではないため十分な議論も判断もできず、機能しなくなってしまう。このため、市民の代理人であるはずの議会も、市民自身も「不安」を解消することができず、さらにその「不安」に基づく判断が十分に検討されることもないまま、政策が実行されてしまうのである。原発建設時の議論を振り返れば容易に想像できる通り、市民の「不安」は、

〈わからない〉がゆえの不安、不合理なものとされ、排除され、原発は着工されてしまう。ベックは、このような「サブ政治」化の進展に対して、リスク当事者である市民の不安という判断を軽視せずに、政策決定の過程を市民にも開くことが重要と主張する〔ベック、二〇一〇〕。また、ユルゲン・ハーバーマスも原子力発電所のリスクなどの社会的争点を議論の俎上に載せ、市民の問題発見能力に依拠する「熟議民主主義」の必要性を主張している。

では、この市民に開かれた熟議民主主義とは一体どのようなものなのだろうか。

3 熟議民主主義

熟議民主主義とは、"deliberative democracy"の訳語である。ではそもそも「民主主義」とはなんであろうか。多くの人は、「議論を通じて、多数決で決定すること」と答えるのではないだろうか。そこで、民主主義の定義を二つに分けよう。「議論」と「多数決」である。このうち後者の「多数決」に基づく決定は、「集計民主主義」とも呼ばれる。この「集計民主主義」、つまり議会制民主主義とその根幹をなす選挙の問題点を、田村哲樹は以下のように指摘する。

「一つは多数決の限界である。３人で昼食に行く時、各自の第1希望がハンバーガー、寿司、フランス料理で、かつ、第2・第3希望の順序も異なるとすると、多数決では決められない」〔田村哲樹、二〇〇九、傍線は引用者〕。

そして、もう一つの問題点として、以下の点をあげる。

「集計民主主義における『人々の意思』の質の問題である。投票は匿名で行われ、（中略）政治家は、世論調査の結果に一喜一憂する。しかし、その調査はやはり匿名で行われ、人々がどの程度真剣に考えたのかはわからないままに数値が独り歩きし、これに反すると『世論無視』と批判される」（田村、前掲、傍線は引用者）。

田村は、多数決の限界例として近年の「ねじれ国会」をあげるが、これは、決められない政治、判断出来ない政治の典型例であるといってよいだろう。そもそも、選挙に基づく議会制民主主義には決められないという問題がつきまとうのである。さらに、選挙民の興味も志向も多様化する現代においては、政治家といえども容易には決められないのである。しかも、その決定や判断は民意という匿名の意思によって左右され、ますます決められなくなるという悪循環に陥りつつある。

この決められないことと匿名という課題を乗り越える際に注目されるのが、民主主義に対する定義の前者「議論」である。「熟議」とは「熟慮」と「議論」を合わせたものであるとされるが、この決められなさは「それぞれの見解を修正し合うことでしか、解決しない」。そして、「自分の意見をできるだけ明確に述べるとともに、他者の異なる意見にも真摯に耳を傾け、納得したり自分の誤りに気づいたら、自分の意見を修正する」（田村、前掲」という「熟議」プロセスしかないのである。このような「熟議」に基づいた民主主義およびその制度を「熟議民主主義」と呼ぶ。

この熟議民主主義は、専門家に任せていた決定を、市民参加による「熟議」を通じて、市民も交えた合意を形成し、それを政策決定に反映させることに特徴がある。このような手法は、「サブ政治」の領域における問題を克服するのに役立つとされる。

4 熟議民主主義の可能性

この熟議民主主義は、ブラジルのポルトアレグレ市の「参加型予算」やデンマークにおける「コンセンサス会議」という形で実施されている。日本でも、後者「コンセンサス会議」が、大阪において一九九八年に遺伝子治療をテーマとして試行され、二〇〇〇年まで続けられた〔若松征男、二〇〇五〕。

このように、市民が熟慮と議論を通じて合意を達成し、その合意を踏まえて、政策決定に影響を及ぼそうという動きは、世界のみならず、日本においても、議会制民主主義の限界を乗り越えようとする動きとして台頭しつつある。では、この熟議民主主義を教育に応用するとどうなるのであろうか。

2 文科省による「熟議」の試み

1 文科省による熟議

文科省は、二〇一〇年以降、熟議を政策決定プロセスに導入しようと推進を図ってきた。ネット上に熟議を行うサイト「熟議カケアイ」を開設し、また対面で行う「リアル熟議」を全国各地で実施し、政策決定過程への市民参加を試みてきた。

熟議の導入を進めた鈴木寛文部科学副大臣（当時）によれば、熟議の効果として「官の独占している意思決定プロセスを教育現場の当事者に開く」こと、そして「行政が意思決定に果たす役割が変わる（調整と意思決定から、市民参加の創発環境の整備へ）」〔鈴木寛、二〇一〇、一頁〕ことがあると述べている。

一般的に熟議民主主義では、熟慮と議論、そして合意とその合意の政策反映が重視されるが、文科省による「熟議」の場合は、これと若干異なり、

【ステップ1】個々人の本音をぶつけ合い共通課題を発見していく
【ステップ2】共通課題について関係者それぞれの立場や役割を相互理解する
【ステップ3】それぞれが当事者意識を持って議論に関わることによって共通課題についての解決方法を編集・創造する
【ステップ4】ボランタリーに改革アクションが始まる

という四ステップを踏む。参加者自らに改革への参加が求められる点【ステップ4】が、

熟議民主主義と異なる点であるが、教育実践に「熟議」はどのように応用されているのか。この【ステップ４】を置いたことによる成果と問題点から検討してみたい。

2　教育実践としての熟議

❶文科省による熟議実践

文科省によれば、熟議実践のねらいは「『話合い』を重ねながら、『協同して取り組む一連の自主的、実践的な活動』を生みだそう」というものである。最終的には、「集団として合意を形成したことについて協同して、自主的、実践的に諸問題を解決」（文部科学省、二〇一一、二頁）することが求められている。

実践過程としては、まず①身近な諸問題を見出し、②話合い＝熟議し、③協同して実践する。この①から③までのプロセスを繰り返すことによって、新たに生まれた、もしくは見出された問題について再び①から③のプロセスを繰り返し、諸問題の解決・改善と、社会に参加する態度や自主的、実践的な態度の育成、自治的能力の育成が図られるとする。[*3]

❷寝屋川二中実践の検討

では、実際の実践について寝屋川第二中学校の事例を見ていこう（本時の展開については図２参照）。

取組の効果として、「会場全体が一丸となって、『二中を良くしていこう』というムードになった」、「昼休みゴミ拾いボランティアは、教師が関わらなくても、新年

	活動内容
話合い	○生徒会執行部からの説明 ○各クラス現状プレゼンテーション ○小グループでの話合い ・話合い①「二中の課題」 ・話合い②「私たちができること」 ○全体討論 ○集団での合意形成 ○振り返り

図２　寝屋川二中実践
文部科学省『子どもたちの話合いと実践で創り出すよりよい学級・学校生活』【中学校版】、2011年、p.6より抜粋。

度になった今も自主的に実践が続いている」〔文部科学省、七頁〕など意見が教職員から出されている。また、生徒も、「全員で考えたので学校が一つになった感じがした」という満足感や、改良へ向けた意欲を高めており、「普段、なかなか言えない意見を交換できる新鮮な場であると感じた」〔文部科学省、同頁〕と、その魅力を評価している。

このように本実践では、じっくりと問題について話合い、皆が意見を出すことによって、合意が生まれ、その合意が生徒に受け入れられているとみることができる。さらに、生徒の中には、合意への納得が生まれており、この「納得」によって、ボランタリーな行動への意欲と継続性が生まれているといえるだろう。

しかし、本実践には他の熟議民主主義制度と比較した場合の課題もある。それは、(1)問題の設定が、【ステップ4】の存在によって学校という枠を飛び越えないこと、つまり、リスクについてはほとんど扱い得ないこと、そして、(2)専門家ですら合意が難しい議題についての議論になっていないことである。

では、(2)専門家ですら合意が難しい議題を扱う際には、どのような問題に直面することになるのか。

3 メディアリテラシーと教育実践

1 学校における「議題設定」

熟議民主主義において検討される問題とは、そもそも合意困難な問題のことである。デンマークの熟議では遺伝子組み換えなどが議論されたように、たとえば、原発問題を議論する場合、原子力発電所が安全なのかから、放射性廃棄物の処理問題までと、テーマは多岐にわたることとなる。さらに原発の安全性という問題では、リスク自体が政治的対立、価値対立を引き起こすものであることはいうまでもない。

もっとも、このような解決困難な問題を授業化する試みは、社会科においては積極的に行われてきた。たとえば、原発の是非を巡るディベート実践である。また、熟議における合意形成については、資料に基づいて、社会的事象に対して的確な判断を下す能力の育成を目指す、合理的意思決定型の実践も行われている。これらの実践を踏まえるなら、社会科でこそ、熟議に基づく新たな実践が生み出されるべきであろう。

だが、合理的意思決定の授業における意思決定は、いわゆる科学者的な合理性に基づく、意思決定プロセスと類似している。現在のリスク社会において、さらに言えば今回の原発事故において厳しく問われたのは、このような科学者による合理的意思決定プロセスそのものである。つまり、合理的意思決定の結果自体が誤りうるという事実が、原発事故後の私たちには突きつけられているのであって、その有効性については今後、十分な検討が必要であろう。

さらに、合理的意思決定型の実践を含む多くの社会科授業では、資料に誤りがないことが暗黙の前提とされている。資料を基に、自らの価値と照らし合わせて、合理的に判断を下すことを児童・生徒に求めるためには、資料の適切性と信頼性が不可欠な要素なのである。しかし、リスクに関する事象においては、資料そのものが適切かどうかの判断は教員にも児童・生徒にとっても不可能に近い。

これは、事態を適切かつ的確に把握できない時と場合においては、報道そのものが判断材料として活用できないという問題でもある。二〇一一年末に放送されたテレビ番組において、原子力発電所の構造については記者自身が理解しておらず、東電の発表を聞いても、どこで何を起きているのかがわからなかった、と記者自身が述べている（「池上彰VS報道記者 ニュースマニア」、テレビ朝日、二〇一一年一二月二二日放送）。

このように科学者による決定も、またその資料も適切ではない場合、私たちはどのように判断したらよいのか。原発事故後の放射線教育においては「放射線を正しく理解し、正しく恐れる」という言葉がよく用いられるが、そもそも、科学者などの専門家ですら誤りを犯す、あるいは〈わからない〉ことを、私たち市民が正しく理解し、判断することなど可能なのであろうか。[*4] このようなリスク社会における情報の扱い方を踏まえた、新しいメディアリテラシー実践を以下、検討する。

2 上園悦史実践「震災報道にみるメディア・リテラシー」

上園悦史による実践は、〈わからない〉ことに着目した実践である。[*5]

朝日新聞の報道によれば、放射能や放射性物質へのアンケートでは、今なお「いろいろ

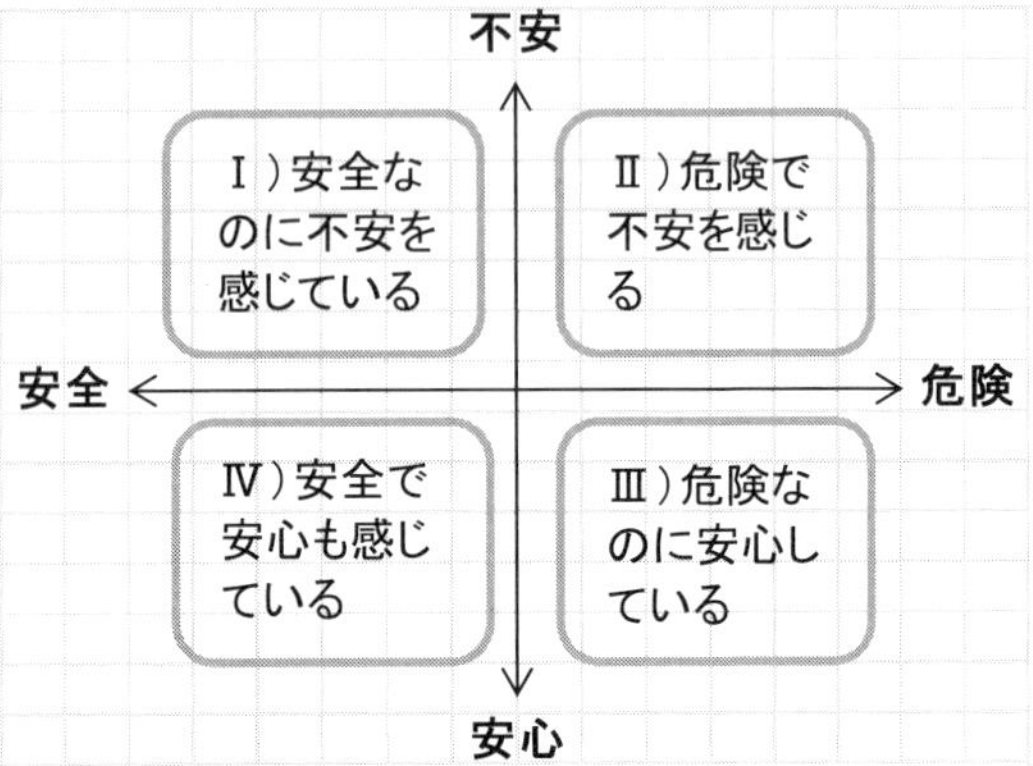

図3 上園実践の分類表
武田徹著「原発報道とメディア」p.59より上園が一部修正

な意見があるのでどれが本当なのかわからない」という回答が七割近くに上っていたという。こうした状況下において上園は、「専門家ではない立場に必要なものは、混乱した情報を自ら整理するための視点と判断力である」と目標を設定する。その際、①報道の分析視点として、報道内容を「事実＝誰にとっても変わらないもの」「科学的知見」「基準」「個人的な判断」「個人の心理状態」という五つのレベルを設定し、分類させ、②その分類結果を他者と議論することによって熟考させ、③自らと報道のあり方について図3のように分類させることで、報道との向き合い方について考えさせた。

上園実践では、①の段階において、報道内容を「事実」とそれ以外、さらには「個人的判断」「個人の心理状態」という分類を行った点に特徴がある。つまり報道においても、あるいは専門家においても〈わからない〉ことがあり、それが不安という「個人的判断」や「個人の心理」を生むということを理解させている。また②の段階において、熟議的プロセスを踏むことにより、最終的に③の段階において、図3を踏まえた分類を行い、領域Ⅲ「ジャーナリズムが危険を見逃している領域」および領域Ⅰ「ジャーナリズムが安全なものを危険だと報道し、不安を過剰に喚起している領域」を可視化し、明確化したことによってすぐれた実践となっている。

3　不信を越えるメディアリテラシー教育

今回の原発事故において、「メディアリテラシー」が叫ばれるようになった背景には、新聞報道の不完全さと専門家集団への不信が存在するといえる。しかし、メディアといえども、全ての危険を察知することは不可能なのであるが、私たちは、伝達の専門家であるメディアを信用しすぎて、そのことを忘れてしまった。この結果、領域Ⅲのような「見逃している領域」の存在を失念し、記者ですら把握出来ていない「問題」の存在を忘れてしまったのである。[*6]そして、上園実践にある領域Ⅰのような「風評被害」を惹起する報道が「不安」を生み、領域Ⅲの問題をより過剰にさせ、メディア不信を強めているといえる。

同時に、メディアが〈わからない〉ことを報じる際に頼る専門家集団、科学者もまた〈わからない〉ことを明確に示さなかった結果、報道されない領域Ⅲは拡大し、さらなるメディア不信という悪循環を生んだといえるだろう。[*7]

これら二点の問題こそが、冒頭のような「メディアリテラシー」が声高に叫ばれる社会を生み出し、さらに「不安」を煽る社会を生み出しているのである。

この「不安」を乗り越えるためには、〈わからない〉ことを共有し、合意し、納得するプロセスを授業の中に組み込む必要がある。「わからない」とは事実を理解するだけでない。腑におちる、納得するという過程も重要であるとされる。私たちは〈わからない〉ことを見つめ、熟議を通じて、〈わからない〉ことに対して、そのわからなさについて納得することというプロセスを授業に組み込む努力を重ねる必要があるのではないだろうか。

おわりに

本論文では、熟議民主主義とその授業化、さらに、メディアリテラシー教育の新しいあり方の検討を通じて、リスク社会における実践のあり方について検討してきた。

〈わからない〉に向き合うこと、その〈わからない〉ことが不安を呼びこむ以上、熟議という〈わからない〉ことを共有するプロセスを通じて、納得することが必要だとした。納得のためには、〈わからない〉ことを可視化するようなメディアリテラシー実践が必要なことは、上園実践の分析から明らかである。

現在、〈わからない〉ことが様々な問題を引き起こしている。たとえば、低線量被曝の問題は、科学者ですら一定の合意ができておらず、怖がる必要はないという意見から、高線量被曝よりも警戒が必要だという見解まで分かれているほどである。ネット上では、このような意見対立によってさらなる「不安」が生まれ、意見の差異と対立が深まっているように見える。なお、ネット上での議論では対立がより深まることが指摘されており、議論を深めるよりもむしろ自説に閉じこもる危険性が指摘されている。

この時、学校の可能性は大きく開かれることとなる。学校という場は、様々な立場や価値を持つ子どもたちが集まる場でもある。そこで行われる授業では、自説とは別の説を持つ相手と嫌でも向き合うことが求められる。その時、リスク分配などが求められる困難な議題を前に、まず①資料収集などの調べ学習を行い、②メディアリテラシーの様々な実践に学びながら、「事実」と〈わからない〉ことを確認する、③そして、相互に意見を闘わせ、④「事実」と〈わからない〉ことの吟味を複数回繰り返す、最後に⑤自説の変更や妥協によって合意（一定の結論）を目指すという授業は考えられないだろうか。重要なことは、〈わからない〉という事実の確認と、そのための判断の困難さの承認である。と同時に、そのような困難さを前にした時にも仮の判断・決定が要求されるということを、対話を通じて納得することであり、そのためには④のように吟味プロセスを複数回繰り返すこと、また⑤合意は一定の合意にしか過ぎず、変更がありうるという開かれた結論を導き出す、最悪の場合は、結論あるいは合意がなくとも良い、という留保をつけることが求められるだろう。その際、どのような意見がでたのか、その判断の根拠を相互に示しクラス全員で共有することによって、〈わからない〉ことを再び確認するということが可能になる。

　メディアを批判的に読み解きつつ、議論及び熟考というプロセスを経た合意形成の可能性を、私たちは模索する必要がある。それは、原発事故を経験した私たち社会科教育実践者の使命であり、未来の世代に対する責任であろう。

参考文献

●ウルリッヒ・ベック……『世界リスク社会論』ちくま学術文庫、二〇一〇
●尾内隆之……「日本における『熟議＝参加デモクラシー』の萌芽」小川有美編『ポスト代表制の比較政治』早稲田大学出版部、二〇〇七
●鈴木寛……「文部科学省〈熟議〉に基づく政策形成の新基軸」（第5回「新しい公共円卓会議」提出資料）、二〇一〇
●田村哲樹……「熟議民主主義とは何か」、朝日新聞（名古屋本社版）、二〇〇九年一一月一〇日付夕刊
●東京学芸大学社会科教育学研究室……『リスク社会における社会科のあり方（存在意義）を考える』、二〇一三
●文部科学省…『子どもたちの話合いと実践で創り出すよりよい学級・学校生活』【中学校版】、二〇一一
●松岡靖……「ネットメディアによる販売と消費の変化を読み解く『メディア解釈学習』」『社会科研究』第七四号、二〇一一
……「メディア・リテラシーを育成する社会科NIE授業の有効性に関する研究」『日本NIE学会誌』第四号、二〇〇九
●若松征男……「コンセンサス会議とその日本での試み」『PI-Forum』第二号、二〇〇五

注

＊1…フェイスブック（FB）とはSNS（ソーシャルネットワークサービス）であり、インターネット上に社会的ネットワークを構築するサービスのこと。SNSでは閉ざされた関係を構築できるため、自らの選好にあった者とだけ繋がりやすいという問題点が指摘されている。

＊2…ビラは組織的なものと思われるが、配布団体が明確でないため出典を明示しない。

＊3…しかし、文科省が、じっくり話すという点に主軸を置き、話合い活動の重要性を改めて示したことは評価できる。だが、【ステップ4】「ボランタリーに改革アクションが始まる」を重視した結果として、後述(2)のように学校内で解決可能な問題点に議論がしぼられている点は残念である。

＊4…小田賢二は、〈わからない〉という事実が実践へのとまどいを生んでいるという。「放射能をめぐる『わからなさ』という問題は、すべからく、我々福島の教員が抱えている問題かと思います」（東京学芸大学社会科教育学研究室、二〇一三、三〇頁）

＊5…詳しくは、本書3章の上園実践を参照。

＊6…メディア報道の特性として、「裏取り」がある。当事者も記者も事実が確認出来ない場合、メディアは報道を見送ることがある。これは、危険を最大限に見積もり対処することが求められる危機管理における対応策との食い違いを生じさせる。

＊7…報道されない事実に対してアプローチする実践として松岡靖の「メディア解釈学習」がある。本学習論の特徴として、「メディアに影響を与える社会の構造を批判的に追求」（松岡靖、二〇一一、一二頁）することがあげられる。戦時下における新聞を読み比べる実践では、戦争で負けているにもかかわらず、新聞では勝利したことになっている点を検討する学習を行うことで、子どもたちは、国民を安心させるためや、情報伝達の不備、戦争への悪影響などを指摘し、意図的な操作の存在についても検討させている（松岡、二〇〇九参照）。これは、社会に影響された人がメディアに現れる事実を作り出すという社会構造を掴む上で非常にすぐれた実践となっているが、〈わからない〉事実、つまりメディアの特性として報道されない事実が存在しうる点（＊6参照）への追究の観点は十分とはいえない。このため、現在のメディアも意図的な操作をしているかもしれない、と子どもの意識が流れるという恐れも存在する。

3章
リスク社会における教育実践

小三・地域学習

1 調べよう　ものを作る仕事
―Hさんの酪農の仕事―

井山貴代

1 地域の生産活動に見られるリスクと教材化

1 酪農という仕事

私たちが日頃口にするものは、そのほとんどを国内外の第一次産業に携わる人々によって生産されている。本単元で扱う牛乳については、数少ない国産百パーセントの食材だが、酪農を含む畜産業は、人に飼われる動物の命があって初めて成り立つ産業である。私たちはそれらの命と、命を預かって食材にするべく飼育する畜産農家によって日々の食生活を支えてもらっている。

酪農業は乳用牛を飼育し、牛が二年経って成牛になると毎年種付けをして妊娠させ、年間約三百日搾乳をして一頭あたり年間約八千キログラムの牛乳を生産する。牛にとっては体への負担の大きい毎日となるため、牛本来の寿命の三分の一から二分の一（牛本来の寿命は十五～十六年）しか生きることができない。通常は五～六年の搾乳期間、八～九年生きれば長生きだという。牛に少しでも長く生きてもらって搾乳に携わりたいため、酪農家にとって牛の健康管理や牛舎の環境整備は最も気を遣う仕事である。それは生産効率を上げるというねらいもあるが、命を扱う仕事という使命感に支えられた思いであるということを畜産農家への取材を通して実感できる。本単元で見学した際、酪農家Hさんが「ここで飼っている牛たちには一日でも長く生きてもらい、人のために仕事をしてほしい」[*1]と牛への思いを語ってくれた。牛たちと酪農家の一体感が生み出す酪農、ひいては畜産の仕事である。

本単元では学区の酪農家Hさんを通して牛乳生産の実際やその仕事に寄せる生産者の思いを理解することをねらっている。牛乳は牛が命を削ることで生み出される食材である。私たちが毎日のように飲む牛乳は、身近に暮らす人々の工夫や努力、そして他の生き物の命によって支えられていることを実感してもらいたい。そして他の生き物の命を頂くということは、人間の都合がその命に作用するということにも気付かせたい。

日本の食料生産と消費の関係は、生産者の思いや工夫、努力を省みない消費者の思いや都合に左右されやすい側面は否めない。より安価に購入したい、消費者の知識不足に起因する安全性に疑問を感じる物を買い控える、畜産農家から生じる鳴き声やにおいは迷惑である等々、こうした思いや都合に生産者は気を遣って生産活動を行っている。またそれが行き過ぎることで日本の農業ひいては第一次産業を追い込んでいる。日本の食糧自給率は現在約四割であり、第一次産業従事者の超高齢化や後継者不足は大きな問題となっている。食料生産の現場で働く人々の心を込めた丁寧な仕事や思いを知ることは、将来消費者となった時に生産者に思いを致し、その生産活動を支えられる消費行動がとれるようになるのではないかと思っている。

子どもたちの学習の場である伊勢原市は、乳用牛の飼育頭数が神奈川県内一位であり、県の牛乳生産を大きく支える地域である。[*2] 学区にある一農家の仕事は、自分たちの食生活だけでなく多くの人の食生活を支える仕事であるということにも気付いてもらいたい。また伊勢原市の面積は五十五平方キロメートルである。そのうち三分の一は山林であり、あまり広くない土地に人々が生活し様々な産業を成り立たせている。[*3] 従って、こうした地にひとたび家畜伝染病が発生すれば市内の畜産業は壊滅的な被害を受けることになり、県の酪農生産量にも大きな影響を与えることになる。自分たちの生活する地で営まれている酪農業は県の食料生産との関わりが深いことにも気付いてもらいたい。

2 家畜伝染病がもたらすもの

家畜伝染病は、その名の通り人間が動物を家畜として飼うようになったからこそ起こった病気であると言えるのではないだろうか。畜舎という限られたスペースに多くの家畜を飼うというやり方は、家畜の管理や生産活動をしやすくするための方法である。しかしそうした方法のため、その中の一頭が伝染病に罹患すると、病気の伝染力が強ければ畜舎内の家畜はやがて全頭罹患してしまう。

二〇一〇年の宮崎県の口蹄疫被害は四カ月の間に約三十万頭の家畜を殺処分するという悲劇を招いた。同じ畜舎にいたというだけで処分された健康な牛もいる。牛の場合、口蹄疫に罹患しても七～十日で完治するのだが、肉質が落ちる、搾乳量が減る、といった、食料生産に関わる実質被害や汚染地域ゆえのウイルス徹底駆除により殺処分を強いられる。また、「病気に感染した家畜のいる地域とそこで生産される農作物」という風評被害は消費者の無理解が生み出す被害である。人間の都合によって左右される家畜の命を痛感させられる事実といえよう。

またさらに、空気感染という感染経路により人々のウイルス汚染地域への出入りも制限されるなど該当地域の産業全般、日常生活にも影響すること、畜産業に携わらない者が知識がないゆえに感染拡大を助長する恐れがあることを知る必要がある。

何より忘れてならないのは、人間のために働くべく生まれてきた命が、その使命を果たせず死なせなければならないことと、そうしたことに携わる人々の心の痛みである。畜産農家の人々は、自分たちが育てている家畜を生後一年足らずで手放す肉用牛の場合であっても家族のように手塩にかけて育てているという。また自分の仕事として永年携わっていればこそ、その仕事の場が突然無に帰すつらさ、空しさは計り知れない。宮崎県では口蹄疫被害のため、これからも畜産を続けるかどうか悩んだ人々や高齢の畜産農家の中には離農した人々もいると聞いている。精神的なダメージは他者が痛み分けをしたり、何かで保障したりできないものであり、その痛みは、たとえ生活や仕事が正常に戻ったとしてもずっと負い続けるものになるだろう。

消費者側には家畜伝染病に対して正しい知識を持ち、風評被害につながるような行動をとらないことが求められる。そのためには畜産という仕事への理解、また他の生き物の命が人間の命を支えているという認識が必要だろう。

3 教材化にあたって

学習対象が社会の授業が始まって六カ月あまりの小学三年生であることから、自分たちの生活を支える地域の人への理解が基本になる。単元で取り上げたHさんの生産者としての仕事や思いを十分に理解すること、また酪農業を扱うことから人間以外の命が深く関わることを中心に学習を進めることにした。口蹄疫への理解については、これらの土台ができた上での学習となる。自分たちの住む地域に直接関係したことではないこと、殺処分など過酷な現実にも触れることなどを考慮し、子どもたちの学習内容への理解やHさんの仕事への関心など子どもたちの実態をよく把握しながら学習を進めていった。

また「伝染病」というと、「次々に罹患するこわいもの」というイメージが先行しがちである。口蹄疫については人間には感染しないこと、殺処分するので罹患した家畜の肉や牛乳などは市場に出回らないことなど正しい知識を持たせることを特に意識した。実際、授業を進めていた時に、一人の児童の祖母が、とある国に口蹄疫が流行しており、その国の牛肉を買わない方がいいと言ってきた。その児童は学習したことを挙げて、人間には感染しない病気であることを訴えたそうだが、祖母には理解してもらえなかったそうである。こうした誤解が子どもたちに生じることのないように、被害を受けた農家の痛みに少しでも寄り添えるよう学習の進め方や資料の提示に配慮した。

2 三年生「Hさんの酪農の仕事」の指導

1 単元目標

本単元を実践するにあたり、単元目標を次の二点に設定した。

①学区にある酪農家の仕事の様子や自分たちとの関わりを見学したり調べたりすることにより、地域の生産活動が自分たちの生活を支えていることに気付く。

②食べ物の生産活動に携わる人々は、工夫して仕事をし、消費者が安心して購入・摂取できるよう努力していることに気付く。

この単元の前に、子どもたちは「見直そう　わたしたちの買い物」の単元で、学区の生活協同組合の店舗で販売活動と消費について学習している。その中で食の安全に配慮した販売活動について話を聴いており、本単元とつながりを持った学習が可能であるということ、教材として扱うのは生産者が作る食材であるということ、家畜伝染病について取り上げることなどから、目標に「消費者が安心して購入・摂取」という文言を盛り込み、目標を設定した。

2 指導計画

計画を立てるにあたっては四次で構想した。

．指導計画

1次…牛乳はどこから来るのかな

牛乳パックを調べて、いつも飲んでいる牛乳はどこから来たのか確かめよう

- やっぱり北海道だ。
- うちのは神奈川県だよ。
- 千葉県や群馬県からも来ているんだ。
- 長野県もあったよ。あと埼玉県。
- びっくり！　東京都だって。都会で牧場なんかなさそうなのに。
- 一番遠いのは愛媛県だ。
- 岩手県、山形県…。
- 数は神奈川県が一番多いね。北海道が多いと思ったけどそうじゃないんだ。

2次…Hさんの酪農の仕事を知ろう

ビデオを見たり、実際に見学に行ったりしてHさんの仕事を知ろう

〈ビデオ視聴〉

- えさの種類がいっぱいあるね。ぼくたちは去年、草しかあげなかったよ。
- ぐるぐる回ってえさやりをするのは大変そう。
- 掃除を何回もしいてる。うんちも取ってるよ。
- こんな部屋（牛乳の一時保管場所）あったっけ？
- お乳のところを一頭ずつふいている。
- あんなもの（ミルカー：搾乳の機械）つけて牛乳をしぼるんだ。
- 牛乳をしぼった牛を忘れたりしないのかな？
- 牛乳をしぼっている間、牛のしっぽは上がっているよ。
- 牛乳をしぼっている間おしっこやうんちはしないのかな？
- しぼったあとに、牛のお乳にかけているものは薬かな？
- 赤ちゃん牛ってあんなふうにして生まれてくるの？　びっくり！
  （逆子の牛の出産をHさんがビデオに撮りプレゼント）

〈牧場見学〉

- あ、ビデオで見た部屋だ。銀のタンクもある。
- 赤いしるしをつけている牛がいる。
- 赤ちゃんがいるのかな？
- 頭の上のギザギザは何だろう？
- うんちやおしっこのいきおいがすごいね。
- ビデオにうつっていたえさだ。
  これは高カロリーって言ってたえさ。
- この温度計みたいなものは何？
- やっぱり牛はかわいいね。

Hさんのお話

- 乳搾りは朝夕２回。朝５時半からと夕方６時頃から。
  乳搾りの前に餌やり。搾った後に餌やり。
  お昼に餌やり。
- 掃除をしていつも牛舎をきれいにしている。
- 餌は５種類。外国からの餌が多いので餌代を少しでも減らすため自分も畑でトウモロコシを作っている。
- １年間で１頭当たり8000kg 牛乳を出す。先代の頃は6000kg。牛の改良による。
- ここでできた牛乳は「M社のおいしい牛乳」になってお店で売っている。
- 牛は２才になると大人。赤ちゃんを産ませて牛乳を搾る。８～９年生きれば長生き。
- ここに来る牛、ここで産まれる牛は人のために産まれてきた牛だから人のために十分働いてほしいと思って世話をしている。
- 食べるものを作っているからお乳を拭くふきんは一頭ずつ替える。
- 耳のタグはＢＳＥという病気が問題になってからつけるようになった。それまでは写真や絵。等

3次…もっと知りたい酪農の仕事、Hさんの思い

見学から分かったこと、気付いたこと、もっと知りたいことを出し合ってHさんの酪農の仕事をもっと深く知ろう

瀬地区で牛をかってい農家が100件から７件へったのはなぜ？	牛を育てて牛にゅうを作る仕事って大変なんだね。	牛を家族みたいに大事に育てているんだね。	ふつうに育つ牛は15～16年生きるけど、牛にゅうをとるは８～９年、あまり長生きできないね。	仕事の仕方や牛舎に工夫があってびっくり。牛舎の中にあるものはどれも必要なものなんだ。

- お金がかかるから
- 後継ぎがいないから
- 別の仕事をえらぶ
- 世話が大変
- 家がふえて農家がへった

- 生き物相手の仕事は何が起こるか分からないよ。
- 健康管理をしているって言っていた。
- 朝も早いし、休みはないよね。
- Hさんが牛をとても大切にしていることが伝わった。
- 牛にゅうをちゃんと飲もうと思った。

- おしりを合わせてかうのにも理由があったね。
- ギザギザは電気が流れて牛が後ずさりして上手にうんちおしっこができるようにしている。

・２年で牛にゅうをしぼりはじめて８～９年で十分生きたことになるって言っていた。
・人のために産まれた牛だから、人のために十分働いてほしいって言っていたね。

・Ｈさんはどんな気持ちで仕事をしているのだろう？
・伊勢原の牛にゅうがへってしまうのはいや、Ｈさんには仕事を続けてほしい。
・大変なことがいっぱいなのに、Ｈさんはがんばっている。
・Ｈさんはお父さんの後をついだけど、Ｈさんに後継ぎはいるのかな？
・Ｈさんが作っているのは、人が食べたりのんだりするものだよ。

・人のために十分働くってどういうこと？
・少しでも長く生きていっぱい牛にゅうをしぼらせいもらうってことだよね。
・なんだかかわいそう。人の都合ばっかり。
・でも牛にゅうは飲みたい。肉も卵も大好きだよ。
・おいしい、成分のいい、栄養がある牛にゅう。
・おいしいだけじゃなく、安全な食べ物じゃなくちゃいけないね。
・安全な牛にゅうを作るためにＨさんが考えていること、工夫していることって何だろう？
・病気になってもっとじゅ命の短い牛もいるよね。
・病気にかかった牛の牛にゅうは飲みたくないな…

牛の病気についてＨさんに聞いたよ
乳房炎　関節炎　風邪　熱　下痢
４つある胃の場所が変わってしまう病気
出産については～子宮ねんてん
逆子　双子
おなかで赤ちゃんが育たない　等

Ｈさんが消費者のためにしていることって何だろう
・１頭１枚のタオル
・しぼった後の消毒
・栄養のあるえさやり
・けんこうかんり
・そうじ

牛が十分はたらくためにしていることと同じだね

○家畜伝染病について学習しよう
・病気になったというだけで治るのに殺されちゃう牛もいるんだ。
・農家の人にはつらいよね。
・これも人の都合だね、
・Ｈさんが健康管理って言っていたことがつながったよ。

・牛は人間のことをどう思っているんだろう？

牛の方から「人間のために働きます」と寄っていったの？
・ちがう。人間の都合で飼われるようになった。

○Ｈさんに今までの学習や話し合いから知りたいと思ったことをもう一度きいてたしかめよう

・（もう一度）Ｈさんの牛に対する思い
・仕事をしていてうれしいこと・楽しい仕事
・Ｈさんが消費者に対して思うこと
・つめの切り方
・出産の時に気をつけること
・牛乳の賞味期限
・口蹄疫が宮崎県で広がったとき、Ｈさんはどう思ったか、何をしたか

第４次…Ｈさんの酪農の仕事をまとめよう

○Ｈさんの心をこめた牛乳作りを多くの人に知ってもらおう
・何を伝える？～酪農の仕事の大変さとその仕事をがんばっているＨさんのこと
牛も長生きできないけれど人のためにがんばってくれていること
伊勢原の酪農は神奈川県の牛にゅうをいっぱい作っていること
人のためになる動物がいるからおいしいものがたくさん食べられること
・できるだけたくさんの人に知ってもらって牛にゅうを大事に飲んで欲しいな。
・伝え方は新聞にする？　ほかには？

第一次…自分たちが飲む牛乳はどこから来るのか調べよう
第二次…H牧場を見学して牛乳を作る仕事を知ろう
第三次…H牧場についてもっと知りたいことを話し合おう、調べよう
第四次…学習したことをまとめよう
この構想をもとに子どもたちから生まれた学習問題点を生かし、図（一七四～一七五ページ）のように学習を進めた。

3 授業の実際と子どもたちの生産活動への認識

1 授業の実際

❶牛乳パックを利用した産地チェック

各家庭から牛乳パックを持ち寄り、班ごとにまとめて牛乳パックの産地を確かめさせる。子どもたちのイメージする牛乳の産地は北海道。しかし、調べていくうちに、意外にも地元神奈川産の牛乳が多いことに気付く。班ごとの発表から、神奈川だけでなく、関東圏（東京、千葉、栃木、埼玉）の牛乳パックが半数以上を占めるのに気が付いた。他は、北海道、長野、山形、愛媛と続く。日本地図に結果を落としていった。

子どもたちの「牛乳は北海道」というイメージを見事に崩してくれた。また、東京でも牛が飼われ、牛乳が生産されているということも初めて触れた事実であった。そして何といっても、地元産の牛乳が多く出回り自分たちが消費しているという結果は大きい。実際、

各県の牛乳加工工場は、集乳に時間のかかる他地域の牛乳よりも、可能な限り地元酪農家が生産した、より新鮮な牛乳で加工乳を作り商品化したいのだそうだ。[*4]

牛乳の生産をする人ということで二年生の時に牛の絵を描かせていただいたHさんの名前は、子どもたちの口からスムーズに出てきた。Hさんを通した「調べよう ものを作る仕事」のスタートである。

❷搾乳のビデオから読み取る仕事、生産者の思い

筆者があらかじめ撮影したHさんの搾乳の様子をビデオで視聴する。搾乳の際には、一時間程前から数種類の餌やりをし、その後三十分程度間を空けて牛舎の中を掃除し、牛乳を冷却保存するバルククーラーにつながるパイプの消毒を確かめ、乳房を拭く消毒液に浸したタオル、搾乳後乳房に吹き付ける消毒液の準備をし、それから牛たちの間を順に移動しながらミルカーを使って搾乳をする。

一時間を超えるビデオ視聴になったが、飽きてしまう子どもはなく、初めて見るHさんの仕事の様子や、日頃当たり前に飲んでいる牛乳がどのように搾られていくのかなど興味深く見ていた。ビデオ視聴前に、「どんなふうに仕事をしているかよく見て。」と注視するよう声をかけたが、視聴中の解説や声かけは控えた。子どもたち個々にわかったこと感じたことを大切にしたいと思ったからだ。またわかったこと感じたことに違いが表れるからこそ視聴後の感想交流によって自分が気付かなかったことにも気付くことができる。何より指導者が声をかけることで、ビデオ視聴により得るものが画一的になることを避けたい。子どもたちならではの視点で気付くこと感じることにこそ学びたいことが表れ、子どもた

ちにとって意味ある学びにつながると思っている。
子どもたちがビデオ視聴を通して気付いたことは多い。
・仕事は二人だけでやっている。
・餌を何種類もあげているが、それぞれの餌はどんな栄養があるえさなのか？
・掃除を何度もやっている。一日に何回やるのか、なぜ何回も掃除をするのか？
・牛乳を搾る前にお乳を拭いているがそれはなぜか？
・手搾りではなくて機械で搾っている。機械は牛にとって重くないのか？
・機械を牛に取り付ける時にうんちやおしっこはしないのか？
・搾った後、お乳に何かの液をかけているがそれは何のためか？
・耳の番号（イヤータグ）は何のためについているのか？
・搾って管を流れる牛乳はどこに行くのか？
・若い牛はなぜ牛乳を搾らないのか？
・牛は全部で何頭いるのか？
・機械は何種類あってどんな役目をしているか？
といった、映像から直接感じ取ったことの他に、
・乳搾りはなぜ朝夕なのか？（筆者の方で搾乳は一日朝夕の二回であることを説明）
・一日に牛乳は何リットル搾れるのか？
・忙しそうだがHさんが食事をする時間はあるのか？
・なぜHさんは牧場をやろうと思ったのか？

といった、ビデオに直接表れない内容についても気付きがあり疑問を持つなど関心の高さが窺えた。特に搾乳前後の乳房を拭いたり消毒液を吹き付けたりしていることへの気付きや疑問については、「きれいにしているんだよ。」「消毒じゃないの？」と子どもたちなりに正しい答えも導き出せていた。

また見学前にHさんが子どもたちのためにと編集してくれた牛の出産ビデオも視聴する。出産途中で逆子であることにHさんが気付き、子牛の足に縄をつけて引っ張るなど酪農業の生々しい場面にも触れることができた。また生まれて間もない子牛が立って初乳を飲む姿もビデオに納められていた。このビデオも子どもたちは目をそらすことなく真剣に見ていた。

❸牧場見学と生産者の話から

ビデオ視聴の後、子どもたちに生じた疑問をまとめ、Hさんに話してもらいたいことを伝え牧場見学を行った。二年生の時に餌やりをし、絵を描かせてもらった牛舎をもう一度じっくり見せてもらう。ビデオ視聴後ということもあり、「この餌、ビデオで見たね。」「ビデオに映っていた部屋だ。」「ビデオで見た子牛はどれだろう？」など、教室で見た映像を思い出しながら見学していることが窺えた。バルククーラーのある小部屋も全員が入り、Hさんから機械の説明を受けながら見学する。

Hさんの話は先にも触れたが、子どもたちのビデオ視聴を通した疑問から、①仕事について②牛について③牧場内の設備について④市場への流通についての四点を話していただく。質問を持って伺った時に、Hさんから「普段普通にやっていることを話せばいいんで

３年生社会　「調べよう　ものを作る仕事」

３年生社会科学習へのご理解とご協力に感謝いたします。明日は 10 時にお伺いします。よろしくお願いいたします。明日は以下の内容をお話しいただけると有り難いです。

〈仕事について〉
・1 日の仕事の流れ～朝の搾乳や餌やりの回数，掃除の回数などはビデオで確認したこともあり，子どもたちの関心が高いです。

・搾乳の手順と気をつけていること，牛の体調チェックについて
～お乳を拭いたり，搾乳後に消毒したりといったところも子どもたちは関心を持ってビデオ視聴していました

・仕事を通してのやりがいと苦労

・牧場を始めたきっかけ～先代の方が始められた時期，Hさんが継ごうと決めた思いなどをお願いしたいのですが

〈牛について〉
・どんな生き物なのか～H牧場でどんな一生を送るか
乳搾りはいつからできるようになるか
一日何㍑ぐらい出せるのか
病気になる，ならない，予防策
耳タグのこと
餌の量・種類（一日の量や食事の回数），餌はどこから調達するか

・どうやって牧場に牛をそろえるのか～一頭あたりの値段やどこから買ってくるか
初めに借りて数頭産ませて返すと考える子どもや野生の牛を狩ってくると考える子どももいます。

・H牧場にいる牛の種類　，およその体重，飼育頭数

〈設備について〉
・機械の種類と働き（搾乳機，タンクなど）
・搾乳機の重さ～牛は搾乳機をつけて重くないの？いやがらないの？

〈市場への流通〉
・H牧場から何で（乗り物）どこへ行くのか
・どのメーカーの牛乳になっているのか

お話の後，質問にもお答えできる範囲で回答いただけると有り難いです。
お忙しいところ恐れ入ります。

３年生担任一同

H 様

すね。」と確認されたが、確かに、働く人々は自分たちの仕事をことさら力んで行っているわけではない。しかし、その「働く人の日常」に私たちは支えられているのだ。また、その「日常」には自分の仕事ならではの思いやこだわりが自然とにじみ出るものだ。事実、淡々と話される内容＝「この牧場に生まれた牛は、人間の役に立つ仕事をするために産まれてきた牛だから少しでも長生きをして人間のために十分働いてこの牧場を出てもらいたい（死後処理）。だから健康管理などが十分にできず長生きさせられなかった時は自分の力のなさを感じる。」には、牛を大切に思う気持ちが自然と表れていた。またこの見学の時に牛の病気について筆者が質問をしたが、その時一番怖いものとして出たのは乳房炎だった。牛にとっては死に至る病気で、特に酪農業の場合一番気をつけるべき病気とのことだった。

　見学後の子どもたちの感想は、「五十頭の牛を二人だけで休む間もなく世話をしていて大変そ

う。」「牛舎の中の仕組みに驚いた。」「おしりを合わせて飼うことで搾乳が楽になるなど、仕事には工夫がある。」「お父さんの跡を継いでこの仕事をしている。」といった他に、「牛の健康を願って仕事をしている。」「牛乳を搾る牛は長生きできない。」「牛を家族のように思って大切に育てている。」「牛乳をちゃんと（残さず）飲みたい。」「食べ物をきちんと頂こうと思う。」など、Ｈさんの仕事や牛への思いをくみ取った感想もこの段階で挙がっていた。

❹学習問題を話し合う

牧場見学の後、子どもたちにとって一番の関心事は「牛を飼っている農家が近隣で百件から七件に減った」という話だった。この百件には使役牛としての飼育も含まれるので

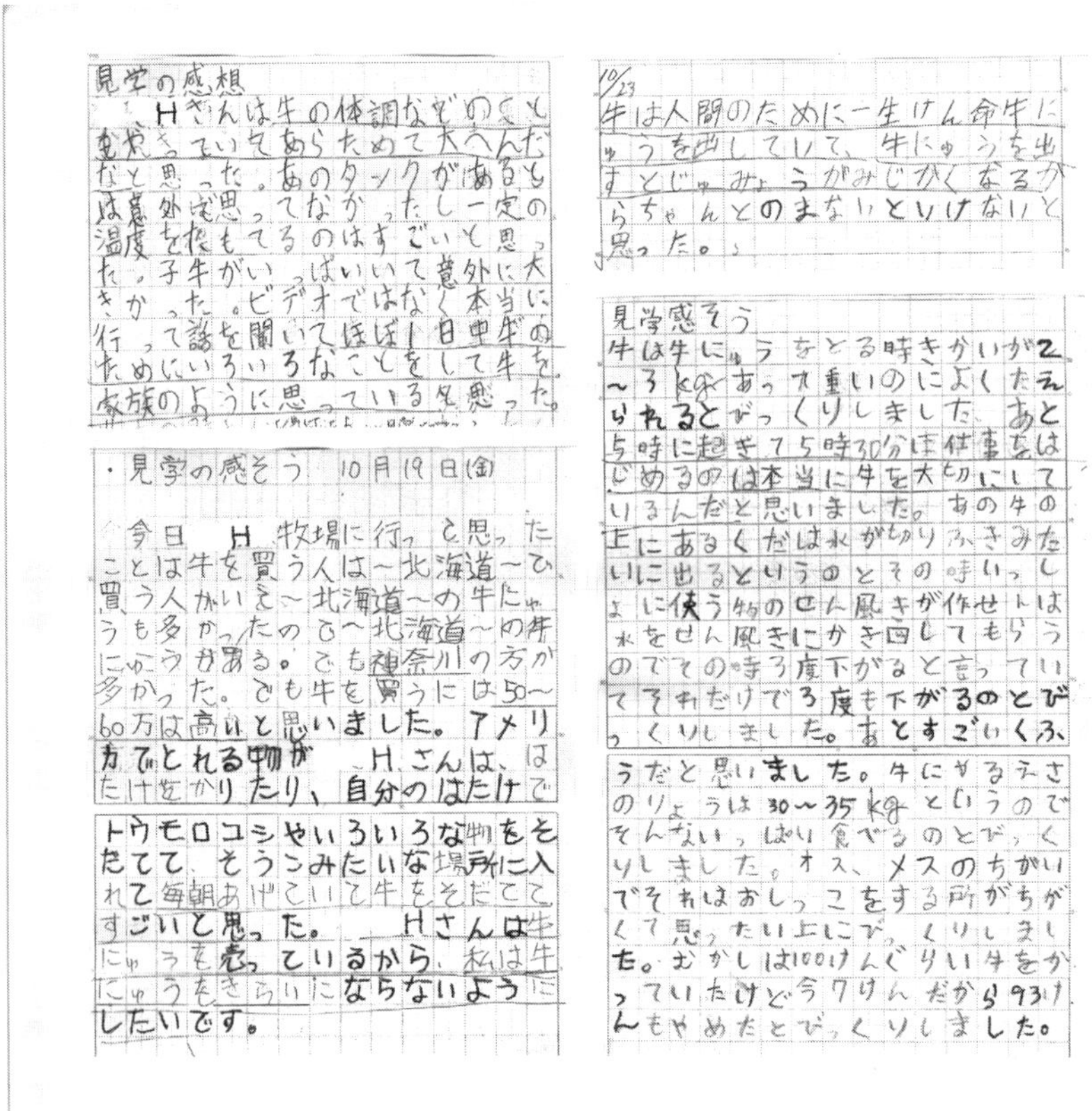

見学の感想
Hさんは牛の体調などのことも気にかけているのをあらためて大へんだなと思った。あのタンクがあるとは意外で思ってなかったし一定の温度をたもてるのはすごいと思った。子牛がいっぱいいて意外に大きかった。ビデオではなく本当に行って話を聞いてほぼ1日中牛のためにいろいろなことをして牛を家族のように思っていると思った。

・見学の感そう　10月19日(金)
今日　H　牧場に行って思ったことは牛を買う人は～北海道～で買う人がいる～北海道～の牛にゅうも多かったので～北海道～の牛にゅうがある。でも神奈川の方が多かった。でも牛を買うには50～60万は高いと思いました。アメリカでとれる物が　Hさんは、はたけをかりたり、自分のはたけでトウモロコシやいろいろな物をそだてて、そうこみたいな場所に入れて毎朝あげていて牛をそだてて、すごいと思った。　Hさんは牛にゅうを売っているから、私は牛にゅうをきらいにならないようにしたいです。

10/23
牛は人間のために一生けん命牛にゅうを出していて、牛にゅうを出すとじゅみょうがみじかくなるからちゃんとのまないといけないと思った。

見学感そう
牛は牛にゅうをとる時きかいが2～3kgあって重いのによくたえられるとびっくりしました。あと5時に起きて5時30分ほ仕事をはじめるのは本当に牛を大切にしているんだと思いました。あの牛の上にあるくだは水がきりふきみたいに出るというのとその時いっしょに使う物のせん風きが作せトは水をせん風きにかき回してもらうのでその時3度下がると言っていてそれだけで3度も下がるのとびっくりしました。あとすごいくふうだと思いました。牛にやるえさのりょうは30～35kgというのでそんないっぱい食べるのとびっくりしました。オス、メスのちがいでそれはおしっこをする所がちがくて思ったい上にびっくりしました。むかしは100けんぐらい牛をかっていたけど今7けんだから93けんもやめたとびっくりしました。

純粋に畜産農家の減少というわけではないが、十分の一以下に激減したという事実は子どもたちにとっては衝撃であったようだ。なぜここまで減ってしまったのか、自分たちが飲んでいる牛乳や食べている牛肉はやがてなくなってしまったりしないのか、学習を深めるため、この学習問題から話し合うことにした。

伊勢原の畜産農家数の変化を最近二十年でたどってもその減少は明らかである。[*5] 原因は何か？ 子どもたちはまず「仕事の大変さ」を挙げてきた。その大変さの中味は何か？ ビデオ視聴と牧場見学、Hさんの話から子どもたちは、

・購入する牛の値段や外国から買う餌の値段が高騰など、お金のかかる仕事である。
・朝早くから夜遅くまで切れ目のない世話の繰り返し。
・健康管理は毎日のことなど休みがない。
・生き物はどうなるか分からない＝不安定な仕事。

といったことを挙げてきた。こうした大変さから後継者がいない、もっと違う仕事がしたいという思いが畜産農家の減少につながるのではないかといった、子どもたちなりの結論を挙げてきた。また伊勢原市は高度経済成長期以降、ベッドタウンとして人口が急増し現在も漸増中である。畜産農家の中には住宅街の中に牧場というケースも珍しくないが、それはあとから住宅ができた結果である。子どもから「家が増えると農家が減るのではないか。」という意見も挙がり、その理由として「牧場の敷地を広げられなくなる」「鳴き声やにおい、家畜の病気などの苦情が出る。」といったことが挙げられた。苦情で離農した事例はないものの、苦情を言われる農家はある[*6]ということを筆者から伝えると、「ひどいな

あ、あとから入ってきたのに。」「自分たちだって肉を食べるし牛乳も飲むのに。」中には「文句を言うなら肉も牛乳も食べるな！」といった過激な意見もきかれたが、これらの意見は自分たちの食べる物は畜産農家がその一部を担ってくれているという認識の表れではないかと受けとめた。

子どもたちが感じる決して楽とはいえない仕事、しかしHさんは先代の跡を継ぎこの仕事を続けている。また自分たちにとっても牛乳が市場からなくなってしまうことは考えられない。ある子の「牛乳を使った料理って結構いろいろあるよね。それもなくなっちゃう。」という指摘に、牛乳は様々な料理に使われていることにも気付かされる。Hさんにはこの仕事をずっと続けていってほしい。後継者はいるのか？　なぜこの仕事をやろうと思ったのか？　どんな思いでこの仕事をしているのだろうか？　子どもたちにとってもう少し詳しく聴きたい、明らかにしたいことが生じてきた。ビデオに見られる仕事の様子や見学の時の話にこれらの疑問の回答も得られるのではないか。仕事のビデオ、見学時のHさんの話を撮影したビデオをもう一度視聴することにした。

ビデオを見直して気付いたことは、今までに話で聴いたり自分たちで確認したりした牛に対する思い、すなわち命を預かって仕事ができる喜びや長生きをして人間のために十分に働いてもらいたいという思い、十分に働かせることができずに死なせてしまう無力感の他に、改めて牛を家族のように思って育てている様子、牛乳を搾らせてもらっているという牛への感謝、そして見学を受け容れるということは、見学の時のHさんの様子や話しぶりからも自分たちに牛のことを知ってほしいから見学をさせてくれるのではないかという意見が挙がった。
　この後二人の児童が自主的にH牧場へ行き、牛の病気についてHさんから話を訊いてきた。この自主的な調べ学習の直前、一人が「跡を継ぐのはいやじゃなかったか訊きたい。」とHさんの思いを確かめたあとだったため、ためらいがちに口にしたところ、ある児童が「その質問失礼じゃない？　Hさんはいやいややっているんじゃないよ。嬉しいことも言っていたじゃない。」と、その質問に待ったをかけた。こうした言葉が子どもたちから自然に出るということは、学習をしてHさんの思いに寄り添おうとしていることの表れとも言えるのではないだろう

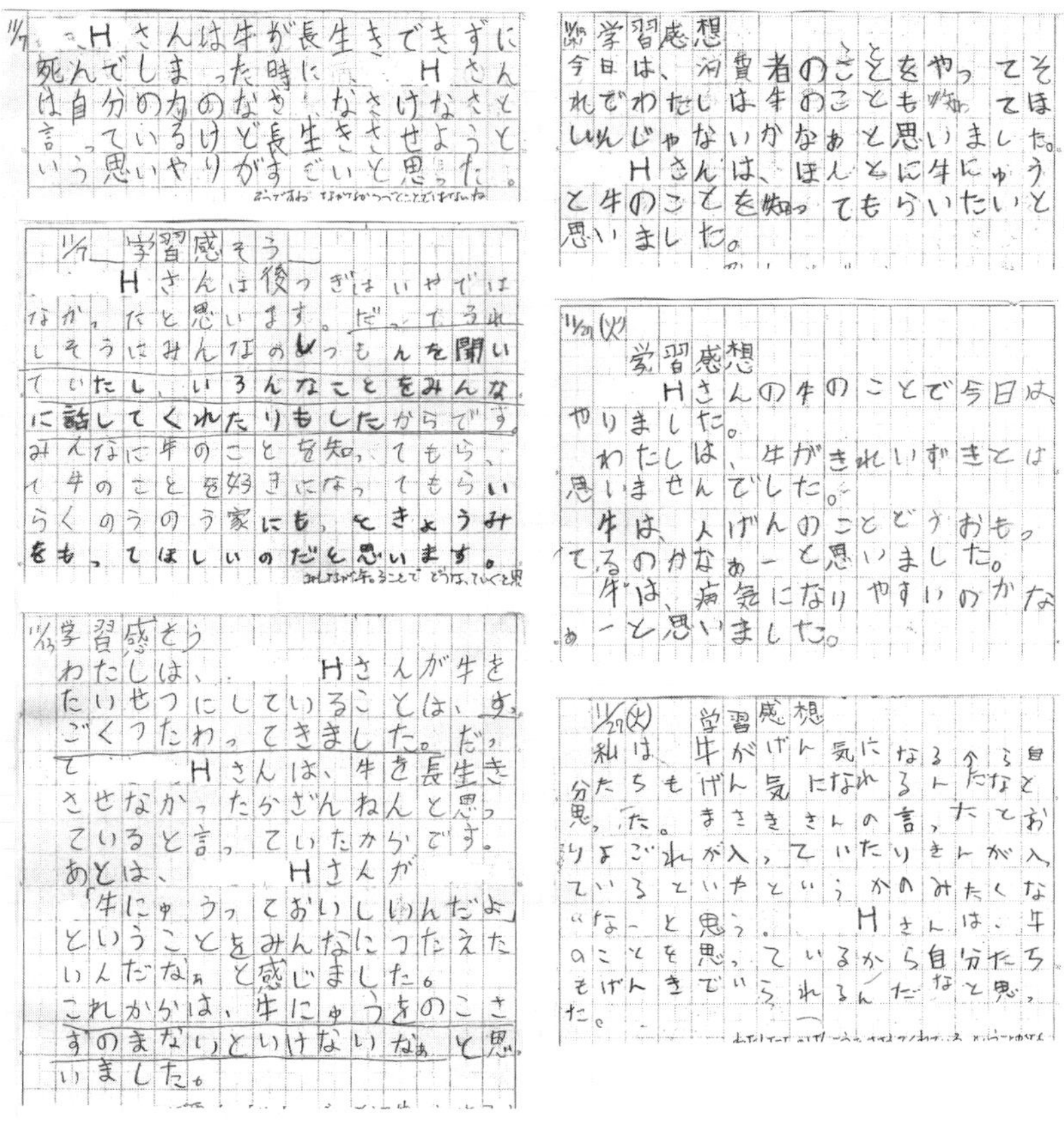
11/7　Hさんは牛が長生きできずに死んでしまった時に、Hさんは自分のためのなさけなさ、なさけなさと言っているけど長生きさせようという思いやりがすごいと思った。

11/7　学習感そう
Hさんは後つぎはいやではなかったと思います。だってそれしそうはみんなのしつもんを聞いていたし、いろんなことをみんなに話してくれたりもしたからです。みんなに牛のことを知ってもらい、て牛のことを好きになってもらい、らくのうのう家にも、きょうみをもってほしいのだと思います。

11/13　学習感そう
わたしは、Hさんが牛をたいせつにしていることは、すごくつたわってきました。だってHさんは、牛を長生きさせなかったがざんねんと思っていると言っていたからです。あとは、Hさんが「牛にゅうっておいしいんだよ」ということをみんなにつたえたいんだなぁと感じました。これからは、牛にゅうのこさずのまないといけないなぁと思いました。

11/20(火)　学習感想
Hさんの牛のことで今日はやりました。わたしは、牛がきれいずきとは思いませんでした。牛は人げんのことどうおもっているのかなぁと思いました。

か。

この調べ学習の報告で、牛には胃が四つあることや関節炎を防ぐために爪を切る（削蹄）ことなど、子どもたちにとっては、牛について新たに知る驚きの事実があった。

またHさんの牛への思いは十分に確認したが、消費者についてはどんな思いを持って仕事をしているかという、生産する物の品質への思いの押さえができていなかったので、問いかけたところ、

・おいしい牛乳をあげて、牛乳を好きになってほしい。
・新鮮で体にいい牛乳をあげたい。
・勝負の五分（搾乳できる時間はホルモン分泌の仕組みにより一回につき五分程度）で搾った牛乳をあげたい。
・病気や放射能に汚れていない安全な牛乳をあげたい。
・牛の汚れが牛乳に混じらないこと。だから一頭につき一枚以上のタオルを使っている。
・牛ががんばって牛乳を出してくれていることを理解してほしい。

といった意見が出てきた。ではそのためにHさんはどんな工夫や努力をしているかを確かめたところ、牛舎の環境整備や健康管理、栄養のある餌やり、搾乳の時の衛生管理など牛を大切に育てるためにやっていることと同じであることが確認できた。この消費者への思いを確認する時に出てきた病気について、一人の児童が「うつる病気に牛がかかったら、

口蹄疫の学習で導入に使用した畜魂碑の写真

他の牛にもうつっちゃうよね。たくさんの牛がだめになっちゃうよ。」と次の学習へつながる気付きを述べてきた。

❺二〇一〇年宮崎県の口蹄疫被害の時、伊勢原は

地域の人が建てた畜魂碑の写真から口蹄疫の学習をスタートさせる。文字の刻まれた碑と生花が添えられた写真に「何かのお墓？」と第一声があがる。少し間をおいて、刻まれた文字はどんなことが書かれているのか、めいめいが読み始める。難解な言葉も散見され、辞書を片手に解読を試みる。「平成二十二年」から「二年前、ぼくたちが一年生の時だ。」「ウイルスって何だ？」など内容をすぐに把握するのは難しそう。大きく書かれた「畜魂碑」の意味から確認することにした。「畜」は学習してきた家畜の「畜」。「魂」はたましい。そして石碑などの「碑」。家畜の慰霊碑である。なぜこのようなものが建っているのか？　ここから先は子どもたちが調べることは無理なので、口蹄疫についての説明から始めた。日本地図で場所を確認しながら二〇一〇年に宮崎県で家畜に広がった病気であること、どんな症状が現れるのか、治る病気なのか（牛は七日から十日で治癒）、家畜への感染が確認されるとどうなるのか（殺処分とその後の埋却について）、空気感染で広がることなどについて説明する。殺処分については子どもたちも驚き、「治るのに何で？」と尋ねてくる。それについては、家畜としての値打ちが落ちること、そのままにしておけば病気が広が

子ども達に提示した埋却地。盛り上がった埋却地の最も奥に献花が小さく見える

ってしまうことなどを説明する。しかし、Hさんの話の中で度々確認してきた「生まれた命を十分人の役に立たせたい。」という畜産農家の思いはどうなるのか？　子どもたちの中にも割り切れない思いが生じてきていることが授業中のつぶやきや表情から見て取れた。特に感染した牛から生まれてきた子牛も、同じ畜舎にいる健康な牛も処分すること、宮崎県ではこの被害で結局三十万頭近くの牛や豚を処分したことなどを知り、子どもたちもつらそうだった。また埋却地の写真を示したところ、「向こうに花がある。牛たちのお墓なんだね。」と小さく映った献花も見逃さなかった。

　この後直接被害を受けた宮崎県の畜産農家の人々の思いを考えた。Hさんとの学習のベースがあっての考察である。次のような意見が挙がった。

・人のために働いたことが無駄になってしまう。
・生まれたばかりの牛は仕事を全くできずに死ななければならない。
・生まれた命が無駄になる。Hさんの思いとは全く逆。
・牛と仕事をすることが一番と思っている農家には仕事も

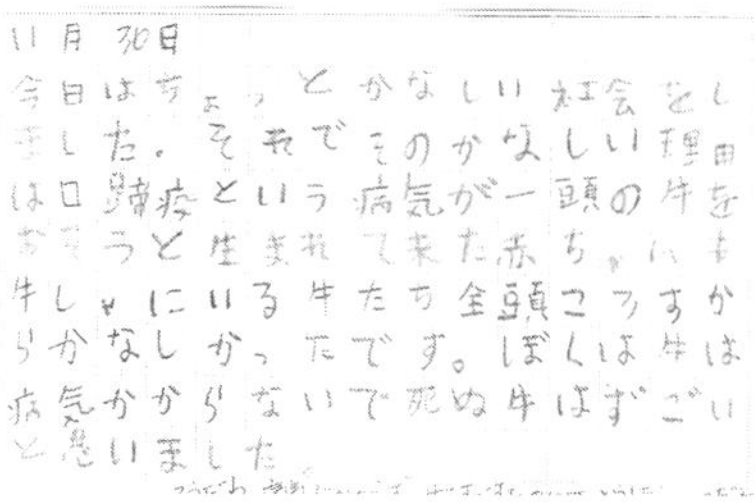
11月30日
今日はちょっとかなしい社会をしました。それでそのかなしい理由は口蹄疫という病気が一頭の牛をおそうと生まれて来た赤ちゃんも牛しゃにいる牛たち全頭ころすからかなしかったです。ぼくは牛は病気かからないで死ぬ牛はすごいと思いました

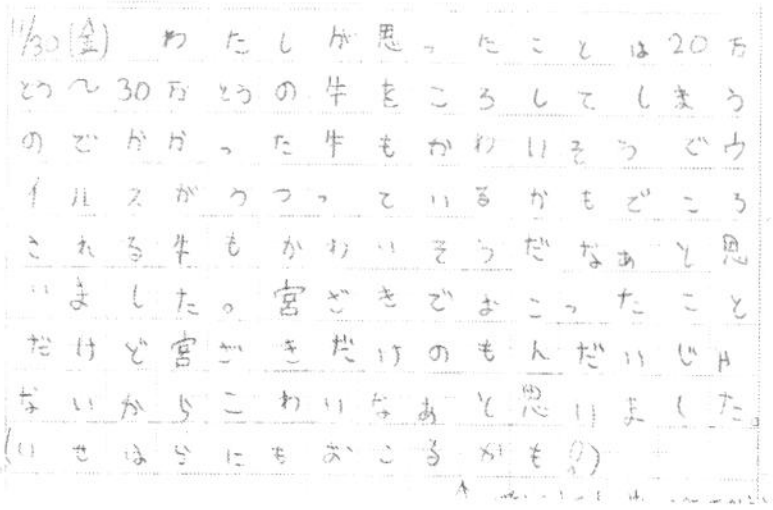
11/30(金)　わたしが思ったことは20万とう〜30万とうの牛をころしてしまうのでかかった牛もかわいそうでウイルスがうつっているかもでころされる牛もかわいそうだなあと思いました。宮ざきでおこったことだけど宮ざきだけのもんだいじゃないからこわいなあと思いました。(いせはらにもおこるかも!?)

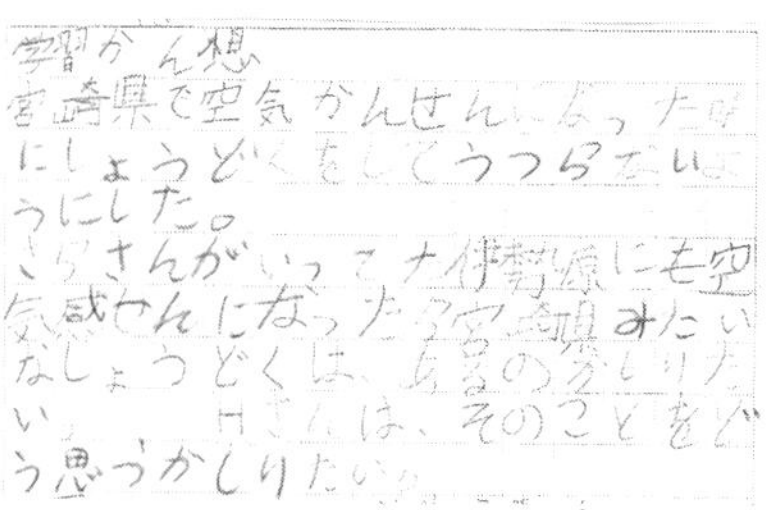
学習かん想
宮崎県で空気かんせんになった時にしょうどくをしてうつらないようにした。
さらさんがいってた伊勢原にも空気感せんになった宮崎県みたいなしょうどくは、あるのかしりたい。Hさんは、そのことをどう思うかしりたいです。

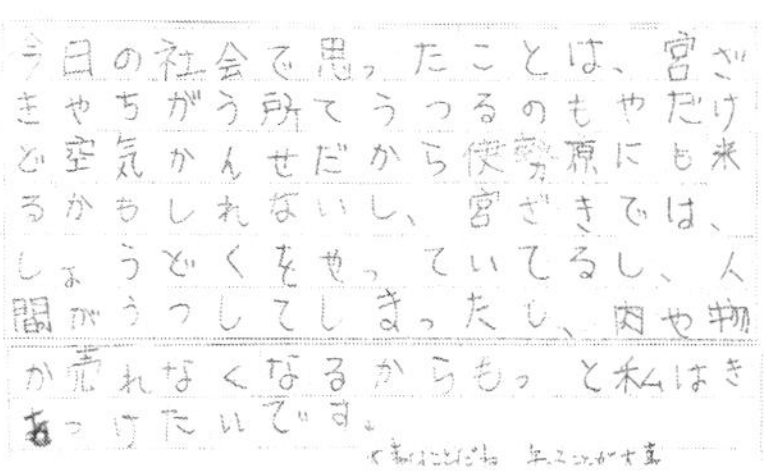
今日の社会で思ったことは、宮ざきやちがう所でうつるのもやだけど空気かんせだから伊勢原にも来るかもしれないし、宮ざきでは、しょうどくをやっていてるし、人間がうつしてしまったし、肉や物か売れなくなるからもっと私はきをつけたいです。

できずとてもつらいこと。
・防ぐ努力はしているはずなのに、つらい。
・家族のような牛を殺すなんて気持ちの上で難しいと思う。とても悲しいこと。
・口蹄疫が原因でやめてしまう農家もいるのではないか？
・空気感染だと防ぐのが難しい。「立ち入り禁止」の必要がある。
・牛乳や肉が減ることになると消費者の食生活も変わってくる。
　また口蹄疫の説明の段階からすでに数人の学習感想にも記されていた「宮崎県だけの問題じゃない。伊勢原にも十分その危険はある。」という考察もあったが、この点についても考えていった。「伊勢原にも関係する問題であるとすれば消毒液はあるのか？　殺した牛を埋めるところはあるのか？」といった、市全体に関わる問題としてとらえている感想も見られた。

　また何時間か宮崎県の事例として話し合う中で、一人だけだが「伊勢原にこの病気が来なくてよかった。」という感想もあったので、その感想を取り上げたところ、
・宮崎県の人は大変な思いをしている。
・必死に守って努力したはず。
・日本にウイルスがもう来てしまっているということは、宮崎県だけの問題ではなく日本全体の問題。
・「伊勢原に来なくてよかった」というのは宮崎県の人に失礼なこと。
と意見が挙がる。ここで筆者が「なぜ二〇一〇年は宮崎県の一部の地域で口蹄疫が拡がら

なかったのだろうか?」と問うと、やや間があって、一人の児童が「宮崎県の人がちゃんと(罹患した家畜を)殺してくれたから。」と言いにくそうに発言した。宮崎県の人たちの対応はもちろん自分たちの県の畜産業を守るためであったのだが、それはつまるところ日本全体の畜産業を守ることにつながったのだということを確認した。

この口蹄疫の学習中に『忘れないよリトル・ジョッシュ』(文研出版)というイギリスの口蹄疫被害を描いた児童書を家から持ってくる児童もいた。もちろん子どもたちは、この恐ろしい病気についてHさんはどう思ったのだろうか、対策はしているのだろうかという疑問を持つ。今まで話し合いで深めてきたこと、もう少し詳しく知りたいと思ったこと、口蹄疫についてなど質問を絞り、Hさんに回答をお願いした。質問は①Hさんの牛に対する思い(跡を継ごうと思った気持ちも含めて)②仕事をしていて嬉しいこと③消費者への思い④牛乳の賞味期限(搾り立ての場合)⑤出産の時、特に気をつけていること⑥二〇一〇年に宮崎県で口蹄疫が発生した時思ったこと、とった対策⑦爪の切り方の七点である。

2 畜産農家の思いを再確認する

折あしく、栽培している飼料用トウモロコシの刈り入れ時期にぶつかったために見学は果たせず、紙面での回答を頂いた。回答には、①子どもの頃から両親の仕事を見てきた自分にとって酪農は当然継ぐべき仕事と思ってきた。牛は同じ環境で育てても個体ごとに体格や性格が違ってくるという点において子どもを育てることと同じと思っている。生まれた子牛が長く生きて人のために働いてくれればよい。②農業は毎年同じ仕事をしていても

がくしゅうかんそう

牛を子供だと思って育てるのはいいなと思った。どんなことがあってでも牛をころしたくない気持がすごくわかった。牛にゅうをぜったいにのんで牛をすきになりたい。

Hさんの学習を通して。

Hさんはほかの農家みたいに子どもみたいに大切に育てているんだなと思った。Hさんは、たぶん牛が赤ちゃんを生んで八年から九年しか生きられないけど、Hさんはもっと長生きさせてあげたいんだなと思った。ぼくにできることは、牛にゅうを大切にのむことだなと思った。

月　日　44

学習のまとめ　12/20(木)

いままでのHさんの学習で知らないことばかりでした。

1番ビックリしたのは、口蹄疫の事です。さいしょに始まった所からそこだけで終わった。あと、かん国でも口蹄疫があって、たまたまHさんの子供が旅行に行っていて帰ってこないで。って子供に言える事は、家族のように育てた牛にかかってほしくないから言えるんだな。私たちにできることは、牛乳をおいしくのむことだと思います。

Hさんの学習を　月　日

12/20 ふり返って学習感想

Hさんの学習をはじめた時Hさんは牛をすごく大切にして育てているなあと感じました。今日の学習では他の農家もすごく牛を大切にしていると感じました。口蹄疫にかっかた農家の思いをいろんな人だけ分かってもらいたいなと思いました。宮ざき県の人はほんとつらい思いをしたなと今日、あらためて思いました。わたしは牛乳が少しにがてなので好きになりました。好きになりたいです。

12/20 学習かんそう

こうてえきはほんとうにたいへんなびょうきだとわかりました。牛しゃの中に牛が一頭もいないしゃしんを見てわたしもかなしくなりました。いつも楽しく牛をそだてていたのにこうてえきにかっかてつらい思いをしてると思います。こうてえきがどんどんひろがるとこまるからみやざきからはなれてるけど　Hさんはしょうどくえきをもってるから　Hさんも牛がこうてえきにかからないかどうかとしんぱいしてるのもわかりました。牛にゅうのしょうみきげんがわたしはいつも牛にゅうをれいぞうこにいれてあるからしょうみきげんが長いと思ってたけどちがう、だからみじかいとわかったときびっくりしました。もしわたしが牛をかっててこうてえきにかかったらつらいきもちだけなのかなあーと思います。

12/20(木)　いままで　Hさんの学習をして思ったことは、わたしははじめこの学習をする前は牛にきょうみがありませんでした。牛にゅうもきらいでした。牛はわたしたちのためにはたらいて死んで行くという仕事で肉になってくれたり牛にゅうをしぼってくれたりいっしょうけんめいにわたしたちのためにはたらいてくれています。だからわたしは肉や牛にゅうをきちんとのこさず食べたいと思いました。口蹄疫は牛やぶたなどになる病気でかかってない牛をころさないといけないのでのうかの人はかわいそうだなあと思いました。のうかのためにわたしたちができることは、もっといっぱい肉や牛にゅうを買ってあげることかなあと思います。

同じような結果が出るとは限らない。農家の人たちは、農作物を作り上げるのに多くの手間と時間をかけているため、結果として良いものができた時に感じる達成感は大きい。酪農では良い子牛が生まれて成牛になり、また良い子牛を産み、たくさん牛乳を出してくれるという当たり前のことが何事もなく繰り返されることが最も嬉しいこと。③安全でおいしい牛乳をより多くの人たちに飲んでもらいたい。また生産者は消費者と触れ合う機会が少ないので、畜産祭りなど消費者と直接関われる場やイベントを大切にしたい。（④省略）⑤出産前は餌の与え方、予定日が近くなると出産の兆候のチェック。分娩時は胎児や母牛に異常がないか確認。出産後は牛舎内の温度調節や子牛、母牛の衛生管理と体調観察。また初乳を早く飲ませて子牛の免疫力を高める。⑥口蹄疫に対し、見学者や実習生など部外者の立入禁止、牛舎内に入った人や集乳車などの消毒、立入禁止の看板設置といった各戸の対策と市全体で県、市畜産会、ＪＡなどと連携して消石灰、消毒液の配布を行う（⑦省略）。それぞれの質問に大変丁寧に答えて頂いた。また資料も多数添えて頂き、話し合ってきたことを確かめると共に、今までの学習内容を深めることができた。またこの回答を子どもたちと読み合う時に、宮崎日日新聞のウェブ版にあった畜産農家へのインタビュー記事、朝日小学生新聞の口蹄疫に関わる記事も一緒に資料として提示し、畜産農家の、共通して持つ思いを確認し学習感想をまとめていった。

おわりに——畜産業を理解するということ

三年生を対象とした今回の実践は、地域から離れた内容も取り扱うことになり、どこまで理解できるかという不安があった。しかし「Hさん」という地域の酪農家の仕事理解を最優先し、三年生として理解すべき自分たちの生活を支える地域の人の工夫や努力、仕事への思いを確実に理解してもらうべく、繰り返し確認し、資料（本単元では主に映像資料）を見直していき、時間ごとの学習感想もとりながら子どもたちの理解の把握に努めていった。かなり早い段階でHさんの思いをくみ取れる子どももいたが、一部の児童に限られていたので、繰り返し確かめていったことにより、徐々にHさんの牛や自分の仕事への思いに気付き、感想に深まりが出た子どももいた。また、その後の口蹄疫の学習では、Hさんの仕事と重ねながら他県の事例を考察することにつながったのではないかと思っている。半数以上の子どもは筆者がねらった目標にせまり、生産者へ思いを寄せることができたのではないかと思う。この思いが将来消費主体となった時に生きることを強く願う。それが日本の第一次産業従事者を消費する側から支える行動につながるものと思っている。

初めにも触れたが、伊勢原市は狭い地域に様々な産業が営まれ、住宅密集地があり、また高速道路や国道、鉄道も通り、人の出入りの多い地域であると共に県の酪農生産を支える役割も果たす地域でもある。農業に関わる人々は誰もが「家畜伝染病が伊勢原市で発生すれば市だけでなく県の畜産業も立ち行かなくなる。」と、その危険性を念頭に入れて生産活動に携わり、予防に努めている。[*7] しかし、そこに暮らす私たちはそうした畜産業の抱える危険性を理解しているだろうか？　先に挙げたように、農業に直接携わらない者の無知が家畜伝染病の拡大を招いてしまうことは大いにあり得る。感染拡大は、農業だけでなくその地域の様々な産業や日常生活にとって大きなダメージとなる。畜産業によって食生活ひいては命そのものをを支えてもらっている私たちは、畜産とは何か、家畜の命が食べ物として利用するにせよ、不本意に断ち切るにせよ、人間の都合に左右されるということを知るべきである。知ることによって、例えば今回採り上げたような家畜伝染病が発生した場合、適切な行動により畜産業を守り支えることになるのではないだろうか？

口蹄疫の学習をする過程で記されていた「伊勢原市に口蹄疫が来なくて（発生しなくて）よかった。」という感想について、本単元でこのような感想をもった児童は一人だったが、口蹄疫に限らず、様々なリスク（米軍基地、原子力発電所建設等）に対して、当事者に心を寄せつつも「自分が当事者にならなくてよかった。」という思いを持つのが偽らざる人間の姿であろう。その思いの溝を埋めるためには、やはり「そのことに関わる○○さん」という働く個人と出会わせるべきではないかと思う。その人の肉声がそのことに関わる喜びや難しさ、時につらさを学ぼうとする者に直に伝えてくれるからこそ「○○さん」の人間性、ひいては「○○さんの仕事」に共感理解を示すものと思う。本単元で口蹄疫を採り上げた際に、「Hさんの牛たちは大丈夫だったのか？」と多くの子どもたちの頭には「Hさん」が常にあったのも、Hさんの仕事について時間をかけて学んだからこそ、宮崎県で起きたことを自分たちの住む伊勢原市に重ねて考えることができたのではないかと思っている。一方で、「自分の住む地域に発生しなくてよかった。」という対岸の火事のような受け止め方ではなく、家族のように飼育している家畜を殺処分しなければならない畜産農家の葛藤や心の痛みに、「病気を拡げなかったことに対してありがとうと言いたい。」と、授業中のある発言を借りて今一つ深まりが感じられない感想も散見された。また口蹄疫の印象が強すぎて、「畜産農家は大変。」「とても苦労している。」と非常事態が畜産農家の日常ととらえてしまう子どももいた。先に挙げた児童書は畜産農家の子どもが日記を綴る形の物語であり、こうした書籍を通して畜産農家の思いを理解することもできるだろう。またHさんの見学時や質問に対する回答にもあったが、仕事のやりがいや喜びがその苦労に勝るからこそ家畜伝染病の危険性をわかりつつも畜産業を自分の仕事として選び、困難に直面してもその仕事を続けていこうと思うのだ。畜産業の負の部分にばかり目がいってしまう場合にはそうした畜産農家の日常のやりがい、喜びに気付けるよう働きかける必要がある。

今回採り上げた家畜伝染病については、その内容や子どもの理解力からすると、本来は五年生の日本の農業の学習で採り上げることが望ましい。日本の農業というと、ともするとデータの読み取りや日本全体の農業の傾向を理解する学習に集約されがちだが、学習の入り口は、やはり「畜産業を営む〇〇さん」というその仕事の様子を直接見ることができる、話がきける地域・地元の人を採り上げるべきである。「畜産業を営む〇〇さん」を理解することが日本の畜産業への共感理解や家畜伝染病への正しい理解、当事者意識につながるものと思う。

参考文献・資料　◉宮崎日日新聞社
………「ドキュメント口蹄疫」農文協　二〇一一年
◉宮崎大学農学部附属農業博物館企画展示冊子
………「新生　宮崎の畜産」

◉農林水産省消費・安全局
……「飼養衛生管理基準（牛・水牛・鹿・めん羊・山羊編）」、二〇一一年十月

注

＊1…H氏からの聞き取りによる。
＊2…伊勢原市役所ホームページ　http://www.city.isehara.kanagawa.jp
＊3…伊勢原市役所ホームページ　http://www.city.isehara.kanagawa.jp
＊4…H氏からの聞き取りによる。
＊5…伊勢原市役所経済環境部農政課石田龍生児氏提供資料。
　ＪＡ全農かながわ畜産部畜産事業センター畜産相談課和田秀行氏提供資料による。
＊6…伊勢原市役所経済環境部農政課石田龍生児氏提供資料。
　ＪＡ全農かながわ畜産部畜産事業センター畜産相談課和田秀行氏提供資料による。
＊7…伊勢原市役所経済環境部農政課石田龍生児氏提供資料。
　ＪＡ全農かながわ畜産部畜産事業センター畜産相談課和田秀行氏提供資料による。

小五・国土学習

2 浦安市の子どもたちが学ぶ液状化問題

渡邉　剛

1 東日本大震災による浦安市の被害

1 埋め立てによってできたまち

浦安市は、千葉県北西部に位置し、人口約一六万人の市である。市面積は約一七平方キロメートルと千葉県の市の中では最も小さく、しかも、その四分の三は埋め立て地である。東京都心までの通勤時間がわずか一五分程度という交通の便の良さや、計画的に整備された住環境が評価され、一九九〇年代以降マンション建設が相次ぎ、人口も増加した。また、多くの観光客が訪れる東京ディズニーリゾートのある市としても全国に名を馳せており、その地名ブランド力は高い。

埋め立て事業が始まる以前の浦安町は、東京に隣接しながらも鉄道路線がなかったため交通の便が悪く、アサリやハマグリなどの採貝やノリ養殖、東京湾沿岸を漁場とした漁業を生業とする小さな漁村であった。

日本経済の高度成長期に入ると、東京湾沿岸の海域汚染が進み、浦安の漁業は衰退し始める。埋め立て事業が本決まりとなると、一九六二（昭和三七）年に漁業権の一部放棄が決定され、漁業のまち浦安はその姿を大きく変えていった。一九六五年、第一期埋め立て（A、B、C地区）が始まり、第二期埋め立て（D、E、F地区）は一九七二年より開始された（図1）。この埋め立て事業により、市域（旧浦安町）面積は約四倍に拡大し、一九八三年の東京ディズニーランドのオープン、一九八八年のJR京葉線の開通とともに、新浦安、舞浜両駅周辺の整備が進んでいった。現在、浦安市は、千葉県を代表する都市として発展を続けている。

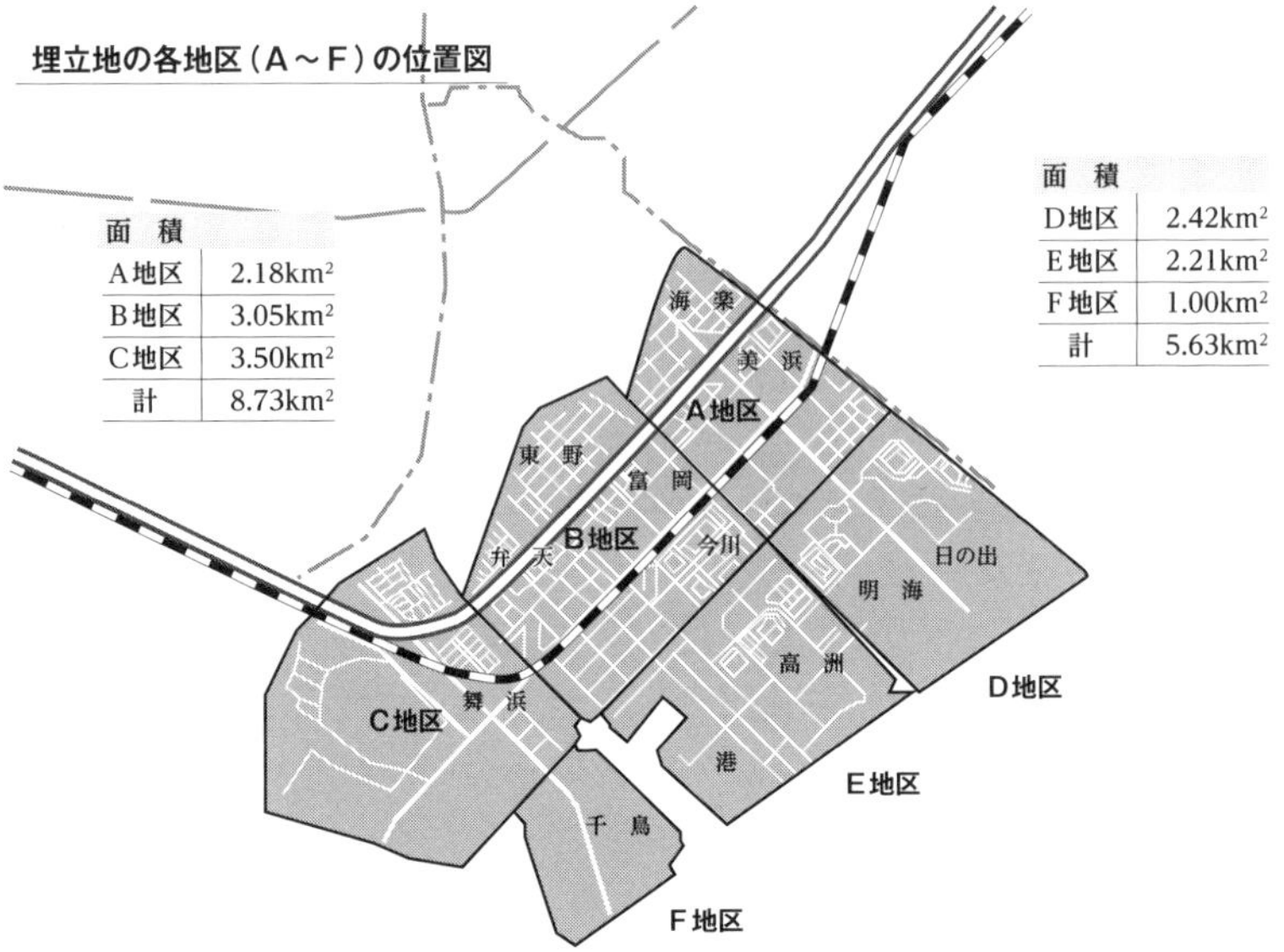

面　積	
A地区	2.18km²
B地区	3.05km²
C地区	3.50km²
計	8.73km²

面　積	
D地区	2.42km²
E地区	2.21km²
F地区	1.00km²
計	5.63km²

図1　浦安市の埋め立て工事の推移
出典：浦安市『浦安市史　まちづくり編』1999年，p.22より。一部を筆者変更

2　液状化とは

埋め立て事業の進行とともに発展をつづけた浦安市は、二〇一一（平成二三）年三月一一日の東日本大震災で「液状化のまち」として一躍有名になった。

「液状化」とはいったいどのようなものか。液状化に関する研究が始められたのは一九六四年の新潟地震以後と言われている。この新潟地震において、多くの建築物が沈下し、上下水道などのライフライン施設、橋梁が液状化による被害を受けた。そして、一九九五年の阪神・淡路大震災で、埋め立てによってできたポートアイランドや六甲アイランドなどで液状化現象が見られ、この言葉が広く知られるようになった。

液状化とは、地震の時に地面が液体のようになる現象のことであり、「地震の揺れにより砂粒同士の噛み合いが外れて、一時的にお互いにばらばらに水中に漂った状態」〔國生剛治、二〇〇五〕になる。このような液状化が発生する条件として、濱田政則は、①砂質地盤であること、②地下水位が高いこと、③砂の粒子がゆるい状態で堆積していることのすべてを満たしていることを指摘し、この条件が当てはまる地盤として、海浜・湖沼・田畑の埋め立て地、川沿いの低地、三角州、旧河道、河川敷などを挙げている〔濱田政則、二〇一二〕。

浦安市の埋め立て地は、海底砂の浚渫によるところが多く、砂質土が緩く埋め立てられた状態にある。また、今回の震災では、浦安市の中でも地下水位が高い場所で液状化の被害が大きかったことがわかっている。つまり、浦安市の地盤は液状化の条件をすべて満たしていたのである。液状化が起こると、地盤は土と水が混ざり合った状態となり、地盤の支持力が失われ、地表面にある建築物が地面の中に沈下して大きく傾斜したり、逆に液体の中の軽い物質が浮力によって浮くように物体が浮き上がってきたりする。

3　浦安市の液状化被害

液状化によって、浦安市は、どのような被害を受けたのだろうか。東日本大震災による浦安市の液状化の被害の概要を、『浦安市復興計画』（浦安市、二〇一二）では、次のようにまとめている。

「東北地方太平洋沖地震とその余震により、埋め立てにより造成された中町地域及び新町地域を中心に市域の八六パーセントにも及ぶ範囲で地盤の液状化現象が発生し、多くの場所で土砂の噴出や地盤沈下が発生しました。（中略）液状化に伴い、道路や公園、上下水道、電気、ガスなどの都市基盤施設が被害を受けるとともに、住宅地では、戸建て住宅が沈下や傾斜の被害を受けたほか、集合住宅では、杭の抜け上がりや敷地内のガス、電気などの設備が損壊するなどの多くの被害を受けました。」（七頁）

浦安市は埋め立て事業が始まる以前からの市街地を元町、第一期埋め立て地を中町、第二期埋め立て地を新町と呼んでいるが、液状化の被害が大きかったのは、埋め立てによってできた中町、新町地区である。液状化による被害は、主に液状化した土砂の噴出による被害、建物への被害、ライフラインへの被害の三つに区分できる。

①噴出土砂による被害

噴出土砂とは、液状化した土と水が地表に噴出したものである。この噴出土砂により、道路の通行に支障をきたし、駐車中の自動車が埋まってしまう場合もあった（写真1）。また、噴出土砂は重く、お年寄りなどが、自力では処理できないなどの問題も引き起こした。現在では、噴出土砂は処理され、日の出地区と千鳥地区に集められている。また、噴出土砂の処理後、地盤が沈下した場所では、降雨時の冠水が起こったり、道路と宅地の境界のズレがあることが明らかとなった。

②建築物への被害

戸建て住宅などでは、液状化に伴う地盤沈下により沈下や傾斜が生じる被害が起きた。前掲『浦安市復興計画』によると、一万戸以上の戸建て住宅を調査した結果、九〇〇〇戸以上の家が大小なんらかの被害の認定を受けている（写真2）。大規模な集合住宅や学校や公民館などの公共施設では、建物を支える杭（パイル）を地盤まで打ち込んでいるため、建築物本体には大きな被

写真１　地中からわき上がった砂に埋もれた自動車

害はなかったが、建築物周辺の地盤沈下により出入り口などに大きな段差が生じ、ライフラインが切断されるなどの被害が発生した（写真3）。また、マスコミ報道により一躍有名になった、地中に埋設してあったマンホールが浮き上がる被害も起きた（写真4）。

③ライフラインの被害

ライフラインで一番大きな影響を受けたのは下水道である。液状化による噴出土砂が、下水管やマンホールに流入したことで、下水管の閉塞を引き起こし、一万戸以上の世帯で、

写真2　液状化によって傾いた富岡交番

写真3　校舎と運動場の間に段差ができた小学校

写真4　液状化によって浮き上がったマンホール

震災後一〇日間あまり、下水の使用が制限された。そのため、トイレの水や風呂の水が流せなくなり、制限された区域内では、小学校や公園に仮設トイレが設置された（一一二か所に九一九設置、写真5）。また、各家庭に便袋も配布された。上水道やガスについては、下水道と同じように管や継手の破損により多くの世帯への供給が停止した。上水道はおよそ七万七〇〇〇戸の世帯で八日間、ガスは約八〇〇〇戸の世帯で六日間停止された。また、破損箇所から液状化した土砂が流入し、その撤去に予想を超えた時間を要したため、全世帯で復旧が完了するには一か月近くかかった。

4 応急対策活動

東日本大震災により、浦安市は、上下水道の停止だけでなく、計画停電や燃料、物資の供給不足などで生活に大きな影響を受けた。そのような中、浦安市は「浦安市地域防災対応マニュアル」に基づき、浦安市災害対策本部を設置して、市民や地域の協力や広域的な応援のもと、応急対策活動に取り組んだ。

例えば、全小・中学校二六校を含む二九か所が指定避難場所として開設された。学校や市の職員が中心となって開設から運営までを行い、震災当夜の時点で六〇五〇人が避難した。避難所の中には約一七〇〇人の帰宅困難者を受け入れた所もあった。災害ボランティアセンターも開設された。近隣から集まった延べ八六二九人が、ボランティアとして、噴出した土砂の撤去や清掃作業に取り組んだ（写真6）。給水所も一六か所設置され、県内外からの支援を受けて運営された。他方、地域の自治会では、自主防災対策本部を立ち上

写真５　避難所に設置された仮設トイレ

写真６　噴出土砂を片付けるボランティア

げ、地域の被害状況の確認や防災倉庫の利用など自主的な活動が行われた。通行に支障をきたす噴出した土砂を地域住民が協力して片づける活動もみられ、新興住宅地域である浦安市に育った「地域社会」の存在が注目を集めた。

2 授業づくりの視点

1 被災地・浦安市において液状化問題を教材化する視点

都心への利便性や住環境の良さなどを求めて新住民が流入した浦安市では、想定していた以上の液状化被害に見舞われ、今もなお復旧工事が行われている。被災地である浦安市において、この液状化問題をどのような視点で教材化していくべきだろうか。

本実践を構想するにあたり、筆者は、授業づくりの視点の一つとして、液状化問題にかかわる一定の科学的知識の獲得を設定した。震災から一年半が過ぎ、浦安市は生活には支障がないくらいに復旧したと言えるかもしれない。しかし一方で、まちを歩けば、でこぼこになった道路やまだ復旧されていない施設を目にすることができる。子どもたちは震災を体験した当事者である。子どもたちの学習意欲を喚起するには、なぜ巨大地震が起こり、なぜ浦安のまちは液状化したのか、浦安はなぜ埋め立てをして土地を造成したのか、液状化被害を修復し、防止する方法はどのようなものがあるのかなど、自らの震災体験を振り返ることから自然に発せられる疑問に対して応える必要があるだろう。そのためには、地震や液状化のメカニズム、浦安市の埋め立ての歴史、東京大都市圏における浦安市の位置の学習を組み込む必要がある。しかし、これらの学習内容は、五年生が理解するには難解である。そこで、フィールドワークによる体験的学習や専門家から直接話を聞く学習などを取り入れることにより、子どもたちの理解を促したい、と考えた。

第二は、地域の人々と共に学ぶ視点である。竹内裕一は、地域で学ぶ重要性を「地域の人々との交流を通して多様な見方・考え方、価値観の存在に触れることができる。」〔二〇〇六、九九頁〕としている。液状化は子どもたちの住む地域で起きた問題であり、復旧やその後の防災への取り組みにかかわった地域の人が周りには数多くいる。そういった人たちと子どもたちを学習の場で触れ合わせることにより、問題に対する多面的・多角的な見方や考え方を養いたい。具体的には、避難所運営の先頭に立っていた当時の教頭先生から復旧過程の様子を聞いたり、市役所の防災課の方や地域の自治会長から防災の取り組みについて話してもらったりする学習を指導計画の中に位置付けていく。地域の人たちとの交流により、子どもたちの問題に対する共感的理解と多面的・多角的な考察を促し、液状化問題を自分のこととして捉えることができるようになることを期待した。

第三に、浦安市、さらに市民である子どもたちに、液状化の問題を抱えながら、巨大地震に対してどのような対策をとるべきかを考えさせたい。具体的には、自分たちの住む市や地域で行っている防災の取り組みだけでなく、他地域での取り組みから、浦安市が取り入れるべきことがらを学ばせたい。この学習過程は、自らが暮らす浦安市を相対化して認識するための学習でもある。授業では、巨大地震とそれに伴う液状化は避けられない自然現象であることを自覚した上で、どのようにそのリスクを軽減するのかについて、今後の自らの行動選択までも射程に入れて考えさせたい。

2 防災教育の視点から

浦安市に住む子どもたちが、地震の際に起こりうる液状化について学習し、自らの命を守るために、地震などの自然災害に備えた取り組みに進んで参画しようとする意識を高めることは、今日の防災教育の観点からも重要である。「釜石の奇跡」で一躍有名になった釜石市では、『釜石市津波防災教育の手引き』〔釜石市教育委員会・釜石市市民部防災課・群馬大学災害社会工学研究室、二〇一〇〕を作成し、地震、津波の特徴や起こり方、津波の被害や被害を防ぐ対策などについて学習していくことを示し、このような防災教育を通して「『津波はたまに来るけど、釜石はこれほどまでに魅力的な郷土である』という郷土愛を育んでいきたい」としている。

浦安市に住む子どもたちにも、液状化の被害や要因、現在行われている対策などを学習することによって、「液状化が起こる可能性はあるが、浦安市は魅力的なまちである」ということを感じることができればと願っている。

3 授業の実際

1 授業の概要

次に、浦安市の液状化問題を取り上げた第五学年「自然災害の防止」の学習の概要を、指導計画をもとに述べていきたい（表1）。

表１　「自然災害の防止」（５年）の授業展開

学習過程	次	時数	ねらい	主な学習活動
見出す	一次	課外	東日本大震災による浦安市の液状化の被害について調べる活動を通して，学習への意欲を高める	**東日本大震災による浦安市の液状化の被害の様子について調べてみよう。** ○東日本大震災による浦安市の液状化の被害について調べる。
		1	東日本大震災による浦安市の液状化の被害状況を知り，そこから学習の課題を持つ。	**東日本大震災による浦安市の液状化の被害とは？** ○東日本大震災による浦安の液状化の被害の様子について調べてきたことを発表する。 ○気が付いたことや疑問に思ったこと，さらに知りたいことを発表し合い，これからの課題を設定する。
			みんなが住む浦安市をおそった液状化とは，どのようなものなのだろうか。液状化について詳しくなろう。	
調べる		2	現在の浦安の液状化の被害状況を実際に見て確かめる。	**浦安市の液状化の被害の現状は？** ○液状化の被害の現状についてのフィールドワークを行い，気が付いたことや疑問に思ったことを話し合う。
調べる		3	液状化の被害からの復旧に向けた行政や自治体，ボランティアの活動などについて調べ，液状化の被害からの復旧には，多くの人が関わっていたことがわかる。	**浦安市は液状化の被害から，どのようにして復旧していったのだろうか？** ○避難所となっていた明海小学校では，どのような取り組みが行われていたのか当時の教頭先生から話を聞き，わかったことを発表したり，わからないことを質問したりする。
調べる		4	浦安市の地形の特徴や液状化の仕組みについてゲストティーチャーから話を聞き，浦安市の液状化の要因がわかる。	**なぜ，浦安市は液状化したのだろう？液状化を防ぐことはできないのだろうか？** ○浦安市の液状化の原因について，液状化対策技術検討委員の先生から話を聞き，わかったことを発表したり，わからないことを質問したりする。
新たな課題を見出す	二次	5	日本の国土は，地震が起こりやすいという特徴があること，大きな地震が起きる可能性があることを知り，新たな学習課題を持つ。	**浦安市に，また，大きな地震が起きたらどうなるのだろうか？** ○もし，近い将来起こると言われている東京湾北部地震が起きたら，浦安市はどうなってしまうかを考える。
			大きな地震に備えて，浦安市に住む人たちは，液状化の問題を抱えながら，どのような備えをしていけばよいのだろうか。	
調べる	三次	6	浦安市や自治会が地震に備えた取り組みを行っていることがわかる。	**浦安市に住んでいる人たちは，大きな地震に備えて，どんな取り組みをしているのだろうか？** ○浦安市市役所防災課の方から，市が行っている取り組みについて話を聞いたり，わからないことを質問したりする。 ○夢海地区自治会長から，夢海自治会が行っている取り組みについて話を聞いたり，わからないことを質問したりする。
調べる		7	**今までの学習を振り返ろう！** ○今までの学習を振り返り，液状化についてわかったことと，まだわからないことについて整理する。 ○班でわかったことを整理し，これから考えていかなければならない問題がないかどうか話し合う。 ○班ごとに，どのような話し合いとなったかを発表する。	
調べる		8	阪神・淡路大震災の後の神戸市の取り組みを調べ，浦安市でもいかせる取り組みがないかを考える。	**他の県では，大きな地震に備えて，どんな取り組みをしているのだろうか？** ○阪神・淡路大震災の経験を踏まえて，神戸市の人たちがどのような備えをしているのかを調べる。 ○浦安市でも行った方がよいと思う取り組みについて考える。
深める		9 10	自分たちの住む浦安市が地震による液状化の問題を抱えながらどのような備えをしていけばよいのかを考え，話し合う。	**わたしたちは，こんな浦安市にしたい！** ○今までの学習を振り返り，大きな地震に備えて，浦安市に住む人たちは液状化の問題を抱えながら，誰がどんなことをしていけばいいかを考える。 ○自分の考える行動をしたら，浦安市がどんなまちになるかを考える。 ○同じ考えの人でグループを作り，自分たちの考えるまちを目指すために，誰がどんなことをしていけばよいかを整理し，まとめる。
まとめる		11	お世話になった方々を招待し，自分たちの考えを提案し，話し合う。	**防災会議を開いて，これからの浦安について考えよう。** ○自分たちの考えた震災後，目指すべき浦安のまちとそのために必要な行動を提案し，市役所防災課の方と保護者と一緒に話し合う。

第一時は、子どもたちに夏休みの課題として行わせた浦安市の液状化の被害調べの報告会である。子どもたちの多くは三年生の時に在校中に被災しており、学習後の感想にはA児「マンホールが出たり、ブロックが壊れたりと思わず振り返って、ああ現実だったんだと思うと、びっくりしてしまった。」と当時のことを振り返る記述や、B児「地震の後、引っ越してきたけど、こんなにひどかったと思った。」と、液状化という言葉は知っていたが、実際の被害の様子に驚く児童もいた。被災した児童とそうでない児童とでは感じ方に違いはあろうが、この地域の液状化被害を調べるという共通体験を通して、これからの学習に対する共通の道筋を見出せた。

第二時では、液状化の被害は、今、どうなっているのかを調べるためにフィールドワークを行った（写真7）。調査後、見てきたことを地図にまとめ、被害の現状を確かめ合った（写真8）。C児「ふだんあまり気にしてなかったけど、そこを注意してみると、たくさんの被害を受けていた。」のように、液状化の被害の現状を改めて認識する児童がみられた。

第三時では、避難所となった本校の当時の教頭先生から復旧過程の様子について話を聞いた。学校が避難所となったこと、学校や市役所の職員がその運営に携わったこと、地域の人がボランティアとして協力してくれたこと、水道局やガス会社など様々な事業者が復旧作業を行ったこと、他県の水道局や自衛隊などが給水活動を手伝いに来てく

写真７　液状化被害を調べる

れたこと、そしてそれらは、日ごろから災害協定によって約束されていたことなどを話してもらった。

第四時では、液状化の要因や対策の現状について液状化対策技術検討委員の一人である大学教授のお話を聞いた。浦安市が液状化した要因を、浦安市の埋め立ての歴史や液状化の起こりやすい条件などを、水槽を使った液状化実験を交えて話して頂いた。話の内容は、専門用語の理解が難しいところもあったが、D児のように「液状化が起きた理由がわかったので良かった。」と自分の疑問が解けたことを喜ぶ子どもが多く見られた。また、再液状化する可能性があることや液状化対策の現状についての話から、E児「(液状化について)簡単に思っていたことがすごく恐ろしいことなんだなと改めて思った。」や、F児「液状化を防ぐ対策が大事だと思いました。」と液状化に対する不安や液状化対策の必要性を感じる子どももいた。

第五時は、千葉県防災教育指導資料『備えあれば憂いなし』と神戸市の防災教材『幸せ運ぼう』を活用し、日本は地震が起こりやすいことや再び地震が起こる可能性があること

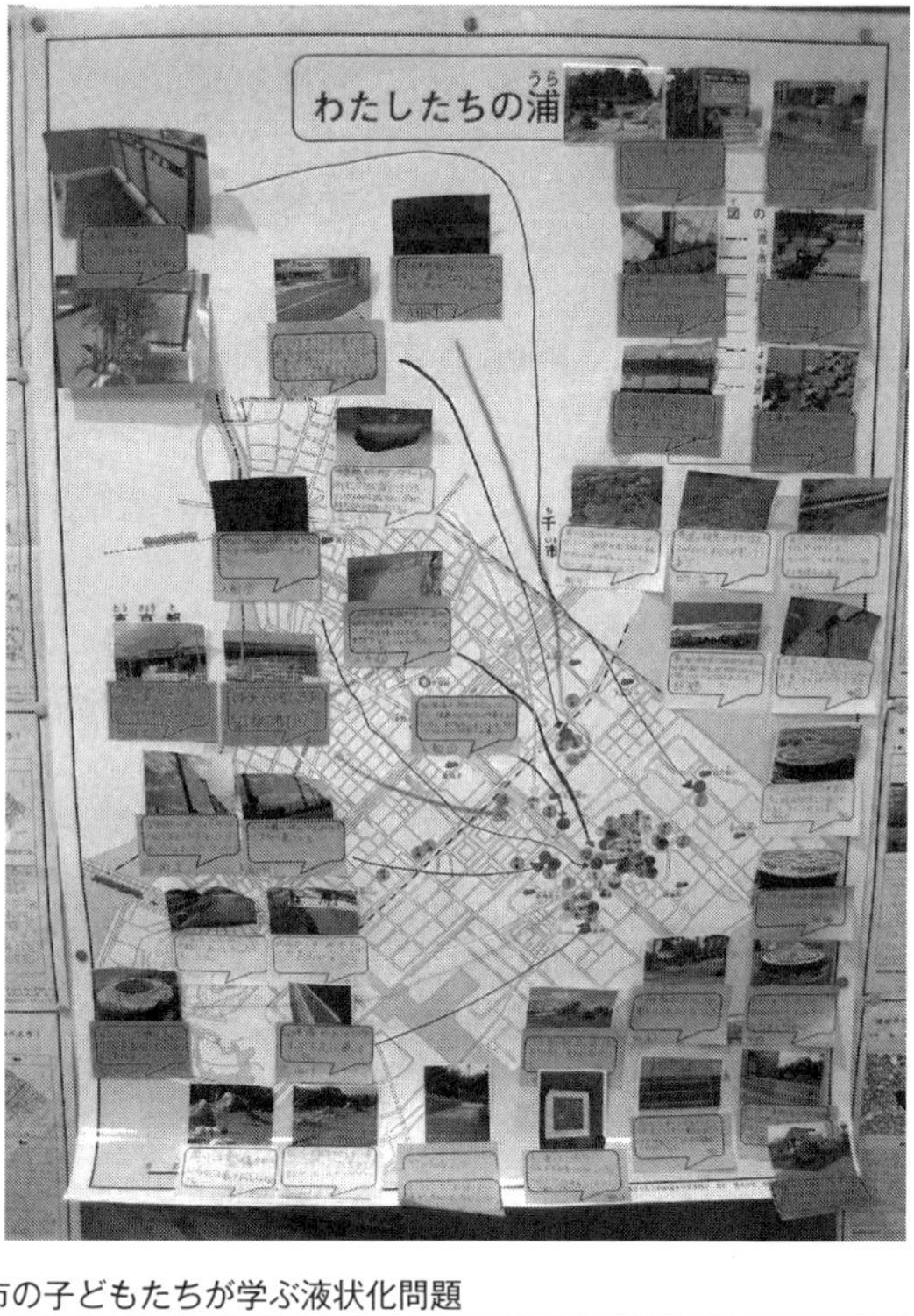

写真８　子どもたちが作成した液状化被害マップ

を学習した。阪神・淡路大震災の被災実態や大きな地震が予期されていることを知り、多くの子どもたちが地震に対して不安を抱いたようである。そして、「大きな地震に備えて、浦安市に住む人たちは、液状化の問題を抱えながら、どのような備えをしていけばよいのだろうか。」という新たな学習問題を設定した。

その問題の解決に向けて、第六時では、市役所の防災課の方と地域の自治会長を招き、それぞれの立場で、大きな地震に備えて行っている取り組みについて話を聞いた。市役所では、防災無線や防災倉庫の点検を行っていること、防災訓練を企画、実施していること、自治会では、防災マニュアルの作成や、地域住民が顔なじみになれるような取り組みとして、秋祭りや花壇の整備を行うグリーンデイなどの活動を行っていることなどを話して頂いた。それぞれの立場での防災の取り組みを学習し、G児「自分が知らない裏で、住民のために努力をたくさんしてくださっていてとてもありがたく思いました。」と日頃からの取り組みに安心と感謝を感じる子どもや、H児「自分たちができることはきちんとしたい。」と自分たちも防災の取り組みに関わっていく必要性を感じる子どもが見られた。

第七時は、市民団体や事業者が行っている防災の取り組みを学習する予定だったが、子どもたちに学習を整理させる必要を感じたため計画を変更し、学習を振り返る場面を設けた。これまでの学習では、地震や液状化の発生メカニズムや復旧工事の工法など子どもたちの理解の範囲を超えた内容や、震災被害の現状と対策がごっちゃになって理解されているなどの混乱している様子が見られた。そこで、今までの学習でわかったことを付箋に書かせ、グループごとにKJ法で整理させ、これから何を考えていくべきかを改めて考えさせた。H児は「色々なことが頭の中でぐるぐるしていて何を学習したのかわからなくなっていたけど、付箋を貼ることによって整理できたので良かった。」と学習を振り返っている。

第八時は、神戸市の防災の取り組みを取り上げた。神戸市は、阪神・淡路大震災という大きな地震を教訓とした防災教育が行われている市である。神戸市の取り組みを調べ、浦安市でも取り入れられる取り組みはないかを検討させた。

第九時には、大きな地震に備えて誰がどのような取り組みをすべきかを考えさせた。液状化対策が必要だと考える子どもや神戸市のように防災公園をつくるべきだと主張する子ども、自分たちでできることをやるべきだと考える子どもなど、それぞれが今までの学習成果をもとに考えた。そして、今後どのような浦安市を目指すべきかを一言で表すとどうなるかを記述させ、その言葉を基にグループに分けて話し合いを行った。第一〇時ではそのグループで、誰がどのような取り組みをすべきかを改めて話し合い、提案資料としてまとめさせた。

第一一時は、保護者と市役所の方を招いた防災会議である。児童の提案内容を基に、どんな取り組みを行うべきかを参加者で話し合った。六つのグループを前半、後半に分け、前半の三グループの提案が終わった時点で話し合いを持ち、後半も同様に行った。前半は「災害に強く、助け合う浦安を目指して」「災害に強い浦安」「市民が協力し合える浦安市」をテーマとしたグループの提案だった。話し合いの中心は液状化対策であった。液状化対策として、家の下に杭を打つのが有効だという専門家の話を基に、それを取り入れた

ほうが良いという提案に対して、
C1「家の下に杭を打つのは良い考えだと思う。」
T「できそうですか？」
C2「今から、杭を打つのは難しい、これから建てる家は大丈夫だと思うけど。」
C3「工事中はそこに住めなくなるからやはり難しいことだと思う。」
C4「今の家には無理だと思うけれど、これ以上ひどくなってほしくないから考えました。」
と、液状化対策の必要性や良さは感じながらも、その難しさを子どもたちなりに感じている様子がわかる。後半は、「身近なことも安心・安全な浦安市」「身近なことで防災できる浦安を目指して」「大きな地震にすぐ対応できる浦安」をテーマとしたグループの提案であった。話し合いの中心となったのは日ごろからの備えに関することである。保護者や市の防災課の方にも日ごろからの備えに関して意見を求めながら会議が進んでいった。そして、自然災害の被害を最低限に抑えること、いち早く復旧できる対策を取っていくべきという意見が出され、そのためにできる提案から行っていこうという結論で会議は終了した。

2 浦安の子どもたちは液状化問題をどう学んだのか

小学校三年生の時に被災した浦安市の五年生の子どもたちは、この学習を通して、どのようなことを学んだのだろうか。ここでは、被災体験の異なる三人の子どもたちに焦点を当てて、その学びの過程を明らかにしてみよう。

〈児童A〉

児童Aは、東日本大震災を在校中に経験した。自宅マンションの家具の倒壊や父親の帰宅が不確かだったため、震災当日は、家族で避難所となった自分が通う学校で過ごした。避難所から自宅に戻った後も、下水が流せなかったり、水が出なかったり、計画停電の影響を受けたりと、震災後の不自由な生活を体験してきている。

事前の液状化の被害調べの感想には、「本当に、（被害から）元の形に戻るか心配だった。」と記述し、また、震災後一か月間の困ったこととして「トイレが流せない、水が出ない、道がぐちゃぐちゃで怪我が多かった。」と当時の様子や思いを振り返る記述をしている。一方で、液状化に対しては「それほどひどい液状化は目にしていないから」を理由に、「どちらかというと不安ではない」と回答している。自宅マンション周辺ではマンホールが飛び出したり、噴出土砂で歩きづらくなったりしたが、マンションの建物自体は大きな被害を受けなかったことや震災から一年半以上がたち、日常生活に大きな支障がなくなったことが「どちらかというと不安ではない」と回答したものと思われる。

児童Aは、液状化の被害の現状を調べるために、学区である明海地区のフィールドワークを行った。そこで、改めて、まだ復旧していない場所や工事中の様子を見たり、入船や高洲といった他の地区を見てきた友達から被害の現状について話を聞いた後に、「もう、地震の被害の傷跡は完全に治されたと思った。けれど、調べに行ってみて、治ったどころではないことがわかった。」と記述している。液状化の被害の現状を実際に見たり、友達から聞いたりすることで、「まだ、浦安市は液状化の被害から復旧していない。」という考えを抱いた。また、復旧過程についての学習では、当時の教頭先生から話を聞き、「その時、私も明海小にいたので少し思い出すことができた。（中略）いろいろな人が関わったことを知り、トイレが流れず困ったこともよくわかる。」と当時の避難所の様子を思い出し、復旧に多くの人が関わっていた事実を知る。児童Aは、事前アンケートでは、復旧に携わった人として「小学校で水を配ってくれていた人」と回答しているが、この学習後には、「小学校はボランティアの人、市役所の人、近所の人などいろいろな人に助けられ、少しずつ復旧していった。」と復旧に多くの人が関わっていることを新たに認識していることがわかる。

そして児童Aは、学習後に、液状化に対して「不安」と回答を変えている。「再液状化したら怖い、直したのが水の泡になるから。」というのがその理由である。児童Aは、学校で被災し、実際に避難所での生活を経験したが、学習する前の液状化に関する認識は生活範囲内にとどまっていた。この学習を通して、当時の様子を振り返りながら、液状化の被害や現状、復旧に関わる様々な人の存在を知り、液状化の被害の深刻さを認識したため液状化に対して不安を抱いたと思われる。また、学習後に「『地震はなぜ日本に？』そうずっと考えていました。だから、この勉強になって、自分でも（疑問が解けて）都合の良い勉強となったと思います。」と記述している。児童Aにとってこの学習は、震災当日から、胸に抱いていた地震に対する疑問や想いを解決する一つの契機となった。

〈児童B〉

児童Bも学校で被災したが、その後、他地域に避難した経験を持つ。震災から一か月の間に困ったこととして、「公園は直るかなあとか、地面のでこぼこや道路のでこぼこは直るかなあと思っていた。」と記述しており、被災した多くの児童が記述する「水やトイレが使えない。」などのライフラインに関する記述が見られなかった。一方、震災後、地方の祖父母宅に避難していたため、不自由な生活を経験した時間が少ない。児童Bのように、震災後、生活の不便さから逃れるために、地方の祖父母や親戚の家に避難していた児童は本校にも多数おり、避難した時期や期間もまちまちであった。そのため、水道やトイレが使えなかったり、風呂に入れなかったりした経験には差がある。児童Bの場合、そうした経験の差が、「地割れで友達が落ちたら……」「液状化で病気になる菌が地中から出て来たら……」などに見られるように、実際には起きてはいない被害を想像して不安を募らせるという、自らの液状化に関する認識や思いに大きな影響を与えていた。

児童Bは、学校の復旧過程について学習した後に、「明海小はボランティアの人や自衛隊の人や先生が土を運んだり、工事の人が工事をしたり、いろいろな県に助けてもらって乗り越えてきたんだなと思った。」と、復旧には様々な人が関わっていることを認識するとともに、「早く液状化にならないようにしてほしい。」と、液状化への不安を誰かに取り除いてほしいという願いを記述している。授業では「工事の人」についてはほとんど学習しなかった。それにもかかわらず、この時期の児童Bのワークシートには、「工事の人」にかかわる記述が多く見られる。これは、現在もおこなわれている運動場の復旧工事を目にしているため、復旧には「工事の人」が欠かせないと考えているためと推測される。液状化の学習後の感想にも、「工事の人が素早く直して、長袖、長ズボンで暑いのにやってくれて本当にありがたいと思った。」と「工事の人」への感謝を記している。児童Bは、液状化への不安から、復旧に対する思いが強い。そのため、復旧のために働く「工事の人」に感謝を示す反面、液状化に対して自分には何もできないから「何とかしてほしい」と、誰かに依存する姿勢が強い。

しかし、学習が進み、児童Bにも少しずつ変容が見られた。市や自治会、神戸市の防災の取り組みを学習した後に、「市役所の人はすごいことをし、自治会もすごいことをしたりしてすごいなあ、すごいアイデアだなと思いました。」と、防災に取り組む人たちに尊敬の念を抱いている。そして、学習後には「市役所の人やいろいろな人がいろいろな取り組みをして、浦安が安心・安全になるようにしてほしいです。そして、自分たちででき……」「まちの人が自分たちのまちを守ろうと、訓練をしたり、公園のベンチをかまどにきることは、自分でやり、できないことは任せて、でも、任せるのはいいけど、ちょっとだけ何かして、任せたいです。」と自分でもできることはやらなければならないという気持ちを抱いている。液状化という自然災害に対して「誰かに何とかしてほしい」と他者に頼っていた児童Bは、防災に取り組む人と触れ合い、様々な取り組みを知ることで、「できることはやろう」という気持ちを抱いた。児童Bがこのような気持ちを抱いた背景には、自治会で行われた秋祭りに参加した体験が影響している。この秋祭りは、ゲストティーチャーとして来校した自治会長が「防災のためにも近所の人と知り合いになることが目的の一つでもある」と教えてくださった祭りである。この秋祭りに参加し、「みんなが楽しく笑ったりしていてやっている意味があるなあと思った。」という感想を記述している。児童Bは、自分自身も防災の取り組みの一環としての秋祭りに参加し、その意味を肌で直接感じたからこそ、誰かに頼るだけではなく、自分もやっていこうという気持ちを抱いたのではないだろうか。

〈児童C〉

この学習に取り組んだ児童のすべてが被災者ではない。震災後に転入してきた児童もいる。では、被災していない児童はこの学習を通してどのようなことを考えたのかを、児童Cの記述から考察してみたい。

児童Cは、大阪から五年生になって転入してきた児童である。夏休みの課題について説明した後に、「液状化って何ですか?」と質問をしてきた。震災後、津波による被害の報道は毎日のように行われていたが、液状化の被害についてはそれほどでもない。浦安から離れた地域に住む五年生の子どもが「液状化」という言葉を知らないのは当然のことかもしれない。児童Cは、夏休みの課題としてマンホールの浮き上がりの被害を調べ、「液状化の修理に必要なお金はどのくらいだろう。影響を受けたばかりの時はどのようになっていたのだろう。」という素朴な疑問を抱いていた。

児童Cは、液状化の被害の現状についてのフィールドワークでは、高洲地区を調査した。調査当時、高洲地区にある高洲橋のふもとの緑地は、アスファルトの道が傾き、マンホールも二〇センチメートルほど浮き上がった状態が放置されていた。その様子を実際に見てきた児童Cは、「かなり前に起きたことなのに、まだ直っていないところがあるってことは被害が大きかったのかなと思った。」と当時の様子に関心を示す記述をする。その後、浦安の埋め立ての歴史や水槽を使った液状化実験を通して、液状化の要因についての学習をし、「自然災害はやはり怖いなと思いました。液状化のでき方には感心しました。」と、自然災害の恐ろしさとともに、液状化がなぜ、どのように起こるのかを知っていく。実際に被災した経験のない児童が、自分の住む土地で起こりうる可能性がある液状化現象を知り、改めて自然災害の恐ろしさを感じたと言えよう。また、「地震が来る日がわかるようになると、いろいろなものを備えられるのでわかるといいなと思いました。」と地震という自然災害に備える必要性も感じ始めている。

児童Cは、第一一時の防災会議で、地震に備えて「防災用品を用意しておく、訓練をしておく、家の中の家具を固定する活動を続けていく、避難場所を知っておく」ということが大切だと提案している。学習後の感想に、「地震ひとつで津波や液状化などが一気に来るので、やはり日頃からの準備が大切」と記述しているように、児童Cは地震に対して日ごろからの備えが大切であるという考えを抱いたことがわかる。この学習を通して、液状化という言葉さえ知らなかった児童Cが、自分の住む土地で起きた液状化の被害やその要因を知り、地震で起こりうる液状化に備えて、日ごろから準備することが大切だと考えるようになったのである。

おわりに

浦安市の小学生のほとんどは液状化を実際に体験した被災者である。しかし、被災直後からその後の対応までをみると、子どもたちの被災体験は家庭や地域により大きく異なる。事例として取り上げた児童Aのように地域にとどまってその一部始終を体験した子もいれば、児童Bのようにいち早く浦安から避難した子もいる。また、地域で自治会を中心とした復旧・復興活動を経験した子もいれば、孤立したまま市からの支援を待つのみであったという子もいる。こうした差異は、各家庭や地域の考え方・あり方の違いで生じたものであり、どちらが正しいとか優れているとかという類のものではないことはいうまでもない。しかし、浦安の子どもたちが、来るであろう次の震災に備えるために、震災直後から今に至る復旧・復興の過程で何があったのかを事実に基づいて検証し、その被害を最小にするにはどのようにすべきなのかを学ぶことは不可欠であろう。

本実践では、自分の住んでいる浦安で何が起きたのか、なぜ起きたのか、液状化被害に人々はどのように対処したのかを学んだ。そして、今後どうすべきかを考えるなかで、浦安に住むひとりの市民としてそれにどのように関わっていくべきなのかを考えさせた。被災者としての体験を相対化することと、自らの考え方や生き方に取り込むこと（主体化）を追い求めた実践であったが、その成果を十分に明らかにすることはできなかった。今後の課題としたい。

参考文献

●國生剛治……『巨大地震を読み解くキーワード』山海堂、二〇〇五年
●濱田政則……『液状化の脅威』岩波書店、二〇一二年
●浦安市……『浦安市復興計画』二〇一二年
●浦安市復興計画検討委員会
……『東日本大震災による被害と対応』二〇一一年
●浦安市史編さん委員会編
……『浦安市史　まちづくり編』一九九九年
●竹内裕一……「地域意識の形成と社会科」日本社会科教育学会出版プロジェクト編『新時代を開く社会科の挑戦』第一学習社、二〇〇六年
●千葉県教育委員会
……『千葉県防災教育指導資料「備えあれば憂いなし」』二〇〇九年
●神戸市教育委員会
……『防災教材「ビジュアル版幸せ運ぼう」テキスト本』二〇〇八年
●釜石市教育委員会・釜石市市民部防災課・群馬大学災害社会工学研究室
……『釜石市津波防災教育のための手引き』二〇一〇年

3 東京湾津波被害の歴史とリスク

板垣雅則

はじめに

本稿では、東日本大震災以降求められる小学校歴史教育のあり方について考えていきたい。

1 小学校歴史教育における災害

これまでの小学校社会科歴史教科書においては、災害はごく普通に記述されている。例えば東京書籍版『新しい社会　六年上』では、「平城京に都が移って一五年くらいたったころ、病気によって平城京の多くの人々がなくなったり、全国各地で災害や反乱が次々に起こったりして、社会全体に不安が広がっていました」（三二頁）、「このころ大きなききんが何度か起こり、物価も大きく上がったので、百姓一揆や打ちこわしが全国各地で起こるようになりました」（九七頁）「一九二三年九月一日、関東地方南部で大きな地震が起き、東京、横浜などでこわれた家約二十一万戸、焼けた家約二十一万戸、死者・行方不明者約十一万人もの被害が出ました。」（一二三頁）と書かれている。つまり、従来の小学校歴史教育において、災害は決して意識されていない要素ではなかった。

それにもかかわらず、なぜ私たち社会科教育に携わる人たちは三・一一に直面して危機感をもったのだろうか？　筆者はその理由の一つとして、当時の状況下における「切実性」を想像しきれていなかったのではないかと考えている。先に挙げた大仏造立についても、「なぜ聖武天皇は大仏を造ろうとしたのか？」という疑問に対する答えの一つとして、天然痘の流行という説明の仕方をすることがある。しかし、（それが唯一の理由ではないからにせよ）「大仏を造ろうとするほど当時の天然痘は深刻だったのだ」という実感の持たせ方はさせていないように感じる（例えば〔西浦弘望、二〇〇五〕など）。つまり、災害に対して当時の人々がどれほどの危機感をいだいていたのかという視点が、社会科教育に携わる私たちに希薄だったということがまず考えられよう。

もう一つ、あらゆる教育を根底で支えていた「科学」に対する揺らぎが三・一一で顕在化したということが言えよう。科学者・政治家たちは今回の震災を「想定外」と位置づけたが、それは「想定」の根拠となる科学それ自体の限界性を露呈したことになる。また、福島第一原子力発電所の事故により、例をみない環境汚染が展開され続けているが、放射性物質に対する専門家の見解は一様ではない〔一ノ瀬正樹ら、二〇一二〕。そして、その見解の多様さが私たちの安全・安心に直結しているということが三・一一で明らかになったのだと思われる。

このような「リスク社会」の中で、どのような小学校歴史教育が求められているのだろうか？　筆者は、その答えを「経済成長のとらえ返し」と「記憶の継承」という点に求めたい。

例えば「津波が来る」ことが「想定」としてありつつも、それでも海岸近くに住宅を構え、都市化していったのは、そこに経済的な優位性・利便性があるからである。平らで広い場所の方が都市を造りやすいし、産業も起こしやすい。海は平時においては人々に恵みをもたらしてくれる。しかし、それらは津波にのまれてしまい、膨大な損失額は被災地復興を難しいものとしている。

筆者の勤務する学校がある千葉県浦安市は、市面積のうち四分の三が高度経済成長期における埋め立てによって造られた土地である。しかし、この東京湾の奥深い部分にもかつて津波がたびたび訪れており、その都度被害をもたらしていることは、多くの資料から確認することができる。津波の被害がたびたび発生してきていたにもかかわらず、そこに土地を造り、高速道路や鉄道といったインフラを整備してきたのである。

浦安市をはじめとする埋立地では、液状化現象によりライフラインは寸断された。これから数年かけて液状化対策の工事を進めていく予定であるが、それには多額の費用がかかる。

東北と東京湾の事例に共通してあるのは経済成長を至上命令とする考え方である。この経済成長を是とする幸福観が今回の震災によって揺らいできたと言える。

また、「記憶の継承」という点に関して言えば、三・一一の大津波をめぐる報道で広く認知されるようになったものの一つに、いわゆる「津波碑」が全国各地に存在しているということがある。岩手県宮古市にある大津波記念碑には「此処より下に家を建てるな」という教訓が刻まれており、その教えを守った住民は今回の津波でも難を逃れている。また、江戸時代に整備された旧街道は今回津波の被害をあまり受けず、「どこまで津波が来たかを知った上で江戸時代の人々は街道を整備したのではないか」とする指摘がある〔平川新、二〇一二〕。現代を生きる我々にとっては想定外と言われていたものが、先人にとっては想定の範囲内だった、そしてそういう民間伝承が多く残されてきているのである。

津波に関する「記憶の継承」は東京湾にも存在する。例えば東京都江東区には「津波警告の碑」が建っている。寛政三（一七九一）年の津波によって多くの損害を被ったことを受けて、幕府がこの地に家を建てることを禁じた、といういわれのある碑である。また、船橋市には「飯盛り大仏」と呼ばれる石仏がある。この大仏はもともと延享三（一七四六）年の津波で亡くなった方を供養するために建てられたものである。市川市には「鬼越霊園」という霊園があるが、この霊園は安政二（一八五五）年の津波で被災された方の共同墓地としての性格を有している。

つまり、近代科学を駆使して進めてきた経済成長が今回の震災によって大きく揺らいだが、この危機を乗り越えるための資質を養うための一つの方法として「記憶の継承」を用いたいと筆者は考えている。そして自分たちの今を見つめなおし、これからを展望できる歴史教育を目指したいと考えている。

2 子どもたちは今

普段子どもたちと接しているといくつかの特徴が浮かび上がる。第一に「多忙」だということである。野球やサッカーを社会体育で取り組んでいる子も含め、何の習い事もやっていないという子を最近ほとんど見かけない。次に、これとも関わるが「睡眠時間が短い」という点である。学校の宿題だけでなく、塾や習い事の宿題にも取り組むと就寝時間が一一時以降になる子が多い。また、就寝時間が遅くなっている子にはもう一つ別の理由がある。つまりゲームやテレビの視聴であり、むしろこちらのケースの子たちの方が就寝時間は遅い傾向がある。第三に、子どもたちの生活にお金がとてもかかっているということがある。習い事のお金はもちろん、子どもたちが遊ぶテレビゲームは高額である。

これら三つの特徴の根底には経済的な豊かさがあると思われる。塾や習い事に行くのはより「よい」学校に進学するため、より「よい」就職をするため、という理由が少なくないし、夜な夜なテレビに興じるのは好きな芸能人の歌やパフォーマンス、お笑いのネタなどを楽しむという要素がある。金銭に余裕のある家庭の子の方がゲームのハードウェア・ソフトウェアをより早く入手して楽しむことができる。つまり経済的な豊かさが是であり、それが幸せにおける大きなウェイトを占めていると言える。[*1]

そしてその経済的な豊かさを追求し、経済成長を続けてきた結果が、都市への一極集中、地方との経済格差の拡大、原発や米軍基地などの地方への押し付けとなっていると筆者はとらえている。

このような状況の中で、歴史学習の最後、戦後史の学習の中で〈幸せ〉について考えさせてみたい。私たちが求めている〈幸せ〉には経済的な要素が多分に含まれていること、その価値観の矛盾が三・一一以降に露わになってきたこと、そして自分たちはこれからどうしていけばよいのかを考える、そんな授業が今後求められてくるだろう。

今回、授業を構想する中で、釜石市の津波防災教育プログラムの存在を知った。[*2] 小学校低学年から中学校まで様々な取り組みがなされている。そのなかに、中学校の道徳のプランとして「地域の先人に学ぶ　語り継ぐ責任」というものがある。私の授業はその展開と似たような流れを展開することになるが、道徳という一時間の中でではなく、むしろ歴史の授業のまとめとして位置付ける方がより意義のあるものと、筆者は考える。それは、「巨大な防波堤ができたことによって避難しない大人がいた」という点に象徴的に現れている。経済発展・科学重視の思考のとらえ返しが可能になること、そして「先人たちの知恵に学ぶ」ことが「歴史をなぜ学ぶか」という問いの答えに位置づけられるためである。

1 実践「幸せをもとめて―わたしたちの時代―」

1 〈幸せ〉ってどんな時？

自分たちの〈幸せ〉を幅広くとらえさせ、それらが実現できる社会はどのようにして形成されるのかを考えさせるには、どのような導入にすればよいか。筆者が参考にしたのは山本典人の「ロックで学ぶ『日本国憲法』と憲法づくり」であった。山本は、憲法の基本的人権を学ぶにあたり、家族がお風呂に入っている写真を見せる。子どもたちからいろいろな反応がでるが、「お金がないと安心してお風呂に入れないよね」として、そこから日本国憲法の基本的人権を、実感的にとらえさせていく〔山本、二〇〇一〕。この実践から、〈幸せ〉をとても身近なものであり、さらに実感を伴ったものとしてとらえさせることが重要だと考えた。

そこで、まず子どもたちに戦争の悲惨さについて思い出させた後で、「幸せを感じるのはどんな時か?」を聞いてみた。

・家族と一緒にいる時
・友達と一緒にいる時

《指導案》
単元名　　幸せをもとめて　―わたしたちの時代―

単元の目標
　歴史の学習のまとめとして、戦後の経済成長とその矛盾を学習することで、自分たちのもっている「幸せ」観を見つめなおすとともに、歴史に学び、記憶を継承し続ける事の大切さを実感することができる。

単元の全体計画

時配	主な学習活動・内容
1	○戦時中の国民生活の様子を概観した後で、「自分たちが〈幸せ〉を感じる時」を出し合い、学習問題を立てる。 《幸せを感じる時》 ①戦争と関わりがない（狭義の平和）状態 ・家族といる時→徴兵・戦争協力への参加強要がない ②経済的安定状態 ・おいしいものを食べている時→食生活の「豊かさ」 ・好きな事をして遊んでいる時→金銭的な豊かさ 戦争が終わり、日本はどのようにして〈幸せ〉をつかんでいったのだろうか。 そしてこれからどこに向かっていけばよいのだろうか。
2 3	○平和を求める動きについて調べる ・日本国憲法で戦争放棄を目指した。 ・朝鮮戦争が近づく中で自衛隊ができた。 ・沖縄が返還されたが、アメリカ軍の基地は残り続けている。 ・様々な国と段階的に国交を正常化してきているが、北朝鮮とはまだ行われていない。 ・領土問題がまだ残り続けている。 ○経済成長について調べる ・戦後、産業が発達した。 ・「三種の神器」「新三種の神器」が普及し始めた。 ・ダム・港・道路の整備などが進められた。 ・所得倍増計画が出された。 ・オリンピックが開催された。 ・公害などの問題が出はじめた。
4	○調べた事を年表にしてまとめる
5	○明治初期の地図と現在の地図を比較しながら、津波の危険性を理解するとともに、経済成長至上主義に対する矛盾を自覚する。
6	○津波碑によって助かった例を学んだり、浦安に残る津波の記憶を聞いたりすることで、経済発展至上主義を見直すとともに、歴史を学ぶことの大切さを感じることができる。

・ご飯を食べている時
・寝ている時
・お風呂に入っている時
・笑っている時
・遊んでいる時
・テレビを見ている時
・ゲームをしている時
・好きなものを買ってもらえた時
・音楽を聴いている時

次にこれらをKJ法を使って、「お金がかかるもの」と「お金がかからないもの」、「当たり前のこと」と「特別なこと」などのように分類していき、「『家族と一緒にいること』のようなお金がかからないものは、『平和』でないとできないよね。でも『ゲームを買ってもらう』などはお金、つまり経済的に豊かでないとできないよね」というように〈平和〉と〈経済〉の二つに大まかに分けていく。

その上で「自分たちの〈幸せ〉は、どこからやってきたのだろうか。日本はどのようにして〈幸せ〉をつかんできたのだろうか」と問いかけ、これを学習問題とした。

そこから三時間ほどかけて〈平和〉と〈経済〉の移り変わりについて調べ学習を行い、どのようにして日本が平和になってきたのか、そしてどのようにして日本が経済発展をしてきたのかを年表を用いながら確認していった。その際こちらからつけ加えたこととして、浦安市の歴史と人口の移り変わりを盛り込んでいった。

浦安市は戦後まもなくから一九七〇年ぐらいまでは微増を続けていたが、一九六四年、一九七一年の二期にわたる埋め立てとそこに住宅が建設され、人びとの入居がはじまることで劇的に人口が増えていく。二〇一〇年には一六万人を超えている。ところが三・一一の結果、浦安を離れる家庭が増えたこと、また液状化現象により浦安市内の不動産購入が敬遠されたことなどから二〇一二年には若干減っている。そういう傾向やディズニーリゾートの誘致など、いろいろな意味で浦安市は戦後日本の経済成長至上主義の特徴をよく表しているといえる。

①自分が今当たり前のように見ているTVなどが昔は三種の神器などと呼ばれていることにとてもおどろきました。自分はいつもダラダラしているけれど昔は朝鮮戦争の戦争がたくさん行われていて現在に生まれてよかったと思いました。

②いろいろなことがあったんだ。バブル時代、どんな感じだのか知りたいわ～　アレでしょ？　ふさふさのやつふるんだよね。

①の感想は朝鮮戦争に対する認識が十分ではない点もみられるが、それでもテレビが

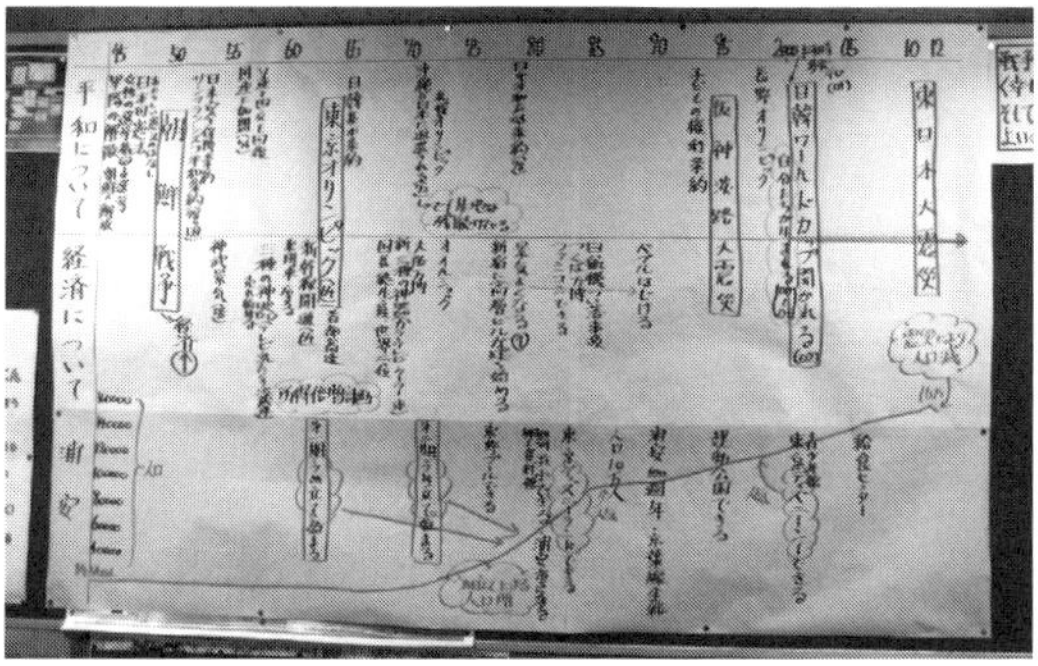

浦安市の子どもたちが学ぶ液状化問題

「三種の神器」であったことに驚きを感じている。ここに自分たちの〈幸せ〉がどういうふうにやってきたのかという視座が表れているといえる。他の子の感想でも総じて肯定的な感想が目立った。また、②の感想では、一九八〇～九〇年ごろまでもがすでに過去、すなわち歴史の対象になっていることを示している。このクラスの子たちは二〇〇〇～二〇〇一年生まれである。教師が思っているよりもはるかに近々のことしか子どもたちは実感としてとらえきれていない。しかし、そこまでつなげることが小学校の歴史教育には求められているのだといえよう。

2 東京湾における津波の被害を学ぶ

ここまで学習してきたところでいよいよ東京湾開発の問題点を学習していく。

「三月一一日に地震があり、そこから人々の意識が大きく変わった。そして東北の方で津波があった（津波の写真を見せる）。今日はそのへんの話をしたいと思います。」と説明し、「こんな時代にぼくたちはどう生きていけばよいのだろうか」と板書する。

その後で資料①を見せる。

資料１　津波警告の碑

C「お墓」「忠霊塔みたい」「少し汚れている」「古い」

T「実は近くにもう一つあるんだよ。（資料②を見せながら）これは津波警告の碑というんです」

「津波警告の碑」の説明をみんなで読み合った。

C「なんとか三年九月四日に暴風雨がきて、津波が来た」

T「寛政三年、ってのは一七九一年なんだ」

C「江戸時代」

C「住民が押し流されて被害が激しい」

C「空き地として家を建てることを禁じた」

その後で地図（資料③）を掲示して「津波警告の碑」の場所を確認する。さらに飯盛大仏（船橋市）や鬼越霊園（市川市）の看板の写真を見せ、たびたびこの地域に津波がやってきていることを紹介した。

T「この地図は一九一七年のものなんだ。大正時代。じゃあ、いまどうなっているだろうか」と言って、資料③の上から新たにOHPシートで作った資料④を重ねた。

「えっ？」「浦安じゃん」――子どもたちが気付き始めた。とはいえ、なかなか位置関係

資料２　津波警告の碑
（江東区洲崎神社）

がはっきりしていなかったので、学校や自分の家、ディズニーリゾートなどの位置を確認してから気付いたことを書かせてみた。
C「川が新たに増えた所がある」
C「全体的に標高が低い」
C「標高が高いところがある」
C「海が埋め立て」
C「埋め立てた所は他の所より少し土地が高い」
C「東野（浦安の地名。学区内）はもともと海岸だった」
C「疑問なんですけど、なぜ津波の被害があった後に土地を広くしようとしたのかなって」
　この疑問をみんなで話し合った。
C「人口が増えたから」
C「東京、都心部に津波が行かないように、こっちの方を広くした」
C「埋め立てをして土地を高くしたから、防ぐという意味で」
　このやり取りの後で埋め立てが行われた高度経済成長、インフラの拡大などにふれた。
T「じゃあ、ぼくらの住むこの土地、この町、大丈夫なんだろうか」
　そういって船橋漁港の写真を見せながら、船橋港の三・一一における被害の現状や、水門をすぐに閉じなければ被害が拡大していたこと

資料3　大正六年測量地図
（東京湾付近）

などを紹介した。子どもたちはとても驚いていた。

・船橋のような整備がなされていなかった江戸時代・大正時代は津波が起こるたびに大きな被害を受けていたんだなと思った。

・浦安市にも津波がきていたのは初めて知った。地震が来て津波が来てもおかしくはないと思った。

・大きい津波が来たらディズニーランド（シー）は大丈夫かなと思った。

・埋め立てをして土地を広くした理由が人口が増えたからというのには納得したけど、もし津波が来たら流されてしまうのになぜ土地を高くしないのか疑問に思いました。

授業後の感想が左のものである。駆け足で授業を進めていった部分が大きかったので、理解しきれない子もいたが、大半の子は危機感をもったようだった。危機感がやや弱まった印象があるのは、「なぜ埋め立てをしたのか」という疑問に対して、「防ぐという意味で埋め立てた土地を高くした」という意見があったためもあるのだと思う。

3　記憶を継承する

次の時間は前時の感想を確認し、写真（資料⑤）の読み取りを行った後で次のように聞

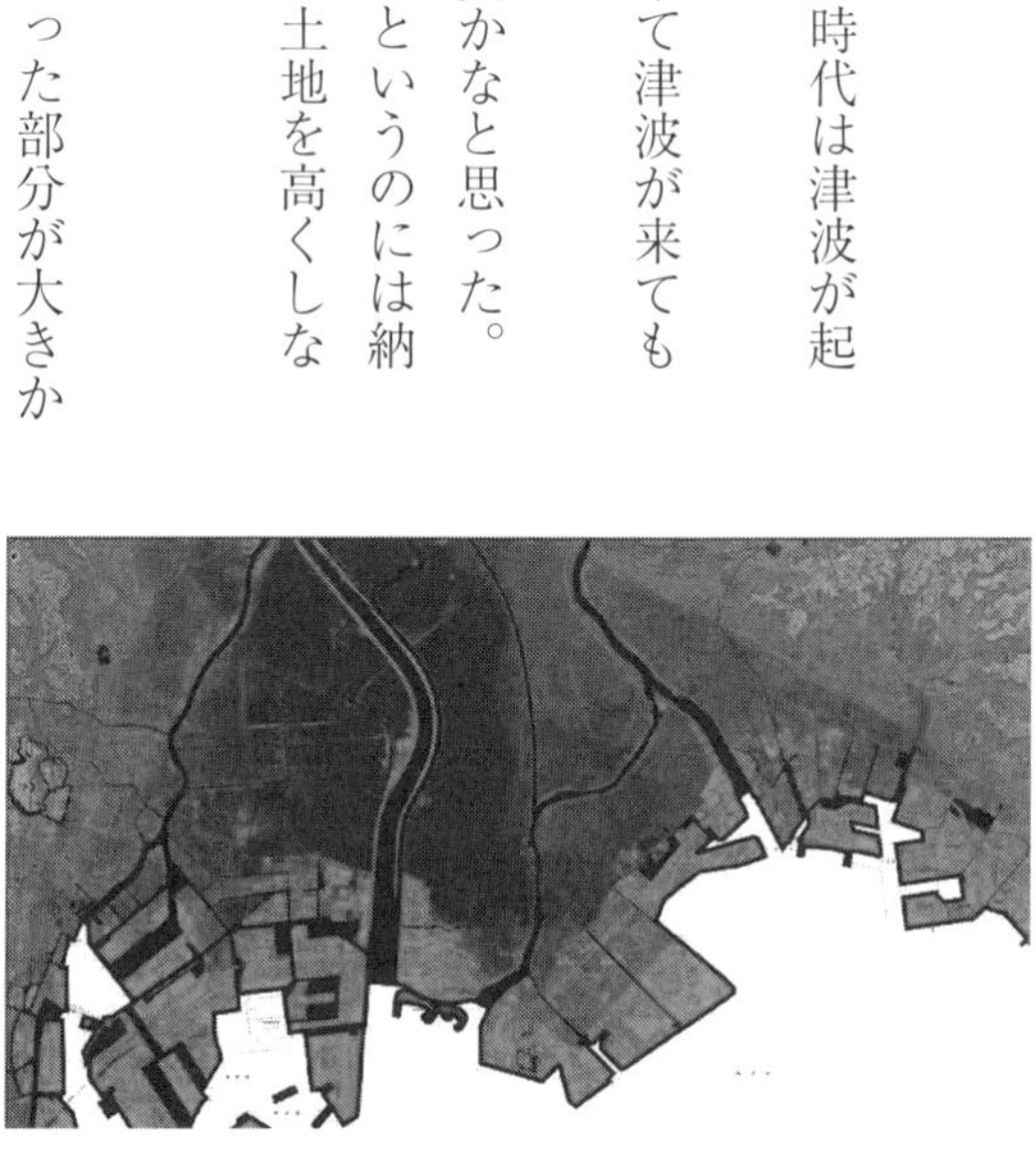

資料４　国土交通省「精密盤標高地図」をもとに作成

いた。
T「ここの人たち、一体、三・一一の時にどうなったと思いますか？」

助かった、助からなかった双方の意見を聞いた後で『読売新聞』二〇一一年三月三〇日付の記事を読んだ。「すげえ」などとつぶやく子たちがいる。先人たちの教えを守ることの大切さを感じ取りつつある。

今度は浦安市にある「大津波変死者之霊供養塔」の写真（資料⑥）を見せた。

C「大津波で死んでしまった人の供養」
C「変死者って何ですか？」
C「変死っていうのは、病気とかで死ぬこと。寿命とかじゃなくて」
C「供養塔の隣にお地蔵さまが立っている」
T「この碑、どこにあるでしょう？」
C「あれ（写真の背景にある建物）、堀江公民館だよ」
T「そう。この建物、堀江公民館です。堀江公民館の近くに清瀧弁財天という神社があって、そこに建っているんで

資料５　「大津波記念碑」宮城県釜石市防災教育プログラムより

す。他のところと同じで、実は浦安にも津波が来たことを示すものが建っているんです」
C「浦安にも津波があったんだ」
ここまで進めた上で清瀧弁財天を管理して下さっている方を紹介し、碑にまつわるお話をして頂いた。

「清瀧弁財天というのは、学業・財産などの願いをかねえるお堂です。一〇二年前に建てられたと言われています。なぜ建てられたかというと、当時この辺りは田んぼで、白蛇がよく出て、子どもたちがいたずらをする。すると(ばちが当って)子どもたちが高熱を出す、そこでお堂を建てた、というお話を文房具屋さんから聞きました。

住職の母から聞いたことなんですけれど、大正六年一〇月一日に津波が浦安に来ました。お堂もお店も全て流されました。その時代の住職と奥さんと爺やさん、その三人が津波に飲まれて亡くなりました。その日お堂に鍵をかけるのを忘れたのに気づいた住職らは鍵をかけるために出かけた。その時に津波に遭ったということです。でもその時に鍵をかけていたからお堂がバラバラにならずに済んだんです。

当時子どもだった今の住職の父に三人の方が『一緒に行くか?』と聞いたら『行っかね』と断ったらしいんです。でもここで一緒に行っていたら住職の父も(津波で)亡くなっていたかも知れないんです。だから思うんですけれど『行かない』って言ったことで命が助かった。人間っていうのは生きることと死ぬことが背中合わせだなってつくづく思います。

その津波の時、弁財天より寺は高い所にあったから、仏具で垣根を作って畳を積み上げて高くして、それで助かったということです。また、『津波が来るぞ』といっているのに大丈夫と油断し、その結果津波に流されて亡くなっている人もいたと聞きました。

津波で残された住職は亡くなった両親や被害者の供養のために四国巡礼の旅に出たのです。

また、浦安と水害の関係ですけれど浦安は水害が多いので家を建てるときに盛り土をして高くして建てるなどの工夫をしているようです。」

・浦安も水害などの被害を受けていて、今でもいろんな工夫をして暮らしているんだなあと思いました。
・話を聞いて少し怖いなと思いました。やっぱり大人や先生の話を聞いた方がいいんだなと思いました。
・絶対に津波は来ないでほしいと思う。それにしても津波碑で助かってすごいなと思いました。
・あの記念碑のおかげで助かった人がいた……先人の教えは聞くべきだと思った。
・あらためて津波が怖いと思った。これからも津波を防げるために工夫できたら一番いいと思う。
・行く、行かない。それだけで命が亡くなる。そういう話を聞いた時ビックリしました。もう、そういう津波や地震は起きないでほしいです。

授業の感想としては、浦安の人たちの工

資料6　「大津波変死者之霊供養塔」（浦安市）

夫に関するものや先人たちの教えを受け継ぐ事ことの大切さにふれるもの、津波の恐怖を感じるものなど多岐にわたった。課題としては、授業の根幹に関わることなのだが、地震や津波は多かれ少なかれいつか必ずやってくるものだという認識が子どもたちにないことである。だから「地震や津波はもう来ないでほしいです」という願望が出る。筆者も来ないでほしいと切に願いはするのだが、それを願うだけでは災害に対応できない。「来ないのを願う」と「来たときにどうするか」では意識が大きく異なるし、話の受け止め方が変わってくるのは大きな反省点であった。この他にもう一つ大きなポイントがあるのだが、それは次に触れたい。

2 歴史の授業から何を学んだか

この授業を終えた後、鈴木亮の「生まれてみたら、そこは日本だった」という文章をもとに、「歴史の学習を振り返って」という趣旨で感想を書いてもらった〔鈴木亮、一九八七〕。「本当に私たちの時代は幸せでよかった」という現状肯定の感想が多く目立った。このような津波の危機の授業をやっても、「私たちは今の生活は当たり前だと思うけれど昔はもっとこんなによくないし、今の便利さは昔の人が生み出したんだと思いました」という感想が比較的あった。

一概にはこの感覚は否定しきれないものがある。この実践の直前に「十五年戦争」の学習を行ったが、その際に近藤一さんの体験などをもとにして「加害者にさせられた被害者」がどのようにして生まれてきたのか、という学習を行った。[*3] 当時の教育や軍隊制度の矛盾などを子どもたちは学んできた。その極限状態の時代の直後に、「ぼくたちの〈幸せ〉はどこからきたのか」という学習だったから、「自分たちは幸せだ」という感覚が生じても、それは当然ありうることである。

しかしそれでもなおやりきれないものが残る。それは、授業で論じたように津波のリスクなどがあるのだから、現在とて〈幸せ〉な時代とは一概には言いきれないからだ。どこに子どもたちと筆者の授業にずれがあったのか。それは子どもたちに「この時代・この場所を住まわされている」という感覚が希薄だったのではないか、ということである。この浦安市という土地に住むことを選んだのは自分たちの祖先（もしくは親）だとしても、高度経済成長下に急ピッチで開発が進められ、経済的な利益が最優先されてきた結果、津波の危機もある、液状化が再び起きる可能性もある、そんな土地に住まわされているというところまで、子どもたちの認識を深めることができなかったというのが大きなポイントだったのだと思う。

そんな中でも何人かの子は今を見つめ直す視点をもってきたと思われる。

歴史の学習を振り返って考えたこと

・私は今まで「昔＝不幸」と考えてきましたが、今はそうは思いません。その時代のいいところや悪い所があるからです。例えば縄文時代は死んでしまう確率が高かったり不便…だけど広大な自然に囲まれてのびのびと生きてゆける。空気がきれい。だけど今はなかなか死なないし、便利…だけど空気がきたなく自然なんてほぼゼロ。温暖化というのもある。「どちらの方が絶対いい！」「この時代が一番！」というのは決められないと思いました。
人々が「よりよい、便利な時代のために！」とつくったこの平成という時代でもだめな事が多いです。なのにもっと人は便利を求めます。わたしは昔のきれいな地球に一度でいいから行ってみたいです。
何で科学が進んだ国なのに犯罪も消えないのかと思います。もしこのような時代から昔のような時代に戻れないのならば、それなら中途半端な科学の進み具合ではなく、しっかりと進んでほしいです。昔の方が〈幸せ〉だと思いました。中途半端だから原発がある。中途半端だから地球は救われない。

・昔は狩りなどをしていたけれど社会の仕組みがどんどんつくられ今はとても整っています。何もない所から長い年月をかけて人は社会を作ったのがすごいと思います。社会発達のために戦争をしてしまいたくさんの死者が出たけど、それがあったからみんな「争いは得などない、やってはいけない」と思うようになったんだと思います。だからぼくは人はすごい力を秘めていると思うし、一方で戦争という過ちに最初から気がつかずその力を戦争に使ってしまいたくさんの悲しみを作ってしまったと思います。

・今まで歴史の授業を受けてきて、その時代の知恵や工夫が今の時代をつくっているんだと思う。他のいろいろな状況に対し、昔の人は努力しているのですばらしいと思う。また今の時代に生まれてきてよかったと思う。またがんばって、これからの未来をよりよくすぐれたことができる時代にかえてみたい。

・石器や土器を使って狩りや漁をして生活してきた人々と、パソコンを使ったりゲームをしたり…という僕たちは同じ生き物なのに、全く違う生活をしていた。またそれぞれの地方に豪族のような人がいて争い合っていた人々と、戦争など絶対にしない僕たちも、同じ国なのに全く違う政治をしている。とても不思議な感じがする。大仏をつくらせ、領地のために戦わせ多くの法律で百姓たちを縛り付け……いろんな方法を試した結果、今の日本ができたのだと思うし、いろんな方法を試してもっと素晴らしい日本ができるかもしれない。いろいろ試し、いろんな失敗をしてそれをくりかえしていけば最終的にはまとまるのだ、ということがわかった。また「徳川家康」などの有名な人物の行動があったから日本ができたのだと思う。もとは下級武士だったのに、国を大きく動かした人もいてその行動力がすごいなと思った。でも、その有名人だけでは国はできなかった。有名ではない人も歴史に働きかけていた。それも今の日本に大きな影響を与えていると思う。「今」もそのうち過去になって「歴史」と呼ばれるようになる。そうなった時に自分は「歴史に働きかける人」になっているのだ…と思うと嬉しい気がする。

何人かの子が現在の問題に気付き、それを変えていくという意識が芽生えているように思う。

おわりに

以上、東京湾地域を中心にした津波被害の教材化について論じてきたが、今後教材化を深めるための課題を二つ挙げたい。

一つめは、「住まわされている」という切実性をもたせることが重要だと思う。この身近な地域の課題などの点は五年生の災害の学習や六年生の公民的分野でも扱うことができる。しかし、それを歴史の時系列に乗せて論じることが重要なのだと思う。歴史の時系列にのせることで、自分たちの住む現在の我が町にも切実な課題が存在し、それを解決することへの意識も高まるはずである。東京湾の埋め立ての状況としては、千葉〜東京〜神奈川一帯のベイエリアではほぼ同様の課題が設定できるはずである。

もう一つは、地域に根ざした津波の記録を掘り起こすことの重要性である。筆者がこの授業を行うにあたって一番重視したものは、「大津波変死者之霊供養塔」であった。「浦安にも津波碑が存在する」という素朴な驚きを子どもたちに感じさせたいと思っていた。そこからいろいろなことを子どもたちに残せればよい、と思っていた。清瀧弁財天を管理して下さっている方のお話でその供養塔が価値あるものとして子どもたちの中に残ったのだと思う。

ただ、もう一息だったのが、「昔の浦安の人々がこの碑にどんな願いを込めたのか」という視点が十分追究しきれなかったという点である。というのは、この供養塔には「大津波変死者之霊供養塔」以外の文字が一切刻印されていない。何年に建てられたのか、誰が建てたのか、といったことが供養塔からは全く分からない。今の住職は、「レコード針の会社の方が建てた」と教えて下さったが、会社に問い合わせても詳しいことは今のところまだわかっていない。とても謎の多い供養塔なのである。

しかし、その供養塔を建てようとする経緯やできた時の人々の願いなどを掘り起こして、子どもたちに向き合わせることができれば、子どもたちの認識を一層深いものとすることができるであろう。

参考文献

●西浦弘望……「奈良の都～民衆の前に現れた古代都市」『こうすればできる！授業の技術と実践社会科6年』ルック、二〇〇五年
●一ノ瀬正樹・伊東乾・景浦峡・児玉龍彦・島薗進・中川恵一……『低線量被曝のモラル』河出書房新社、二〇一二年
●平川新……「東日本大震災と歴史の見方」歴史学研究会『震災・核災害の時代と歴史学』青木書店、二〇一二年
●山本典人……『子どもが育つ歴史学習』地歴社、二〇〇一年
●鈴木亮……『世界と日本の歴史1文明の誕生』大月書店、一九八七年

注

＊1…子ども世界に金銭が入ってくることは、浦安はもとより日本特有の現象ではない。アラン・ブライマンは、ディズニー化の問題点の一つとして、子どもに消費文化に慣れさせることを挙げている（『ディズニー化する社会』明石書店、二〇〇八年）。経済的な豊かさが子どもたちの世界に入ってきているのは全世界的な流れであるといえる。また、ディズニーリゾート来場者における平均消費額は、二〇一一年では一回あたり一万〇三三六円である（オリエンタルランド社"FACK BOOK2012"十一

頁）。なお、本論では次のサイトを参照した。http://www.olc.co.jp/ir/pdf/factbook2012.pdf

＊2…「釜石市津波防災教育のための手引き」（http://www.ce.gunma-u.ac.jp/kamaishi_tool/index.html）

＊3…加害者にさせられた被害者という視点については、近藤一・宮城道良『最前線兵士が見た「中国戦線・沖縄戦の実相」――加害兵士にさせられた下級兵士――』学習の友社、二〇一一年

＊4…ここに出る津波は「大正六年の大津波」と呼ばれ、東京湾沿岸に大きな被害をもたらしたものである。ただし、これは満潮時に台風が通過したことで生じたものであり、海底地形の変動によるという厳密な意味での津波とは異なる。

4 東日本大震災のがれき受け入れと東京

田﨑義久

はじめに

三月十一日、東日本大震災が起こったあの日、東京に住む私たちも長い大きな揺れを感じ、すぐさまテレビをつけた。テレビ画面の右下に大津波警報を伝える日本地図の赤色の海岸線が点滅していた。それから東北地方沿岸部に津波が押し寄せる映像が次々と伝えられ、跡形もなくなった光景を見つめることしかできなかった。東京に住む私たちの行動に目を向けると、震災直後、一部に買占めの動きが見られた一方で、震災当日の徒歩帰宅者や東京に避難されてきた人々を支援する動きなど、みんなで助け合って協力する姿も見られた。しかし、東京に住む私たちの生活が大震災以前とほぼ同じように戻ってくる中で、東日が経つにつれて大震災のことがどこかに忘れ去られていくように感じた。そこで、東日本大震災のことを風化させたくない、忘れないという思いから、東日本大震災を社会科の授業の中で積極的に取り上げていこうと考えた。

本実践は、中学一年生から授業を担当している二年生の取り組みである。この生徒たちが小学校を卒業する時に東日本大震災が起こった。この震災のことを体験して知っている世代として、後世に伝えていってほしいという願いがある。

1 授業と東日本大震災の関連

主に地理的分野において、一年生から継続して東日本大震災を取り上げてきた。

① 思いやりや人の心の温かさ、助け合いの重要さを考える。（特設）

自分が感じたり考えたりしたことの他に、家族で話し合ったことを具体的に書かせ発表させた。

② 身近な京王バスの通常運行（特設）

小金井営業所の方のお話をもとに公共交通機関を守る使命感と努力など京王バスの危機管理や、不便さを感じながらも支え合った利用者の姿を学んだ。

③ 時差を求める

ペルー西部の太平洋岸に津波の第一波が到達した時間を例にして、ペルーとの時差を求めた。

④ 日本を支援してくれた国々

外務省ホームページ「諸外国からの物資支援・寄付金一覧」を使って、世界の白地図で位置を確認し、その支援内容を付せんに書き貼り付けまとめた。

⑤　地図の見方
　岩手県の田老や陸前高田の地形図を使った読み取りを行い、合わせて防潮堤の破壊の様子や奇跡の一本松のことを学んだ。

⑥　夏休みにおける身近な地域の農業調査（特設：北総常南修学旅行事前学習）
　放射能の影響から、落ち葉を使った堆肥作りをあきらめた農家や風評被害から地産地消が見直されたことなどを学んだ。

⑦　北総常南修学旅行
　銚子の魚市場や鹿島港湾事務所、住友金属鹿島製鉄所などでも震災後の様子を見聞してきた。また東日本大震災と原発事故の影響で風評被害に苦しんだ波崎のピーマン生産農家や農協関係者からお話を聞いて、震災の被害を乗りこえ前向きに頑張る人々の姿を学んだ。そして波崎をはじめ茨城県だけでなく、宮崎県や高知県などのピーマンの価格が予想に反して下落した事実を紹介した。風評以外に、青果物が売れない状況を作り出していたことの原因は、私たちの震災後の生活にあったという事実に目を向けさせた。

⑧　防災講演会（総合の時間、全校生徒対象）
　岩手県防災航空隊隊員の方からお話を聞き、被災地の視点から具体的に震災の被害を理解し、その苦労に共感した。

⑨　講演会の振り返り、自助・共助・公助（特設）
　通学範囲が広い生徒に、通学途中で震災にあった場合にどうすればよいかを考えさ

させた。

⑩　宮古のがれきと私たち（特設）

宮古二中の生徒作品や手紙を通してがれき処理受け入れへの思いを理解させた。またがれき受け入れに対する賛成、反対の立場がわかり、がれき受け入れに不安を持ち反対する人々に協力してもらうためにはどうすればいいかを考えさせた。

⑪　東北地方

特に水産業では、花見かき復活や宮古魚市場再開に向けた関係者の取り組みを取り上げ、震災を乗り越えようとする思いを理解させた。

この他に、冬休み、春休み、夏休みの長期休業中に、東日本大震災を振り返って、心に残ったニュースの内容と感想をB５判の白色画用紙にまとめる課題を出し、廊下に掲示してお互いに伝え合っている。その中には、テーマを決めて追究したり、一つの話題についてその後どうなったかを継続して見ていったりする生徒もみられる。

被災地と言っても範囲は広く、状況だけでなく被災者の気持ちや思いも変化していっている。被災地が普通の生活を取り戻そうと努力している一方で、東京に住む私たちは被災地や被災者を見る眼が傍観者になっていてはいけない。同じ日本で起きている様々なことに当事者意識を持って、自分に何ができるかを考え実行していく必要がある。しかし、被災地は大変だ、かわいそうだから助けてあげることでは決してない。被災地の人々の気持ちや思いに寄り添い、離れていても一緒に生活しているということを根底に持っていることが大切である。

2 「宮古のがれきと私たち」の実践

1 宮古のがれき

政府はがれきの広域処理を呼びかけているが、全国的な受け入れは十分に進んでおらず、反対派の抗議行動がマスコミなどによって報道されている。二〇一一年十一月、東京都が広域処理を開始した時にも都庁には沢山の抗議電話などがあったことが報じられた。しかし、今、がれき受け入れはどうなっているのかを知る機会は、関心を持って自分で調べる以外にあまりない。東京都のがれき受け入れはどうなっているのか、受け入れが終わった被災地はどうなっているのかを生徒に伝えていきたいと考えた。東北地方太平洋沿岸には撤去されたがれきが山積みになっているのが至る所に見られる。その中から宮古を取り上げたのは、私たちの住む東京都が受け入れた広域処理第一号であり、すでに東京都の受け入れは終了しているので、その後の動きを知ることができると考えたからである。

また調査していく中で地元宮古二中の生徒作品に出会い、被災地から発信する姿に感銘を受けた。同じ中学生ががれきやその受け入れをどう考えているかを知ることは、がれき受け入れの問題についてただ賛成か反対かを考えるだけでなく、がれき処理の問題を自分の問題として考えていくことにつながると考えたからである。私たち自身はがれきを直接処理できる立場にあるわけではない。しかし、これからがれき処理にどう向き合っていくかを考えていくことに意義がある。自分とは異なる考え方に触れ、変わっていける自分を持つことができる。

がれき受け入れの問題は賛成か反対か、簡単に合意できることではなく、解決することは難しい。がれき受け入れの問題は、放射線（放射能）をどのようにとらえるかという立場によって考え方が違ってくる。相手の立場を理解し、議論を継続していくことが求められている。感情的な反対派の存在も事実である。反対派の声を受けながら、被災地のがれきを早くなくしたいと頑張っている人々もいる。しかし思いをぶつけるだけでは問題を解決することはできない。不安や心配を解消することで、もっと多くの人々が受け入れ賛成へと変わってくれることを期待したい。がれき処理は時間の速遅はあれ、以前より少しずつ進んできている。今回の授業実践では宮古二中生徒の作品や手紙の内容から、被災地の視点でがれき処理を取り上げることを試みた。今も宮古ではがれきの処理が引き続き行われている。復興はまだまだ先であることにも思いをめぐらせたい。がれき処理を通して改めて被災地や被災者の今と向き合っていかなければならない。

2 本時の目標

目標
・東京都による岩手県宮古市のがれき受け入れの状況と、宮古第二中学校生徒のがれきやその受け入れへの思いを理解させる。
・東京都に住む私たちが、がれき受け入れに対して賛成する人、反対する人それぞれの立場がわかり、がれき受け入れに不安を持ち反対する人々に協力してもらうためにはどうすればいいかを考えさせる。
［観点別評価］
・がれき処理に関心を持ち、自分と異なる考えをふまえて、がれき受け入れに対して賛成、反対それぞれの立場を理解しようとする態度を育成させる。（関心・意欲・態度）
・がれき受け入れに不安を持ち反対する人々に協力してもらうためにはどうすればいいか、自分の言葉で表現させる。（思考・判断・表現）
・資料から膨大ながれきが発生したことを読み取ることができる。（技能）
・東京都による岩手県宮古市のがれき受け入れの実態を理解する。（知識・理解）
具体目標（生徒の立場）
・東京都の宮古市がれき受け入れの実態と、それに対する賛成派と反対派の主張を説明することができる。
・宮古第二中学校生徒のがれきやその受け入れに対する思いや、今も見つかる思い出の物を大切にして返却したいと考える被災地作業員の姿がわかる。
・膨大ながれきが発生したことがわかり、がれきの不安を持ち反対する人々に協力してもらうためにはどうすればいいか自分の考えを持つことができる。

3　授業の概要

導入では、宮古二中の生徒作品「宮古のがれき」を配布して読み上げた。冒頭でその作品に登場する藤原埠頭のがれきから出てきた結婚式の写真を提示した。宮

展開

学習事項	主な発問	生徒の学習活動	指導上の留意点	評価
［導入］ 宮古のがれき	これを見て何か感じたことがありますか？	作品を見て、感じたことを発表する。	宮古二中の生徒がどういう意図で作った作品か説明する。	宮古二中生徒作品に関心が持てたか。
［展開］ がれき量 中西さんのことば	「がれきを持ってくるな、何でそんなことを言うんだ。冷たいなあ」その考えに賛成か反対か。	東京都の宮古がれき受け入れの概要を確認する。 中西さんのことばをどう受け止めたか、自分の考えを発表する。 （賛成） ・受け入れるべき ・自分の事ばかり考えている ・被災地を考えれば当然 ・反対派がいるとできない （反対） ・放射性物質拡散への不安や心配がある ・安全性疑問、仕方ない ・大切な人を守りたい	岩手県と宮古市のがれき量と処理年数を紹介する。 中西さんのプロフィール紹介を先にする。 中西さんのことばに賛成・反対、それぞれ根拠を明確にさせる。 反対・おかしい側の意見が出やすい雰囲気を作る。 思いや心情に流されないようにする。 放射能（放射線）という言葉が先行して、知らないことや関心が少ないことに気付かせたい。	被災地だけで処理できない量がわかったか。 当事者意識を持って自分なりの考えを持つことができたか。 中西さんの思いや、がれき受け入れ賛成の立場、反対の立場の考えや思いがわかったか。
東京都の取り組み	東京都は不安を解消するためにどうしたか。	不安を解消するために取り組んだことを考え発表する。 ・独自のマニュアル作成 ・測定と公表 ・都職員派遣 ・責任を持つ。	都民の理解を得るための努力に気付かせたい。 臨海部に埋立処分場があることの重要性に気付かせる。 今も手作業で分別する被災地作業員のことにふれる。	東京都が受け入れできた理由やその背景がわかったか。 思いだけぶつけることはできないことがわかったか。
新たな 不安解消策 宮古二中の生徒の思い	さらに不安を解消するためにできることは？	さらに不安を解消するためにできることはないか考え発表する。 手紙から、宮古二中の生徒の思いを知る。	考えがでなくても、特に説明せず先に進む。 時間の経過と共につらさが深まっていく生徒もいることを強調する。	宮古二中の生徒の思いに共感することができたか。
［まとめ］	不安を持ち反対する人々に協力してもらうためにはどうすればいいか。	４人グループで意見交流した後で、考えたことを発表する。 ・もっと情報を提供する ・被災地の声を知ってもらう ・がれきは何か理解する	４人グループは意見交換を中心にしてノートに書かない。 意見交換をもとに自分の考えを書き、発表させる。	４人グループで自分の考えを言えたか。 自分の考えをノートにまとめられたか。

古では約七十万トンのがれきが出て通常の約三十五年分にあたること、東京都は約一万八千トンを受け入れたこと、二〇一二年七月現在約五万トンを処理したことを説明した。ここでは、東京出身で宮古にがれきを片付ける仕事で来ているＪＶ企業の中西さんの「がれきを持ってくるな。なんでそんなことを言うんだ。冷たいなあ」という言葉を紹介して、生徒が反対か賛成かを考えた授業風景を抜粋する。

授業は人数の少ない反対意見の生徒から発表をしてもらった。

Ｓ１「確かにがれきを持ってくるなっていうのは言い方がキツイのかもしれない。例えば自分はその受け入れは良くてもまわりの人は嫌かもしれないし、地域で受け入れるわけだから自分一人でその地域に住んでいるわけではない。沢山の人の満場一致で賛成という場所はないと思うので、断っても仕方がないと思います。」

Ｔ「まわりが嫌だって何が嫌なの？」

Ｓ１「その放射能汚染とか。」

Ｓ２「私はがれき受け入れに賛成ですけど、その中西さんが言っていることに反対なだけです。確かに被災地の事に非協力的なのは被災者の方にとったら冷たいように思えるけど、その完璧にがれきが安全ってわかっているわけじゃないんだから、みんな怖いのは当たり前だと思います。」

Ｓ３「みんな放射能におびえて暮らすのは嫌だと思うので、がれきを持ってきてほしくないっていうのは、受け入れ側にとっては自然の考えじゃないかなと思います。」

Ｓ４「放射能とかの問題もあるし、本音はみんな受け入れたくはないだろうし、それでも東京都かは受け入れているのだから、あまりさっき言っていたように冷たいとは言えないんじゃないか。」

S5「がれきを持ってくるなっていうのは冷たいのかもしれないけれど、持ってきてほしくないと思う人は絶対にいるわけだから。そのがれきが絶対に安全だとは限らないし、やっぱり地震とか津波とかで使えなくなってしまったものだから、わざわざゴミを受け入れるのは嫌だと思っている人もいると思うので……」

S6「中西さんの冷たいなっていう気持ちは本当にわかるんですけど……」

T「本当にわかるっていうのは、どういう風にわかるの?」

S6「やっぱり僕はその被災した立場になったら、僕もこういう思いをぶつけるしかないというか、……あの……ほんとにもう必死なんだということがわかってくるんですけど……これはちょっと変な考え方ですけど、他の県に受け入れてもらうんじゃなくて、海外の島とかそういう所にがれきを置いて……」

がれきを海外の島に置く意見も出てきた中で、賛成の生徒が反論した。

S7「放射能の問題とかいろいろ出ているのですが、やっぱり日本で起きたことは、海外に持ち込まずに日本で解決すべきだと思ったんですけど。みんなで協力すれば処理とかもできて、いつまでほっといてもどうにもならないと思うので、賛成です。」

S8「反対の人たちが放射能の問題とかがあって嫌だっていうのは仕方ないって言っていましたが、今回たまたま被害を受けたのがその東北の宮古にいる人たちだっただけで、もしかしたら他の九州の人たちとかも被害を受けていたかもしれない。九州の人たちももし被害を受けたとしたら受け入れてほしいと思うので、たまたま自分たちが安全、被害がなかったからと言って受け入れないのはおかしいので、冷たいと思われても仕方がないんじゃないかと思いました。」

S９「私はがれきを持ってくるなと言う人がおかしいということで、気持ちの面では何でがれきを持ってくるんだよと、思っているのはみんなが言ったように仕方がないと思います。それを言うことによって周りの人が嫌な気持ちになったりすることだとか、そういう風になるのは、よくないと思うので……。」

T「その意見っていうのはどっちの。」

S９「がれきを持ってくるなって言うのはよくないんですよ。周りが嫌な気持ちになるじゃないですか。せっかくみんなで頑張ろうという時にがれきを持ってくるなっていうのは、冷たいなって思われても……。」

S10「放射能汚染の話がさっき出たと思うけど、放射能汚染を心配して嫌がる動きは、東北地方の人たちも十分に分かっていると思う。その対策として放射線量を測るとか、基準値に満たしてないかとか、そういうことをすでにやっている。嫌がっている人たちは、風評被害に騙されているんじゃないかなって。」

ここで東京都職員が実際に派遣され測定していることや数値が東京都環境局のホームページ上で公表されていることを確認した。続けて、賛成の生徒が発表した。

S11「確か九州だったと思うんですけど、自治体が受け入れを表明したのに町の人たちが告訴したっていう話聞いたことあります。募金や貯金、税金を払って、震災関連に使われている時は、別に嫌じゃないみたいな感じで結構していると思う。体張るみたいなイメージとか、放射能って言われているものがある、そういう類になると、いやできないというのは冷たいなって感じると思う。」

T「体張るとか言っていたよね。体張るってどんな感じのことを言いたかったの。」

S11「人体に放射能が及ぶとかいろいろと言われているので、そういった部分で危険があるっていうのと、体張っているなって感じがした。」

T「放射能には、どんな影響があるか知っている人いますか。」

S12「放射能の話ですけど、僕が思っているのは白血病になったりとか、髪の毛が無くなったりとか、あと吐いたりとかそういう、遺伝子を壊す仕組みみたいな。」

セシウムの話を思い出させ、バグフィルターという特殊なフィルターを通して、セシウムを吸着させて取る仕組みが焼却場で取り入れられていることを説明した。

賛成か反対か決めかねた中立の生徒に、これまでの意見を聞いて自分の考えや思いを発表してもらった。

S13「今回の問題は、中西さんが相手を冷たいなって思うことも、被災地に非がある、非があるわけではないし、普通にがれきを持ってこられるのは嫌だという東京にも別に非があるわけではない。原因を作った、状況を作ったのは自然の問題なので、そこに関してはどうこう言うのは、言うことはできなくて仕方がないことだと思って。あと完全に安全かどうか、放射能はわからない、バグフィルターとか使っても。それは時間とともに自然と解決していくことではないかなって。」

S14「最近首都直下型地震とか予想されているじゃないですか。もし自分たちが被災する可能性が高くなってきているのに、その時自分が大量のがれきの中で生活しているのに、どこの県も受け入れてくれなかったら嫌です。がれきに放射線が混じっているとなると、自分たちは子どもだから自分のことを第一に考えたりとかして、受け入れるべきとか言っているかもしれない。親だったら自分の子どもをそういう危険にさらしたくないし、自分のことだけじゃなくて、自分よりも子どもとか今後に影響があることを考えると受け入れたくないという気持ちがあるので中立にしました。」

まとめに入る前に宮古二中の生徒が、修学旅行で訪問した宮古のがれきを焼却して最後に埋め立てる中央防波堤の方に書いたお礼の手紙の一節を紹介した。

「私自身も、私の多くの仲間も、東日本大震災の津波で家を失いました。衝撃や悲しみが大きく、日常を取り戻すことで精一杯で、がれきの処理について今まで深く考えたことはありませんでした。（中略）この東京都のがれきの受け入れが確実に宮古の復興の一歩となったと思いました。がれきとは言ってももとは私たちの思い出がいっぱい詰まった家であり、海水浴場の防潮林であったりしたものです。それを処理してくださっていること、東京という遠くの地に住んでいる皆さんが復興の後押しをしてくださっているということにとても感謝しています。」

最後に、不安を持ち反対する人々に協力してもらうためにはどうすればいいかを、四人一組のグループになり意見交換させた後、自分の意見をノートに書かせて発表した。授業風景の抜粋である。

S15「班では協力することが大切なことを伝えようという人がいたけど、それもそうだし、でも現実だと反対の人は、全く聞いてもらえないと思うから、東北での問題、先生がさっき出したみたいな感じの、図や現実的な数とか、そういう問題をもっと伝えれば、処理すると何年かかるとか、そういうことを伝えていかないと、なんか協力してもらえないと思う。」

T「問題を伝えています。（パンフレットを見せながら）受け入れ地区の住民の人には、今こういう状態だからぜひ受け入れてくださいって、住民説明会をやっています。」

S16「反対ばっかりしている人にどういうことしたって正直時間の無駄だと思うので、がれきは安全だということを公の場でしっかりとみんなの頭に残るように伝えて、そして自分たちが受け入れるべきなのでは。」

T「安全についても説明はしている。（パンフレットを見せながら）でも数値自体が、そうは言っても安全なのかっていうことで、もうそこで話がストップしてしまうそうです。ここでもう立ち止まってしまうと、その先の受け入れるかどうかの話までいかないと、東京都の方は言っていました。」

S17「問題を伝える、さっき配られたプリント、そういう被災した人たちの想いを伝える。

被災者のことがわからないから、被災者の感謝の気持ちとかを伝えるなどです。」
T「最近DVDでは、受け入れてほしい場所の市長が出演しています。住民説明会で見せています。それとお金のこともでてきました。お金のことはどうかな。」
S18「お金という意見が出たけど、やっぱりお金だけじゃいろいろな恐怖とか解決できない、そんなに受け入れは増えないと思います。お金っていうのはちょっと……。」
時間になってしまったので、生徒に、宮古第二中学校の生徒さんの四分の一は仮設住宅で今も生活をしていること、校庭には仮設住宅が九十六棟ぐらい立っていることなど、がれきを通して考えてほしいことを伝え授業を終了した。

3 実践のまとめ

1 がれき処理や受け入れの難しさ

事前に生徒にとったアンケートで、がれきから連想するのは、津波によって流されたもの、使えなくなってしまったもの、家の木材やコンクリート、家具、破片、放射能がついている、日本の対応の悪さ、人のエゴイズムなどである。被災地や被災者の方には申し訳ないが、中にはその表現中にごみという言葉も見られた。宮古二中の生徒の手紙の中にあったような家族の思い出の物、昔利用されていた大切な物などいうことを書いていた生徒は数人しかいなかった。震災直後に津波が押し寄せる映像で度々目にしたがれきが、一年半以上経った今でも処理されずに山積みになっている現場を直接見たことがない東京の生徒にとっては仕方のないことかもしれないと感じた。あのがれき仮置き場の前に立てば、この現状を何とかして少しでも早く片付けることはできないかと思ったり、何かを感じずにはいられなかったりするだろう。現地宮古でがれき処理にあたるＪＶ企業の方、宮古市環境課の方、受け入れ側の東京都環境局の方がどのような思いでがれき処理に向かい合っているのか、地元宮古二中の生徒はがれき受け入れをどう感じているのかを、生徒に伝えたいと感じた。

しかし、この伝えたかったことでさえ、特設の一時間の授業では全ては盛り込めなかった。がれき受け入れをしっかり取り上げるには、時間がもっと必要なことを痛感した。広域処理でのがれき受け入れを取り上げたが、全国の受け入れ状況や広域処理以外のがれき処理の仕方（例えば堤防に利用する）について取り上げることもできなかったからである。また放射線（放射能）およびその影響については様々な見解があるので、そのあたりの学習を深めると、単にがれき処理の場所や方法、放射能の影響という抽象的な問題での討論だけでなく、討論の質も高まるであろう。様々な要素が複雑に絡み合っているために生徒にとって難しい問題には違いない。

2 生徒の変容と課題として見えてきたこと

授業の概要で紹介した賛成、反対の生徒の意見を、上越教育大の志村教授から教えていただいたマトリックスに位置づけてみた。情意側の反対の生徒Ｓ３やＳ４、賛成の生徒Ｓ７やＳ９は共に「みんな」という言葉を使っている。反対は意見が大きく聞こえることや賛成は復興のスローガンにつがっていると感じた。

がれきの受け入れに関して事前に生徒にとったアンケートでは、賛成が二十二人、反対が十八人であった。中西さんの言葉を通して考えた本実践では、賛成が二十四人、反対が六人（うち一人はがれき受け入れには賛成）と、反対する生徒が減ったことがわかった。賛成二十四人が自分の家の近くでも賛成なのか、深く掘り下げる必要があったと感じている。

授業後に集めたノートの記述から、反対十八人のうち五人は賛成に変わったことがわかった。「このままでは何も変わらない、測定してチェックもしているので反対する理由はない、がれきがあると被災地は辛い」などが書かれていた。その生徒たちは不安を持ち反対する人々に協力してもらう方法として、被災地の声や現状を伝えるなどの情報発信の必要性をあげていた。がれき受け入れに反対する生徒が減ったのは、宮古二中の生徒作品や中西さんの言葉を通して、被災地の声や現状を知ったからである。不安を持ち反対する人々に協力してもらう方法として、賛成の生徒は、「まずはがれきの現状、被災者の思いなどを深く知ってもらうことから始めるべき。私自身授業でこれらを知って意見も少し変わった。知ってもらうことで伝わる思いがあると思う。」と述べている。受け入れ側の自治体が取り組んでいることであるが、私たちがまずは共有しなければならないことである。

反対十八人のうち八人は、放射能に対する不安が解消できないようであった。受け入れの必要性はわかったが安全性に疑問を持ち賛成できず、反対か賛成かを決めかねていた生徒もいた。今、がれきを抱える被災地の人々の生活はどうなのか、考えさせるべきであった。放射能に対する不安を解消できなかった反対の生徒は、「冷たいなあ、そう言われても仕方がないが、そんなこと言われても……困る自分がいる。東京側だって、言いたいことはあるのだ。だけど皆心の本当の底ではわかっているのだと思う。福島を含めた被災地に協力しなくちゃいけない理由を、本当は理解しているのだと思う。だけどどうして真っ直ぐに協力するといえないのか、それは自分や家族の生活がおびやかされるかも、という可能性だと思う。これは、自己中心的な考え方なんかではない。本能の一部だと考える。」と書いていた。

リスクの可能性をどう認知し、どこまで負うかがまさしく問われている。この点について、賛成以外の立場の生徒から「数値化した放射能のデータに基づく今後予想される日本の姿を、受け入れた時と受け入れなかった時を比較することが大切だと思う。具体的なことはわからない。」、「同じ国の仲間同士、協力すべきです。それには、もう少し国が力を入れてがれき処理に対処すべきだと思った」などの記述が見られた。しかし、わからないからこそ、自分で調べたいという意欲を、調べる行動にまでは高めることができなかった。放射能の影響について、自ら調べ考えていくことががれきの受け入れだけでなく、今福島が抱える問題の理解にも必要なことだと思った。

また賛成から反対に変わった生徒が二人いた。「処理には少なからず反対する人がいる、放射能の問題はいくら説明されても不安がとれない」ことが理由としてあげられた。賛成の生徒にも、「なかなかがれきを受け入れてくれる人がいないためそのことを冷たいと思う人もいる。私は始めその考えに賛成だったが、反対側の意見もとてもひびいた。危ないと騒がれている中で不安に思うのは当たり前とも言えるからだ。受け入れる側になり、快く、受け入れてくれる人は少ないと思うから、お金で解決できることもない。しかし、時間をかけてでもよい方向に進んでほしい。」と言う意見も見られた。

授業の中では反対の意見、賛成の意見、中立の意見を発表させるだけで、生徒の意見をからめ合いながら深めることができなかった。互いの意見を受け止めていることは察せられるが、さらに自分の考えを今後どう変化させていくか気になる所である。

3 当事者性

中西さんの言葉にでてくる「冷たいなあ」の一言は生徒にも混乱を招いてしまった。（授業の概要にでてくるS2やS13の発言内容を参照）。この「冷たいなあ」という言葉を使わないで、がれき受け入れに賛成か反対かを問えば、また違った結果になったかもしれないと授業後に感じた。討論を感情的な方向へ進めてしまった面もある。JV企業の方はがれき受け入れを依頼する東京都の代理の立場で、その立場が言葉に反映されているのではないかという意見もあるであろう。

しかし、東京に住んでいて被災者ではなく、処理にあたるために宮古に行った方が、その仕事を行ってきた中で感じた「冷たいなあ」の一言には、作業にあたる方しかわからない現地の声、思いが含まれているのではないかと考えた。反対の生徒は、「私はこの言葉を聞いた時に、私たちががれきを処理するのが当たり前かのように聞こえました。」、「授業中にあった言葉は深く心にしみこんで本当に大変だと思った。しかしそういう主観的な考えをがれき処理という国家的な問題に含めてはいけないと思う。」（生徒Ｓ６）と、他人事ではなく当事者意識を持ってこの問題を考えている様子がわかる。ひっかかる言葉であるが、当事者を受け止め他者意識を持ち自分も葛藤に巻き込まれ、そして考えるきっかけにはなり得たのではないだろうか。伝える方法として、テープレコーダーやビデオを使った方がより深くそのニュアンスは生徒に届いたと感じている。

また授業の最後に、不安を持ち反対する人々に協力してもらう方法を考えたが、反対する生徒もいたので結論を出さなくてもよいのではないか、教師は中立であるべきで価値注入になるとの意見も頂戴した。困っている現地の方、当事者の方のためにどうすればいいのかを考える視点は、がれき受け入れの問題に限らず、社会科には必要な視点であると考える。

4　話し合うことの意味

がれきの受け入れ問題は、リアルな情報が多すぎて難しい問題である。ともすると、話し合ってもなかなか結論が出ず、空回りに終わってしまう消耗感が漂う話し合い活動かもしれない。今回の話し合いにはどんな意味があるのだろうか。本時の授業タイトルを一部紹介する。「すれ違う想い〜本当に大切なことは……〜」とした賛成生徒のタイトル理由を「震災がれきの処理を受け入れるかどうかで、様々な考えがあり、受け入れてもらうのが当たり前だといつの間にか思ってしまっていたり、受け入れは嫌だという人など多くいるし、考え方によって相手をひどいと思ってしまっている人もいる。確かに受け入れに協力するのも大切。だけど本当に大切なのは、たくさんの考え方があるということを受け入れて、協力してくれる人には感謝できるような考えを皆がもつことだと私は思う。」また授業の感想では、「今問題になっているのは、これだけ人の考え方があるから。それを解決するには、やっぱり震災のことや今の状況をよく伝えていくことが必要。私たちに、何ができるかは……まだよくわからない。大して大きな力にはなれないかもしれない。でも、私たちにもちょっとしたことならできるはず！例えば伝えること。町中とかはムリだけど、近所の人とか、身近な人と、そういう真面目な話をしてみるのは、不可能ではないと思う。とにかく、私たちは何もできないなんて思ったりせず、一人一人が考え話し合うことが大切。」とまとめている。

がれき受け入れでは、情緒や感情を超えていかなければならない。沢山の考え方があることを受け入れることは、賛成、反対どちらの立場にも必要なことである。東京都に続き、受け入れを表明して処理をしている自治体がある。日本全国全てではなくてもできる所が実行して、少しでもがれき処理が前に進むことを感謝できる気持ちを、被災地の外に住む私たちも忘れてはならない。また、感想にあったように、中学生は大きな力にはなれないのかもしれない。社会科としてできる社会参画の場は少ないのかもしれない。だからこそ、授業で問題に対する様々な考え方を互いに共有して、一人一人が考え話し合ったり、身近な人に伝えて行ったりすることこそが、東京に住む私たちができることの一つでもあると感じた。

おわりに

中学一年生から授業を担当しているこの二年生が、卒業する二十六年三月ががれき処理の目標期日である。その頃にはどうなっているのか、残り一年の動きに注目していきたい。今回の実践でがれき受け入れは終わりではなく、再度この問題を取り上げたいと考えている。

これまで東日本大震災のことを風化させたくない、忘れないという思いから、震災のことを授業の中で積極的に取り上げてきた。それはあの時に何があったのか、人々の記憶に残る思い出の面が強かったのかもしれない。被災の体験がない生徒も風化させずに、災害について学び、防災対策がとれる行動力につなげていけるようにしたい。そして、がれき受け入れを授業で取り上げて、震災が投げかけた現実社会に今もあるという、生きていくための課題の面を強く意識することになった。これからも被災地や被災者が抱える課題を授業で取り上げ、東京に住む生徒に当事者意識を持たせ、何ができるのかという視点を踏まえながら授業を構成していきたいと考えている。一人一人の思いや心がけに重きを置くだけでなく、社会の問題として思考させる工夫も考えたい。震災の授業を通してどのような未来社会を考え、判断し、想像する人間形成を目指すかは大きな課題としたい。

中学・歴史

5 戦国時代における飢饉と戦乱

木村洋平

はじめに

中学生のなかには男女を問わず、戦国武将が大好きで戦国時代の授業が待ち遠しいと言う生徒がいる。合戦のシーンを映像で見せると食らいついて視聴する生徒も多い。事前のアンケート調査で「戦国大名が戦い続けた理由」を聞いたときには、多くの生徒が領土拡張や収入の増加、天下統一を目的に戦っていたと答えた。それは、テレビやアニメ、本などのメディアの影響でこの時代に好奇心を持っていることや、小学校での学習が織豊政権期の天下統一を中心に組まれていることが背景にあるのかもしれない。中学校の歴史的分野の教科書にも荘園領主の支配を認めず、実力のある者が土地を支配していった過程が書かれている。

しかし、戦国時代の戦いは、領土を拡げたい野望や天下統一だけを目的にしていたわけではないことが近年では提起されている。戦国大名同士が戦った「戦い」や、戦場に連れて行かれた足軽が掠奪行為をする「乱取り」が、飢饉などの自然災害の脅威から生き残るための一環として行なわれていたという見方である。そこで筆者は、戦国時代の飢饉の脅威を教材にして、その回避を目的にするならば戦いや乱取りは許されるのか、考えてもらう授業を構想した。

構想した生徒の学びは次のような姿であった。中世における飢饉の回避方法は、簡単に対応策を出すことができない問題である。簡単に結論を出せないからこそ、授業においては回避の方法をめぐってじっくりと考え続けてもらいたい。そのために話し合いを重視し、自分の意見を吟味することを大切にする。こういった視点から授業方法を考え、計画を立てることにした。

本稿の構成について述べておきたい。1、2節では、教材として設定した、中世における「飢饉」と「戦い・乱取り」の背景について整理する。そして、そこから授業の論点をどのように設定したのかを述べていく。3節では、勤務校で実践した授業の対話記録を紹介し、授業後に書かれた感想文の分析と併せて飢饉に向き合った生徒の学びを検討する。そして4節においてその成果と課題を総括し、本稿の締めくくりとしたい。

1 教材設定と授業づくりの視点

1 中世における飢饉と回避の方策

教材研究として中世における災害史の研究を紐解いていると、膨大な史料を集めて災害状況の記録を整理した藤木久志の研究に出会うことができた。藤木は、中世の日記などの記録物から災害に関する記述を抜粋し、それらを年表にまとめている〔藤木久志、二〇〇〇〕。また自著においては、その年表を飢饉・水損・旱魃・疫病の四つの観点から分類し、十年を一区切りとしてグラフを作成している〔藤木久志、二〇〇一〕。そのなかで筆者が着目したのは、応仁の乱以降、飢饉を中心として災害の数が増加している点であった[*1]。

災害史を専門とする北原糸子によれば、一定の気象条件が前提となり飢饉に襲われたことが史料から分かっているので、飢饉は自然災害として把握できるという〔北原糸子、二〇〇六〕。では、自然の脅威として降りかかってくる飢饉を回避するために、人々はどのような方法を用いたのであろうか。ここでは水野章二による四つの区分（呪術的対応・工学的対応・農学的対応・社会的対応）を用いて整理を行いたい〔水野章二、二〇〇六〕。

呪術的対応は、神仏に祈りを捧げることで降雨や止雨を願う儀式を指している。和泉国日根荘においては、「鹿の骨」や「頭風情の物」を滝壺に投げ入れ、あえて神の怒りを買うことで雨を降らせようとした記録が残っているという[*2]。

工学的対応は水の確保（溜池など）と水の排除（堤防など）を対象とした。水を求めて村同士が争ったことからも分かるように、水の確保は農村にとって死活問題であった。具体的に言えば、溜池造りによって貯水が図られたことや、[*3]灌漑施設の整備によって用排水が整えられたことなどが挙げられる。一方で、台風や過度な降雨によって水損（水害）が発生し、田畑を押し流すこともあった。水が田畑に入って来ないようにするため、中世の人々は「信玄堤」のような堤防を村に築き、河川の氾濫を防ごうとした。[*4]

農学的対応は、農作物の生産力を直接向上させるための手段である。具体的には、端境期でも食糧が残るように「早稲・中稲・晩稲」といった作付けの分化を行ったり、炊くと量が増えやすく、多収穫な「大唐米」を導入したり、税の負担にならないことが多い麦を裏作とする「二毛作」を導入したりした。いずれも農作物の質や量の向上を図るための方策と言えよう。

社会的対応は、富をもっている人々による飢餓難民対策や、領主による農民の保護や支援を指している。寛正の大飢饉（一四六〇～六一年）のときには、幕府による食糧の施しや、民間の僧侶が金品の喜捨によって施しをする「勧進」が行われた〔藤木久志、二〇〇一〕。ほかにも、税を収めてもらう領主が、領内の人々が働きやすいように「勧農」を行ったり、災害時に税の減額をする「損免」を行ったりして飢饉に備えた。[*5]

ここまで述べてきた四つの対応は、左記のように整理できる。

❶呪術的対応：祈祷による雨乞いや日照り乞い
❷工学的対応：集落回りの用排水や水運の整備、溜池や堤防の築造

❸農学的対応：早稲・中稲・晩稲の作付け、大唐米の導入、二毛作
❹社会的対応：飢餓難民に対する食料給付や公共事業、領主による勧農や損免

筆者がこのなかでとくに着目し、実際に授業中に教材として使用したのは、❸農学的対応と❹社会的対応である。それは、農業技術の進展が現実的に飢饉の回避に寄与できると生徒が考えそうであったことと、幕府や領主などの支配者による保護がどのようなものであったのか、知りたがる生徒が出てくると予想したためである。

しかし、さまざまな史料から分かっているように、現実には多くの人が飢饉で餓死していた。戦乱が絶えない当時においては、農学的対応や社会的対応に期待を寄せても、それらが弥縫策に終わることが多かったからだ。そういった背景もあり、飢饉の時期（農業生産の端境期など）の「戦い」では、敵対国の農作物や財産を掠奪することが横行した。それはしばしば口減らしや人身売買を伴うものであった。そして、戦場に連れていかれた農民（足軽）も、敵対国で好き勝手に掠奪を働く「乱取り」と呼ばれる行為が許され、農作物を確保していくようになった。

これらは藤木久志のいくつかの研究に依拠したものである〔藤木久志、一九九七・二〇〇五〔＝一九九五〕・二〇〇六〕。藤木によれば、飢饉の数が多い中世後期に戦いや乱取りの数が増加していることは、決して偶然ではないという。戦いや乱取りは、戦国時代における「生命維持装置」の役割を担う側面があったのである。

2 授業づくりの視点

飢饉の対応策として二通りの方策を確認した。一つは生産力の向上を目指して食糧を確保する方策（❸農学的対応と❹社会的対応を中心にして）であり、もう一つは「戦い・乱取り」を通じて食糧を掠奪して確保する方策である。

後者は、生徒にとって非常に学びやすい教材となる。なぜならば、戦いや乱取りの是非を問うことで、飢饉を背景としたら仕方がないじゃないかといった「戦い・乱取り是認派」と、どのような理由であれ戦いや乱取りはやってはいけない、または、戦いや乱取りによって飢饉を回避しても別の新しい被害*6が出てくるといった「戦い・乱取り反対派」の意見対立が生じるからだ。

これを道徳的に「戦いに賛成ですか、それとも反対ですか」と問いかけたのであれば、生徒たちの意見交換は平行線になったことだろう。飢饉という巨大な自然災害を目の前にしたとき、当時の人々のことを考えると、道徳的な判断だけでは否定できないことに生徒は気がつく。しかし自分のなかには、戦いや乱取りが持っている、残酷な行為に対する戸惑いもある。そんな複雑な心境のなかで生徒は悩み、考え続け、意見交換に参加していくことになる。

以上の争点を踏まえて、授業計画は次のように展開することにした。三時間目までは飢饉やその回避方法としての戦い・乱取りの実態について資料を用いて説明し、自分なりに捉えてもらう。四時間目では、三時間目までに学んだ飢饉が及ぼす被害と、戦い・乱取りの被害を比較して、戦い・乱取りの是非を考えていく。そして五時間目では、四時間目までの考察を続けながら、生産力向上の方策も手がかりに含め、飢饉の回避方法を探究していく。なお、生産力の向上を目指す方策については、対応策の量が多岐にわたることもあり、一斉に配布するのではなく必要に応じて補助教材として配布することにした。続く六、七時間目は、複数の生徒から天下統一が飢饉の回避方法として挙げられたことを受け、急遽設けることにした時間である。実際に天下統一の過程をたどり、その是非を問いかけた。

　では実際にどのような話し合いが行なわれたか、授業の様子を追っていきたい。授業づくりの手立てを踏まえつつ読み進めていただきたいので、授業の論点を整理したものを次に掲げる（図1）。

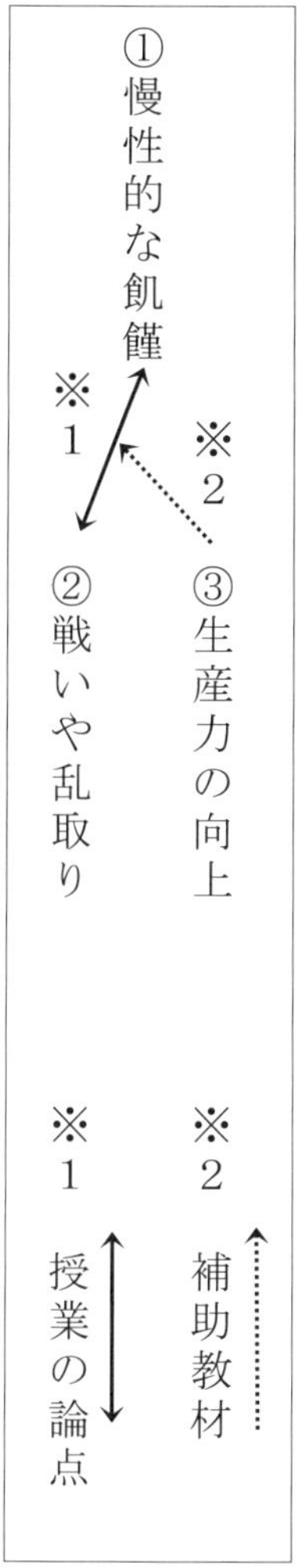

図1

3 授業の実態と分析

1 授業実施の概要

本授業は国立大学附属の中学校において第一学年を対象に実施した。時期は二〇一二年十月下旬から十二月上旬までの七回である（ただし、最初の一回目は試験答案用紙返却と事前アンケート調査）。なお、細かい実施計画については、次頁を参照されたい。

2 意見交換の様子（四、五時間目）

次に、実際に行われた意見交換の様子を紹介する（生徒名は仮名）。

四時間目の授業展開

❶「飢饉のためなら乱取りや戦いは仕方がない」という生徒に意見を述べてもらう。

誠　：やっぱり飢饉のためなら一生懸命戦うのは仕方がないと思う。
真典：同じく食料確保のために仕方なく戦ったのではないだろうか。
麻未：十二月から翌年の六月まで食料不足になって長期保存もできなくなるから、飢える人が多くなるし、乱取りは仕方ない。
洋子：大名は時期を考えていた。自分の軍が勝てる時期を選んでいた頭のいい大名がいたのかなと思った。国の状況で乱取りをするかしないか考えていた大名がい

●授業計画（中学校第１学年２学期）

3-3　東アジア世界とのかかわりと社会の変動

（1）室町幕府の政治

（2）戦国時代の社会

（3）東アジアとの交流と蝦夷・琉球

（4）鎌倉・室町時代の産業・経済

（5）戦国時代の飢饉と戦い（5時間）…本授業実践

4-1　信長・秀吉の天下統一事業

（1）信長の統一事業（2時間）…本授業実践

（2）秀吉の統一事業と政策

●単元計画（7時間扱い）

①事前アンケート

②戦国時代における「戦い」と「乱取り」

→戦いに赴いた足軽（農民）の心情を映像資料から考え，乱取りの様子と目的を絵と史料から読み解く。

③飢饉と戦い・乱取りの関係

→中世が飢饉の時代であったことを確認し，戦いや乱取りが飢饉の回避を理由に起こっていた側面にふれる。

④意見交換Ⅰ（飢饉は戦いでしか回避できないのか）

→「戦い・乱取り是認派」と「戦い・乱取り反対派」の意見をそれぞれとりあげ，飢饉と戦いの関係性について意見交換する。

⑤意見交換Ⅱ（飢饉を回避する方法について考える）

→前回の授業の論点を踏まえて，飢饉を回避するにはどのような方法が良かったのか意見交換し，考え続けてみる。

⑥信長の統一事業

⑦信長と仏教勢力との戦い

→④と⑤で出てきた「天下統一」によって飢饉を回避する意見（平和の実現で農業に専念できるから）について，織田信長の統一事業から検討する。

たと思うので、戦争が認められるかどうかは状況によるのではないか。
航　：戦うことがライフスタイルであった。日常化して当たり前であることを良い悪いで議論できないのでは？
教師：「当たり前であること」について、今を生きている皆さんがどのように考えるか聞かせて下さい。
恵子：飢饉の時期であれば戦うのは仕方がない。洋子と同じく、時期によると思う。

❷「乱取りや戦いは飢饉の妨げになる」という生徒に意見を述べてもらう。

雅斗：飢えているからしょうがないかもしれないが、「飢饉が起こると戦争が起き、戦争が起きると飢饉が起きる」ので、ずっと負のスパイラルが起こる。きりがないので反対。
実保：飢饉で食べるものがないと死んでしまうから、戦い続けるのもしょうがない。だけど、戦わなければ乱取りはなくなるし、お米もとっておけるので飢饉にならなかった。
裕乃：戦争以外に手段があるなら他の手段が良いだろうが、他にはないから仕方がなかった。
教師：そもそも戦争は飢饉の回避になるのかな？　どう思う？
裕乃：する方はできるけれど、される方は回避できないと思う。

❸意見交換

真季：戦争には反対。食糧が足らないのは国の仕組みの話。乱取りをすれば相手の食糧もなくなるから逆に攻めてくる可能性がある。結局、戦争は始めてしまうとなくならない。

一将：飢えない為に戦っているのは人の知恵。でも、雅斗が言ったようにきりがないし、乱取りをされる方は生きられないから、どっちとも言えないのではないかな。

結奈：飢えていてかわいそうだとは思うが、「人殺し」にかわりはないから戦争は良くない。

航　：よく分からないんだけど、雅斗のいう「戦い↓飢饉」というのはどういう意味？

洋子：もともと村は食糧不足だから人数の変更はないし、飢饉状態には変わらないってことでしょ。

雅斗：飢饉が他の土地の食糧を奪う、奪われた人々が他の土地に乱取りを仕掛けたりするから「戦い↓飢饉」になるということ。

❹プリント18②（本稿の最後に掲載）を配布し論点を整理する。戦いや乱取りによって農

作物が獲られる様子や、足軽（農民）が戦傷で働けなくなる様子をみる。それによって、「戦い・乱取り→飢饉」の具体像を示した。※授業者のつぶやき――論点が明確化したからか挙手が増える。

真典：人間は「自分のことが良ければ他はどうでもいい」もの。だから戦争によって解決していたんだよ。とても手っ取り早いし。

弓恵：どんなに手っ取り早くても戦争は人殺しには変わらないし、絶対いいことだとは思わない。人が良ければ良いという考えだけじゃなくて、相手のことも考えるべき！

教師：相手のことを考える余裕がなかったという意見が出てたけど？　自己中にならざるを得ないっていう意見があったよね。

真典：先生が今言ったように、そんな余裕がないから乱取りや戦争をしたんじゃないの？

弓恵：戦いの最中じゃなくて、日頃からそんなことを考えていなければ良かったんじゃない。

晴樹：でも、そもそも戦争しなかったら自分の村や国が相手から攻められてしまうから、いつかは防衛戦争をする必要があると思う。だから戦争はなくせない。

加菜：晴樹の意見に対して。他国が攻めて来るからといって戦うというのは大人げない。戦いじゃなくて他国に援助を求めればいい。戦争はそもそも人が死ぬから危険なもの。

飢饉と戦い・乱取りが生む被害を評価する生徒たち

四時間目の授業展開は、史料や絵、映像などを用いて前時までに教えた「戦い」や「乱取り」の実態、そしてその社会背景や自然環境の背景を手がかりにして意見交換が進んだ。

授業場面①はプリントで確認した、農事暦と戦国大名が戦いに行った時期の関係性を手がかりにして展開された。ここでは、飢饉を回避するためには戦いや乱取りも仕方がない（またはなくせない）という、「社会の現実に立脚した視点」から戦い・乱取りを是認する意見が主張されている。続く授業場面②では、そもそも戦いや乱取り自体が人々に被害を与え、飢饉を悪化させる原因になるという「社会の原理に立脚した視点」から反対の意見が主張された。つまり、「社会の現実に立脚した視点」と「社会の原理に立脚した視点」の対立がみられたのである。両者は視点の違いからすれ違いを起こす可能性があった。しかし、戦い・乱取りが引き起こす被害の評価を「被害者」と「加害者」の立場で探究したことで、意見交換が活発化したといえるのではないだろうか。その様子は本時の感想文でも見てとれる（左記）。

やっぱり飢饉の時は、みんな死にそうなので自己中心的になり、乱取りをしてもそれは仕方がないと思う。しかし飢饉→戦争→飢饉と悪循環になると乱取りする方も得がないので、それは良くないと思う。（陽介）

戦争は絶対にいけません。小さな国が集まった方が良かったなど、戦法以前の問題です。戦争しても得られるものは、にくしみだけであって良いことはありません。例が悪いですが、今の日本も昔は他国と戦争していましたが、今は他国に左右されず、戦争もしません。それは、他国との交流の方を重んじているからです。戦わずに解決する方法はなかったのか、自分のことだけでなく、他人のことも考えて良い結果が生まれるようにしてほしかったです。(弓恵)

食べ物をもらうには戦争が一番手っ取り早くて、ほかの人のことなんかかんがえるよゆうがなくて、乱取りとかしたのかもしれないけど、戦争に行って、農業ができなくなるよりも、秋いがいのときにもできる物をつくって食べたほうがよかったんじゃないかなと思いました。(実保)

陽介は戦い・乱取りの加害者の立場に立ち、自己中心主義になっても仕方がないと乱取りを評価している。ただし、意見交換で出てきた飢饉と戦い・乱取りの悪循環に対しては、否定的な評価を下すに至っている。逆に、弓恵は意見交換で戦いに反対の意思を強く主張していたように、戦いや乱取りの被害者の立場から戦いを否定的に評価している。そして漠然としてはいるが、いまの日本を引き合いに出して「戦争」よりも「交流」を主張している。同様に実保も、戦い・乱取りの被害者の立場から、一定の理解を示しながらも戦い・乱取りを否定的に評価し、端境期の農業生産に期待を寄せた。どの生徒も戦い・乱取りの被害者や加害者の立場に立ったうえで、その被害を自分なりに評価することで社会事象に向き合っているといえよう。

五時間目の展開

❶前回の続きから開始

弓恵：やっぱり戦争は良いことがない。乱取りをして自分は良くても後味がよくない。戦争は人殺しであることを考えるべき。

梓　：大名も一生懸命戦っていたのだろうが乱取りすることはない。互いに平和的に話し合えばよかったと思う。精一杯戦っていたのだろうけれど……。

実保：確かに戦争は手っ取り早いが、私は戦争に行かず物をつくった方がよかったと思う。

教師：昨日配ったプリント18②をもう一回みてみよう。農民は収穫物を奪われ、傷を負って農業ができなくなるから、戦争が飢饉を悪化させる可能性があるところを確認したよね。その資料と関連性がある意見ということでいいかな（実保、うなづく）。

浩一：でも相手が攻めて来たら戦わなければならないので、戦いには仕方がない面がある。

真典：周りの国が戦争をしようと思うから、最善策は防衛のための戦争であった。戦争に反対派の人へ→僕たちは飢饉を知らない時代に生きているので、当時の大名や農民は批判できないと思う。
教師：気持ちは分かります。ただ、授業では当時を現在の視点からでしか評価できないので、真典の意見は当時の時代を考えたら仕方がないという意見として捉えましょう。
航　：浩一の意見に続けて。戦争をしていく人々が生き残る時代だった。戦争しないとやられちゃう時代。暴力をふるってはいけない感覚がない。戦いは「当たり前」だった。人間刃物をもつと凶暴になる。
（※航の意見が教室内で物議をかもすことになる。「お父さんはそんなことないよ」「給食のおばちゃんは凶暴じゃない」など。）
弓恵：人殺しが当たり前なのがおかしい。その時代をつくらないようにする必要があった！
一将：武士は人殺しをするためではなく、天下統一を目指していたから戦っていた。日本のトップになって権力をふるうために戦っていたから仕方ないんじゃない。
晴樹：航と似ているが、当時はしょうがない時代であった。当時の人からすれば飢饉とか防衛とかを考えれば戦うしかない。
歩美：航のいう「当たり前」の話について。飢饉は農業効率の面で考えないとダメでは？　人口も増えていたってどこかの資料でみたから、弓恵がいうような「世の中をつくらない方がいい」というのは難しいと思う。

教師：ちなみに人口が増加したかどうかは何ともいえません。日記とか部分的な記録しかないので。ただ、中世の後半は人口の数に関係なく飢饉が起きていたことに変わりはありません。

❷論点の整理：「戦いとか乱取りは飢饉の回避になるのか」。この点を解明しないと議論が先に進まないことにふれ、焦点をしぼって検討する。

加菜：当時の人々は頭が堅かった。他の国と協力し合えば、飢饉を防ぎ戦争なんかしなくても良かった。結論として戦争はいらない。

洋子：加菜の意見に対して。仲良くできればいいが当時はできなかった。大名同士が頭脳対決などをして平和的に統合し、平等に食料を配る世の中をつくれば良かったのでは？

教師：天下統一のようなことですね。戦いによらないかたちで国を統合するってわけね。

❸プリント18①（本稿の最後に掲載）を配布し、二毛作の導入（麦は税免除）、収穫時期をずらす試み（早稲・中稲・晩稲）、大唐米の導入を紹介する。農業生産の工夫に着目させ、戦いが手段として適切であったか考えてもらう。

圭　：飢饉のときに農民が頑張ってもしょうがない。だからこそ他の大名と協力して、飢饉でも育つ品種とかを作って解決してみたらいいと思う。

慎司：戦争って一年かけて農作物をつくるよりも楽で効率的。だから戦争を選んだのでは？

弓恵：でも結局、作物を盗ったら盗られる可能性があるから、飢饉と戦争の悪循環になるよ。

沙稀：乱取り相手が作物をどれだけ持っているのか分からない時代でしょう？　そもそも相手が強かったらどうするの？　負けたら元も子もない。

真季：だから防衛戦争は仕方ない。攻撃をしなければいいのではないか。戦争は使い分けて農業と防衛戦争をすればいい！

加菜：慎司の言う意味がよく分からない。昔は「イマドコサーチ」*7があるわけではないから、もしかしたら乱取りに行ったときに上杉謙信がいるかもしれない。強い敵を相手にして負ける可能性がある戦争よりも、農業の効率を上げる方が絶対にいい。

被害の評価をしながら、飢饉の回避方法を探究する生徒たち

授業場面①②においては、平和的な解決や農業に専念する意見が述べられたのち、航の「戦いは当たり前であった」という考え方をめぐって意見交換が進んだ。それは、戦いが

なくならない以上、「防衛戦争」が発生してしまうという意見であった。それに対して、そういった世の中をつくってしまったこと自体が間違いであったという反応が出ている。そして、生産力の向上に期待ができない意見や、国同士の協力に期待を寄せる意見、そして国同士の平和的な統合を目指す意見などの具体的な回避方法が提起されていった。

ここで筆者は生産力向上のための努力をプリントで示し（授業場面③）、農業生産力の向上は飢饉の回避に役立ったのかを考えてもらうことにした。結果的に、生産力向上の方策と戦い・乱取りの対立を「現実的な」視点から突き詰めることができたのかもしれない。それは、四回目の授業で道徳的な動機から戦い・乱取りに反対していた加菜が、飢饉の回避方法として農業を提案している様子や、振り返りで飢饉と乱取りの悪循環を指摘していた沙稀が、乱取りによって別の被害が出現してしまう旨を発言していることからもうかがえる。いわば、具体的に飢饉の回避方法について探究し始めたわけである。

次に、この授業の後に書いてもらった感想文（単元終わりの最終感想文）から、四時間目に紹介した「戦い・乱取り是認派」の陽介と、「戦い・乱取り反対派」の弓恵の二人の意見を紹介したい。

僕は戦うことは仕方がなかったと思う。戦国時代という名前がつくほどやはり昔は戦争が多かった。そこで戦わなかったら、「弱い国」と思われて逆に攻められてしまい、殺されてしまうかもしれない。しかし、戦争をすれば死ぬかもしれないけれど、勝つことができれば、食糧などが手に入る。どちらにしても死ぬのなら、利益のある

戦争を選ぶのではないかと考えた。みんな死にたくなかったのだと思う。（陽介）

戦争はなぜおきたのでしょうか。それは、一人一人が〝自分さえ幸せになれば〟という考えを持っていたからだと思います。「戦争」だけが解決策というわけではないはずです。互いに苦しんでいるのに戦争をしても、苦しみだけではなく、にくしみ、悲しみが増えておわりです。何を得られるのでしょうか。なぜ人から盗んだ食料を何くわぬ顔で持ち帰り、連れて帰った農民を働かせ、自分はぜいたく、なんてことができる人がいたのでしょうか。苦しみを分かち合い、一緒になることで効率もよくなり幸せになることを考えなかったのでしょうか。天下統一や戦いではなく、食料が目的なら戦う必要はなかったのではないでしょうか。自分がよければそれで良いという人は限られた人だけだと思います。なぜ、戦い続けたのか、私にはよく分かりませんでした。（弓恵）

陽介は、意見交換の時間を通じて発言こそなかったが、四時間目の感想文より視点が深くなり、当時の人々の「死にたくなかった」という意志に思いを馳せている。そして、「戦いに赴くことで死傷する被害」と「赴かずに餓死する被害」を比較し、当時の人のことを考えれば、戦いに赴く方が死ぬことを回避できると考えている。

一方で弓恵は、授業中に一貫して戦い・乱取りに反対を示しており、感想文においてもその意思が読み取れる。それは四時間目の感想文と同様に、他人のことを考えない自己中心的な意見に反発している様子であった。むしろ、前時に比べて反発心は強まっているとも解釈できるが、それは本時の意見交換で、自分の意見に周囲がなかなか納得を示さなかったことに原因があるのもしれない。

「他に飢饉を回避する方策があるにもかかわらず、どうしてみんなは残酷で独りよがりな戦いや乱取りに賛成するのだろうか」。そんな彼女の気持ちは結果的に、「なぜ、戦い続けたのか、私には分かりませんでした」と悩みこむ意見になってしまった。たしかに意思決定や他者との合意形成の観点からすれば、弓恵の意見は弱々しくみえるだろう。しかし、納得できずに悩んでしまったのは、四時間目よりも人々の受けた被害について深く考え続けた結果である。本稿の冒頭で掲げた学びの姿からすれば、充分に評価することができるのではないだろうか。

4　本授業実践の成果と課題

最後に本授業実践の成果と課題をまとめたい。

さて、図1で掲げた授業の論点は本授業実践に対してどのような成果をもたらしたのであろうか。実際にみられた生徒の意見の傾向を二点に整理し、検討する。

一つ目は、飢饉から生き残るためには戦い・乱取りは仕方がないという意見である。当時の人々の気持ちを考えれば、現実には戦い・乱取りに赴くことが生きる希望にもなりえた。「やってはいけない」という気持ちだけで戦いや乱取りを否定することはできないのではないか、という意思が根底にある。二つ目は、一つ目の意見とは真逆の評価となり、どのような理由であれ戦いや乱取りは許されないという意見である。人が死んでしまう飢饉を回避するために、他の人の死をいとわない戦いや乱取りをするというのは心情的にも論理的にも許せない。「仕方がない」ではすまされない問題として捉えているといえる。

大人の目からみても、両者は簡単に肯定・否定することができない意見である。むしろ、それぞれの生徒は、少なからず互いの事情を理解している様子が感想文でも分かっている。だからこそ意見交換は平行線にならずに進んだ。意見交換が活発化し、「被害の評価」から「飢饉の回避」を探究するように学びが深まったのは、図1で示した、「飢饉」の回避のために行なわれた「戦い・乱取り」と、もう一方の回避方法としての「生産力の向上」といった、三者の「関係性」を授業の争点として設定したことが効果的であったからであろう。

一方で本稿の課題としては、「戦い・乱取り是認派」が最終的に何人か存在してしまった点が挙げられる。暴力的な手段が正当化されてしまう、戦いや乱取りの不可避論をどのように受けとめればよいのであろうか。この点に関しては、五時間目の感想文で陽介が書いていたような「死にたくなかった」という当時の人々の意思や、「家族を守るため」といった過酷な条件のなかで生き抜かなければならない中世の時代像を見据えた意見に着目したい。

筆者は彼らの意見を「肯定」ではなく「是認」として捉えた。それは、第二章の第一節でもふれたように、中世の飢饉が生産力の向上を図るだけでは容易に回避できないことに由来している。近現代の戦争とは違い、「生命維持装置」としての役割を担う側面があった中世の戦いや乱取りは、戦乱がなくならない限り是認せざるを得ない要素をもっている。

「戦い・乱取り是認派」の意見は、戦国時代の社会背景に向き合い続けたからこそ出てきた、と積極的に評価をしたい。また、本授業実践のみならず、他の単元にまで視野を広げることが重要であろう。たとえば、六・七時間目に扱った「信長の天下統一事業」では、多くの「戦い・乱取り是認派」が信長の戦いに批判的になった。

たしかに天下統一の意義は認められる。それは、なによりも平和な社会が実現されるからである。農民も安心して農業に専念できるだろう。「戦い・乱取り是認派」が気にしていた飢饉の発生時における食糧難も、「戦い・乱取り反対派」が気にしていた戦い・乱取りに依存する習慣も同時に克服することができると言える。しかし、生徒が批判的になったのはその過程であった。すなわち、比叡山延暦寺の焼き討ちや長島一向一揆の虐殺などの宗教勢力に対する苛烈な戦いへの反発である。意義が認められながらも多くの犠牲を払った天下統一事業は、生徒に戦争行為の評価を再び促すきっかけを与えるものとなったのである。

このように、戦国時代の戦いや乱取りに是認派だった生徒は、近世、近現代と学習が進んでいくなかで何回も自己の戦争観を問い直すことになる。戦国時代の「戦い・乱取り」に対する是認派の考えは、そうした戦争行為と向き合う学習の始点として位置づけることで、「課題」を「出発点」に変えることができるのではないだろうか。

【意見交換で配布した補助教材】

No. 18①

季節	春			夏			秋			冬		
月	1月	2月	3月	4月	5月	6月	7月	8月	9月	10月	11月	12月
稲作	用水路の整備 （田 or 畑） ↓ 田を耕す （人が鍬で） ↓ 水を田に入れる （牛馬で耕す）			田植え ↓ 雑草取り			早稲 脱穀（収穫ができた時にそれぞれ実施）→年貢納入 ※脱穀とは… 扱箸を使用した稲から籾をとること  		中稲		晩稲	
麦作	二毛作			麦刈り　→　→　→　納入 ※多くが年貢ではなかった				麦を植える （稲作と同時に）				
備考	蚕の養蚕　※絹織物の素材、生糸を生み出す											

No. 18②

①稲や麦などを勝手に取っていってしまう戦い方

→戦国時代の戦いにおいて，**敵の村に対して行なわれた戦い方**の例

> **春**は，植え立ての苗（なえ）や麦を荒し，
> **夏**は実った麦を奪（うば）い，田植えが終わった田を荒し，
> **秋**は実った稲を奪い，
> **冬**は収穫された倉庫や家を焼き，収穫物を奪う。「**永禄伝記**」より

②戦場におけるケガと対応の例

もし左の顔に弓矢の矢が刺さったらどうする？

足軽の傷の対応は，仲間同士で行なわれた。矢や弾丸を抜くには，大きな鉄ばさみや，くぎ抜きなどで抜いた。痛み止めもなく，消毒もしないため，毒がまわって死亡する例はとても多かった。

※農村では働き手となる成人男性が重傷のために働けず，老人，女性，子どもが農作業をする場合もあった。『雑兵足軽たちの戦い』講談社より

参考文献

◉磯貝富士男…「日本中世史研究と気候変動論」（『中世の農業と気候』吉川弘文館）、二〇〇一年

◉小山靖徳……「災害史からみた日根荘」（小山靖憲・平雅行『荘園に生きる人々「政基公旅引付」の世界』和泉書院）、一九九五年

◉北原糸子……「災害と復興」（北原糸子編『日本災害史』吉川弘文館）、二〇〇六年

◉木村茂光編…『日本農業史』吉川弘文館、二〇一〇年

◉久保健一郎…「戦国社会の戦争経済と収取」（『歴史学研究』七五五号）、二〇〇二年

◉黒田基樹……『百姓からみた戦国大名』筑摩書房、二〇〇六年

◉清水克行……『大飢饉、室町社会を襲う！』吉川弘文館、二〇〇八年

◉永原慶二ら編
……『日本歴史大事典一』小学館、二〇〇〇年

◉同……『日本歴史大事典三』小学館、二〇〇一年

◉藤木久志……（年表「日本中世における風損・水損・虫損・旱魃・飢饉・疫病に関する情報」）研究代表
佐々木潤之介『日本中世後期・近世初期における飢饉と戦争の研究』一九九七～一九九九年
科学研究費補助金（基盤研究A）研究成果報告書、二〇〇〇年

◉同……『戦国の村を行く』朝日新聞社、一九九七年

◉同……『飢饉と戦争の戦国を行く』朝日新聞社、二〇〇一年

◉同……『雑兵たちの戦場』朝日新聞社、二〇〇五年（＝一九九五年）

◉同……『土一揆と城の戦国を行く』朝日新聞社、二〇〇六年

◉水野章二……「中世の災害」（北原糸子編『日本災害史』吉川弘文館）、二〇〇六年

◉峰岸純夫……『中世災害・戦乱の社会史』吉川弘文館、二〇〇一年（＝二〇〇一年）

注

＊1…藤木の整理によれば、中世の四五〇年間に飢饉は一六九件（二・七年に一回の割合）、疫病は一八二件（二・五年に一件の割合）で起こっていることになるという。中世を二分して検証すれば、中世前期（鎌倉時代・室町時代）には三～五年に一回の割合で間欠的・集中的に起こっており、中世後期（応仁の乱以降の戦国時代）には、二年に一回の割合で慢性的に起こっていることが分かる。戦国時代は飢饉や疫病が日常的に存在する時代であった。

＊2…日根荘における祈祷の様子については、荘園領主であった九条政基の日記である『政基公旅引付』に依拠してまとめている小山靖徳の研究が参考になる（小山靖徳、一九九五）。

＊3…南北朝時代に「溜池築造時代」ともいうべき溜池の全盛期があり、それ以降、土地の所有者（領主）によって広大な溜池が築造されていった（木村茂光、二〇一〇、一〇四〜一〇六頁）。

＊4…水損（水害）は地震や噴火とは違って短期間で反復的に発生するものである。中世における水損（水害）の実態と堤防の築造に関しては、水野章二の整理が参考になる（水野章二、二〇〇六、一一〇〜一三七頁）。

＊5…勧農と損免について述べておきたい。勧農とは「農業を勧めること」であり、中世においては、「秋の収納の前提として、荘田を満作させるために春に領主が耕地条件を整える行為」を指す（『日本歴史大事典一』八〇八頁）。具体的にいえば、灌漑施設の補修や種子・農具の貸し付け、年貢額の決定などを行なうことである。一方、損免とは「旱魃・洪水・大風・虫害等による作毛の損失を理由に、年貢が減免されること」（『日本歴史大事典三』八三九頁）である。領主の検査や農民との交渉によって損免率は決定された。

＊6…この場合の別の被害とは、農業生産に与える被害が飢饉をますます悪化させる可能性を指している。「戦い」の悪影響を例にとれば、兵粮として領内の食料が消費されたり、領主によって食料が管理・統制されたりすることを指す。すると、不足していく食料分を補う意味で農業技術の向上が目指されたと解釈することが可能になる（久保健一郎、二〇〇三）。また、相手国の稲や麦を薙ぎ払い放火する戦略は、農業生産を妨害する行いであった（山本浩樹、一九九一）。

＊7…「イマドコサーチ」とはNTTドコモが提供しているサービスで、安全確認などを目的として特定の携帯電話の位置情報を検索するものである。

中学・公民

6 震災復興まちづくり
―阪神・淡路大震災に学び、震災後を考えるために―

石本貞衡

はじめに

1 震災復興は数カ月で終わる

「今までは町の復興は数ヶ月で終わるものだと思っていました。被災者に住居を与えて少し補助してあげれば済むと思っていました。けれどこの授業を通して、復興というのは簡単にできるものではないことを知り、改めて震災の恐ろしさを感じました」。これは、本単元を終えてある生徒が書いたコメントである。ここからは、復興にかかる期間や被災者に対する眼差しの変化が感じられる。東日本大震災から二年が経過しようとしている今日、復興に向かって日々取り組んでいる方々の姿は見えにくくなり、震災の話をすれば、「まだ震災の話をするのか」という反応を返す生徒もいる。首都圏で生活し、震災の影響を直接感じる機会が少ない生活を送る生徒には、既に東日本大震災でさえ過去の出来事になっているのかも知れないと思う一場面だが、一度起きた震災の復興には長い時間にわたって多大な労力と負担を要するのが事実であり、他人事として片付けてはならないのである。

本稿では、このような震災への距離感がある生徒に対して、「もし自分たちの生活する地域に大規模震災が起こったら、どのように復興を果たしていくか」という問いを通して、大規模震災の影響や現実を理解し、震災後の社会をどのように復旧・復興させていくかを考えていくことで、自分に引きつけて震災を考えることができる学習を模索することにある。

2 なぜ、震災後を考える学習が必要か

なぜ、震災後を考える学習が必要かと問われれば、都市部においては、大規模震災による復興の手続きや方法は平時に策定されており、被害を最小限にするためには、平時からの地域自治会などの取り組みが重視されているからである。日本で生活している以上、多くの地域で避けられないことが明白となった大規模震災について、震災の実態や影響を共有し、忘れない、風化させないことは大切なことである。もちろん、大規模震災が起こることで日常生活が壊滅的なダメージを受ける可能性があることを受けとめ、備えておくことが必要である。一方で、冒頭の生徒コメントにもあったように、自分自身に直接的な関わりがないと、震災後の社会で直面する困難やその復興にかかる時間や労力を考えることは難しい。その点で、その後の社会はどのように形成されるものとして計画され、また、

それをどのように形成するのかを模擬的に考えさせる機会を設け、向き合うことについて、社会科教育が担う役割は少なくないと考える。これは、東日本大震災以降、地震や津波、原発など、当たり前としてきた日常にも「想定外」が存在し、リスクや危険があることが前提となった社会においては、人々に、社会的決定を行う決定者に情報を開示させ、情報共有を行うことや、意思決定過程への参加〔小松丈晃、二〇〇三〕が求められると指摘されているためでもある。[*1]こう考えると、専門知識を有さない市民は、そのままの状況では受容するしかない危険に対して途方に暮れるのではなく、意思決定過程に参加してその決定者と対話を重ねる姿勢や行動を通して、危険を明らかにしたり、少しでも軽減したりする姿勢が求められている。さらに、そうした市民の関わりが都市計画の前提となっていることからも、そういった役割を担う資質や能力を身につけることを目指す必要性が出てくる。

1 授業構成の視点

1 阪神・淡路大震災を取り上げる

今回の学習では、三つの理由から阪神・淡路大震災を教材として取り上げた。一つは、震災後を考えることを目標としているためである。震災の実態や影響を学ぶという視点であれば、生徒の記憶にもある東日本大震災を取り上げることは可能であるが、震災後の復興を取り上げるためには、その道筋がある程度明確になっている必要があるからである。

そのため、公的な復興計画が完了した阪神・淡路大震災の方が教材として適切であると考えた。[*2] 二つ目の理由は、阪神・淡路大震災が都市直下型地震であったことである。都市直下型地震は、海溝型地震で震源が遠い東日本大震災や東海地震と異なり、たとえば同じ東京都内や神奈川県内でも被害に大きな差を生じさせる可能性があることを示唆している。[*3] 都市直下型災害である阪神・淡路大震災の実態から、空間的に近い地域であっても、一瞬にして格差を生じさせることを生徒が感じると考えたのである。三つ目の理由は、生徒にとって生まれる前の出来事で、歴史上の事実となっている阪神・淡路大震災を風化させないという点である。現在の都市部の安全基準が阪神・淡路大震災を契機に見直され、改善されてきたことを踏まえれば、阪神・淡路大震災から学ぶことは少なくないだろう。

2 神戸市長田区真野地区の地域コミュニティを取り上げる

まちづくりを考える時には、地域コミュニティのあり方が問われてくる。そこで、阪神・淡路大震災で発生した火災による被害が最も大きかった神戸市長田区で、その被害を最小限に食い止め、その後の避難生活や復興過程を自分たちで行ってきた真野地区の事例を取り上げた。地方公共団体が計画する住民主体の復興計画を検討する時に、公害闘争から福祉の充実へと長年の蓄積によって形成された住民同士の強いつながりと自治組織によって可能とされた真野地区の復興過程からは、大手企業の大規模再開発とは異なる地域コミュニティのあり方を見出すことが可能となるからである。この地域コミュニティのあり方を学ばせることは、生徒自身の生活を振り返らせる機会ともなりうると考えられる。

3 ロールプレイによる話し合い

実際にどのような現象が起こるか確定されず、想像することも容易でない状況を考えさせるため、ロールプレイによる話し合いを学習方法として取り入れた。ロールプレイ学習は、「学習者は現実とは異なる役割を担い仮想的な主体を演じ、しかも同時に仮想的な場や状況を再現し想像する活動」（井門正美、二〇一〇）であり、起こりうる状況や役割を設定し、その設定された「場（状況）」の文脈の中で、様々な意見や価値観に触れることで、自らの思考を広げ、深めていくのに適しているからである。[*4] 都市部では、中学生段階で地域の自治活動や防災組織に定期的かつ継続的に参加し、体験をもつ生徒は多くない現状がある。さらに、復興過程を目の当たりにしたり、参加したりしたことがない生徒にとって、震災の実態や影響を理解することも含めて、資料や数値などのデータのみでその後の復興を考えることは難しい作業となる。こうした状況認識を踏まえて、「ロールプレイを通した模擬的な『震災復興まちづくり』の話し合いを行う」という学習過程を経ることにより、生徒が一定の文脈、問題解決場面において、震災後の復興を考える課題を設定したのである。生徒はロールプレイをしながら、近い将来に「想定外」の状況が起こると想定される大規模震災の復興過程で、何が問題となってくるかについて体験を通して学ぶことができ、それを地方公共団体の作成する復興計画の検討につなげることができる。つまり、専門諸科学でも解決策が見通せない「非知」状態となりうる大規模震災後の復興過程においても発揮される思考力や判断力を身につけることにつながると考えられる。

4 話し合いの場となるフィールドの設定

今回のロールプレイでは話し合いの場として、以下の三点の理由から東京都目黒区の自由が丘一丁目地区を事例地として取り上げた。一つ目の理由は、できる限り現実に近い場を設定するために、ほとんどの生徒が利用したことがあり、共通の場所として想起できる地区とした。二つ目は、真野地区と同規模の地区を設定することで比較を可能にするためである。三つ目は、自由が丘地区は行政の認識として大規模な災害が起こる可能性は低いと判断されている地区だからである。しかし現実的には、距離として七五〇メートル程度の幅に、駅前商業地区のような耐火化の進む地区と、消火が難しいとされる狭隘路地や袋小路とそれらに面する長屋が点在する地区とが混在していたり、住民が安全に避難する経路が必ずしも整備されていなかったりするなど、危険性につながる課題を抱えている。つまり、行政の語る安全を問い直す必要性が見いだされる可能性をもつ地域だからである。*5

2 実践の流れ

このような授業構成の視点から「震災復興まちづくり」というテーマの三時間で授業構成を行った。対象は、勤務校の中学三年生（四学級で実施、一一九人）である。単元前半では、阪神・淡路大震災の実態を扱い、膨大な被災者が発生する都市型災害では行政が対処しきれない事態が発生する可能性があること（＝想定外、もしくは想定することをやめた内容）を学ばせた。後半は、震災復興まちづくりのロールプレイを行い、真野地区の地域コミュニティの実践から地域自治のあり方を学んで、前半で行った話し合いの内容を再検討した上で、地方公共団体の計画する復興計画の検討などを行った。次頁の表は、三時間の構成を大まかに示したものである。「主な学習内容」ではその時間で取り扱った学習内容を、「学習活動」では主な発問と代表的な補助発問を、「指導上の留意点」ではその時間の主な指導上の留意点を、「資料」はその授業で使用したプリント（資）やワークシート（ワ）の数を示している。

1　震災の被害の実態を知る（第一時）

本時は防災に対する意識を高めるとともに、読売テレビや神戸市教育委員会などが共同制作した視聴覚教材「ビジュアル版　幸せ運ぼう」や新聞記事などを資料として活用し、阪神・淡路大震災の実態や影響を学ばせることを目標として設定した。導入では、生徒の防災意識や予備知識を問うワークシートを行った。その記述からは、東京で震災が起きた場合の被害として、家屋倒壊や地面の液状化、インフラ網の寸断よりも火災や津波が多数挙げられている。津波の記述が多い実態からは、東日本大震災の印象が強いことが把握できた。また、「災害」への備えは食料や水を中心に避難用バッグを用意していることを記述する生徒が多かった一方で、家庭で避難場所を決めていると記述した生徒も見られた。このような認識をもった生徒が、当時の映像や新聞記事の読み込みを通して、火災被害が大きかったことや被害には偏りがあったことなど、東日本大震災との共通点や相違点に気づいていく様子が見受けられた。

第１時の授業の流れ

時	主な学習内容	学習活動（発問及び生徒の活動・予想される反応）	指導上の留意点	資料
導入	○地震やそれに伴って生じる災害について理解する。	**Q.「地震によって生じる災害をどのくらい理解し、準備しているか」を明確にしよう。** q. 大地震に関連して起こる災害には何があるか。 q. 災害が起こったときの備えはしているか。 q. 災害に関する知識を確認しよう。	○地震による多様な二次災害の発生可能性に気づかせる。 ○消防庁の作成している防災教材をもとに、災害に関する現在の知識を○×で簡単に整理させる。	ワ１
展１	○阪神・淡路大震災の特徴を理解する。	**Q. 阪神・淡路大震災では何が課題になったのか。** q. 阪神・淡路大震災と東京近郊で起こると想定されている地震の特徴の共通点は何だろうか。 q. 地震はいつ起こるか予測できるか。	○阪神・淡路大震災は生徒が生まれる前の歴史的な出来事である。そのため、現代とのつながり（建築や防災見直しの原点）を確認させる。	ワ２ 資１～５
展２	○阪神・淡路大震災で生じた実態を理解する。	**Q. いつ、どこで生じるか「わからなくなった」地震に対してどのように構えることが必要か。** q. なぜ消火活動がうまくいかなかったのか。 q. 避難所での生活をどのくらいの人が送ったのか。 q. 家を失った人々の生活先は？	○視聴覚資料を活用して視覚的に被災状況を確認させる。 ○神戸市の中でも火災の被害を受けた場所（区）に偏りがあることを資料から読み取らせる。	
まとめ	○都市型災害の先例から学ぶ。	**Q. 阪神・淡路大震災から学べることをまとめるとどのようなことが挙げられるだろうか。**	○阪神・淡路大震災や東日本大震災では、「想定外」のことが現実に起こったことに気づかせる。	

第２・３時の授業の流れ

時	主な学習内容	教育方法及び生徒の活動・予想される反応	指導上の留意点	資料
導入	○場の設定を理解し、今の考えを整理する。	**Q. ロールプレイを通して、被災によって生じた「格差」を縮小する復興まちづくりを考えよう。** q. このような震災後の「復興まちづくり」では、何を大切にして都市計画を考えることが大切か。	○この時点では、自分自身の考えを書かせ、自分が納得できない立場の生徒でも、自身の意見を「話し合い前に」表明する機会を設けさせる。	ワ３
展１	○役割を理解し、意見をつくる。	**Q. ６つの役割に分かれ、自分の役割ではどのような意見を形成できるか考えよう。**	○立場ごとに意見を考えさせ、内容の理解が進まないときには、同じ立場ごとに主張内容を検討させる。	
展２	○復興まちづくりのあり方を話し合いで検討する。	**Q. 復興まちづくりはどのようなものが望ましいか。** q. 各主張は自分の役割にとって受け入れられるものか、受け入れられないものか判断しよう。 q. 対立点になりそうな点は何だろうか。 q. 対立点から「復興ビジョン（目標）」を立てよう。	○低層マンション案が出てきやすいが、効率（収益）性が悪くなったときに④の立場が成り立たないことに気づかせる。	ワ４
展３	○住民主体の復興を遂げた真野地区から復興のあり方を学ぶ	**Q. 先例（真野地区）の減災や復興まちづくりから学べることは何だろうか。** q. 火災被害が甚大だった横の区画で遭ったのにも関わらず、なぜ軽微な被害で済んだのか？ q. すぐ住民主体の復興に取り組めたのか？ q. 復興にまちづくりの経験はどう活かされたか？	○真野地区と新長田駅の写真を示し、隣地でも復興が異なることに気づかせる。 ○主体的なまちづくりの背景から、準備なく復興まちづくりなどを行うのは難しいことに気づかせる。	資６
展４	○復興のあり方を考える。	**○まちづくりの主体は「住民」であることを念頭に置き、再度自由が丘の復興まちづくりを考え、解決策を提示しよう。**	○結論の内容だけでなく、簡単に答えが出ないことや立場によって平等観が異なることも体感させる。	
まとめ	○学習全体を振り返る。	**○目黒区防災マニュアルや都市復興計画を確認しよう。** q. 目黒区復興計画はどのような流れか。 q. 格差を縮小させるためには、何が必要だろうか。 ○この授業を通して考えたことをまとめよう。	○様々な価値観をまとめることの難しさがある一方で、発災以前の普段の生活から地域づくりに関心をもつことの大切さに気づかせる。	ワ５

こうした気づきは、第二時以降での話し合いで、火災被害の大きさや仮設住宅での生活の大変さなどを踏まえていると見られることにつながっている。

2 震災復興まちづくり会議（第二時）

第二時と第三時は連続した授業として設定した。前半の第二時は、「震災で生じた『格差』を縮小させるために、どのような復興まちづくりを行うことが必要か？」とテーマを設定し、阪神・淡路大震災での出来事や自由が丘の現状を反映させて作成したロールプレイによる話し合いを行った。ロールプレイで用いたリード文の要約を挙げる。

二〇××年一二月二六日午後一時二三分、東京湾北部を中心とするM七・三の直下型大地震が起こり、自由が丘一丁目は震度六弱。この日まで連続一六日間晴れが続いた東京は乾燥した状態であり、瞬間最大風速が一五メートルにも及ぶ強い季節風の吹く寒い日でした。この自由が丘一丁目で生活する住民も働いている人もお互いに協力し、倒壊した建物から住人を救い出したり、区で設置している街頭消火器などを使用して火災の消火にあたったりしました。しかし、近くの消防署から消防車はすぐには来ません。一方で、自由が丘地区の消防団員が近くの仕事場からかけつけ、熊野神社に格納してあるポンプ車を用いて果敢にも消火に当たりましたが、断水によって消火栓が使用できないため水が得られず、消火活動はたちまち継続不能になりました。風が強く、乾燥した空気は延焼を早めたため、一丁目地区の半分以上が焼失してしまいました。直前の一二月二三日に避難訓練を行っていたこともあり、奇跡的に、倒壊した家屋に閉じ込められた人たちの救出もできたため、この地区で命を落とした人はいませんでした。住民は、この町をどのように復興するかを考えています。

このあと、第二回の会議を行うという設定をし、話し合いでは、どのように町の復興を行っていくかの結論を出すことを目標とした。その際、第一回の会議の内容として、住民の考え方や町の雰囲気、そして「耐火重点地区」のような政策を提示し、話し合いの条件を整備した。その上で、状況に対する生徒各自の考えをまとめさせ、与えられた役割に従って話し合いを行うことになる。この段階での生徒の記述には、「被災者が生活を取り戻す（できるようにする）」ことと、同じような被害が起きないように「まちを作り直す」ことの指摘が多い傾向にあった。そのため、ロールプレイの役割と生徒の認識が大幅に離れることなく、話し合いに移行することができたようである。

そして、ロールプレイによる話し合いに入っていくのだが、ロールプレイでは、役割上、生徒それぞれがもっている情報は異なっており、これらが話し合いの場で主張され提供されるようにしているため、ロールプレイに徹しきれないなど、その情報がうまく提供されないと議論がうまくかみ合わなかったり、一面的な見方に終始してしまったりする場合が少なくない。したがって本実践では、これまでの生徒の学習履歴を踏まえ、復興まちづくり案を多面的多角的に検討するのに判断規準となる六つの視点を、リード文の確認とあわせて話し合いの前に提示することとした。

①自由の原理（個人の自由が最大限に尊重されるか）
②平等の原理（すべての人に形式的平等として当てはまるか）
③福祉の原理（身体、年齢、所得、被災などによって弱い立場にある人に実質的平等が保たれているか）
④公平の原理（「不当な」義務や負担、利益などがなく、誰にとっても公平か）
⑤公益の原理（社会構成員（自由が丘一丁目の住民）の満足度を引き上げているか）
⑥合理的選択の原理（できるだけ少ないコスト（人、モノ、カネ）で達成されているか）

この視点を提示するのは、「『形式的平等』と『実質的平等』、『形式的扱い』と『実質的扱い』との間を行き来する形」が公正さの認識の深化や多面的考察には必要であるという指摘を踏まえたものである（川﨑誠司、二〇一二）。この六つの原理を設定することにより、本実践のような政策課題を話し合う学習でも、争点が曖昧になったり形式的平等と実質的平等の行き来がなくなったりした場合に、足りない視点を指摘したりするなどして論点を整理し、公正さに関する多面的な考察を踏まえた話し合いが可能になると考えられる。まず、役割ごとの主張を行って、論点や争点の整理を行う。この時、生徒に提示した役割のリード文は次のようなものである。

①長年生活し、家も残ったAさん（七〇歳）
私は元の町に復旧して欲しいと思います。つまり、区画整理も移転も望みません。

新しく家や建物を建てなければならない人たちを助けることと都市型開発を行うことは同じことではありません。駅前自由広場建設の時の話し合いを行うときもいろいろな意見が出て、なかなかまとまらなかった経緯があります。たくさんの意見が出るのは分かりますが、私は天寿を全うするまで、この町で生活させて欲しいという一言に尽きます。元の区画に戻し、防災上狭い路地や公園が必要ならば該当した人たちが土地を出して、決めていけばよいのです。建て直しはどうせすぐできるに決まっているんだからさ。

②家を焼失した消防団員のBさん（六一歳）

私はこの町の消防団員です。職場から自宅が近いので、震災後すぐに自宅の様子を見て無事を確認し、すぐに線路の向こうで上がっている火災の消火に向かいました。必死に消火にあたり、何とか三時間後鎮圧に成功したのですが、家に戻ると先ほどは何ともなかった我が家に、火の手がすぐ隣まで迫っていました。そして、何も取り出せないまま家は燃えてしまいました。私は、この町に生まれ、育ち、仕事もしています。この町が大好きです。当然、離れたくありません。しかし、家を再建する金銭的な余裕はなく、困っています。この町の雰囲気が変わるかもしれないけれど、超高層マンションの話は魅力的です。

③最近引っ越してきたCさん（二五歳）

私は、この自由が丘というまちの雰囲気が好きで引っ越してきました。幸いにして、私の生活するマンションはほとんど被害もなく、生活できそうです。しかし、再開発事業が行われれば、この町の好きな雰囲気は確実に崩されてしまいます。それはやめて欲しいです。確かに、狭い路地や袋小路も多いため、この機会に最小限の区画整理を行っていく必要性は理解できます。ただし、最小限にとどめるべきです。私は、この自由が丘の雰囲気を壊す再開発には反対します。もし、再開発が実行されるのならば、このまちに住み続ける魅力はないし、そういう若者は他にも少なからずいるはずです。

④区役所都市計画課職員のDさん（四〇歳）

私たちは、できる限りここで生活するみなさまの生活を守るために、再開発の必要があると考えております。もともと自由が丘一丁目地区は狭小路地や袋小路が多く存在し、防犯上も防災上も課題がありました。避難所になる駒沢公園からも遠く、自由が丘地区では最も危険度の高い地区に指定されてきています。再建の難しい方も含めて、再開発が行われれば、負担も少なく防災に強い都市づくりが可能になります。お隣の田園調布のように、イメージを崩さないよう高層を建てない再開発を目指す方法もありますが、それでは再建の難しい方々は町から出て行かなければならない可能性が高くなってしまいます。それは避けたいのです。

⑤建築コンサルタントのEさん（四八歳）

自由が丘は前を向いて歩かなければならないのです。そのためには、みなさんがこの町で生活することを何とかお手伝いしたいと考えております。我が社が提案する三〇階建て超高層タワー型マンションを三棟建設し、その中に今生活していらっしゃるみなさまは特別の待遇で入居して頂きます（この条件は、個別交渉として、全体では話をしないとはぐらかして下さい）。また、区の方で計画している「防災重点地区」への対策もばっちり我が社の方で準備したいと考えております。一部の方に現在の自由が丘のイメージが崩れるという方がいらっしゃいますが、まちの雰囲気やイメージは新たに形成すればよいのです。

⑥区役所まちづくり課のFさん（三二歳）

私たちは、このような大きな被害の後でも、可能な限り住民のみなさまの意見を尊重するべきだという考え方に立っております。できる限り、この自由が丘というまちの雰囲気を崩さず、まちが復興することを考えています。ポンプ車の入場が難しいような狭小路地や袋小路に関しては、そこで生活する方々には土地が減るなど若干の不便をおかけしますが、みなさんで協力して土地を捻出し、適切な広さの道路や公園を設置したいと考えております。あくまで、元の区画を改良する形でのまちづくりをこれまでも自由が丘地区では行ってきたのですから、それを尊重してまちづくりを行っていきましょう。

この段階の話し合いでは、被災者の実質的平等を考える福祉の原理を重視し、「高層マンションの建設による居住権の確保」という形式的平等を求める立場と、平等の原理や公平の原理を重視し、景観に代表される「自由が丘の町としての価値を保ちつつ行う居住権の確保」という実質的平等を求める立場との間で、どちらを重視して復興していくかというところに集約されていく様子が見られた。

こうした価値観の違いに話し合いが及んできたところで、前述の真野地区の地域コミュニティのあり方や被災からの復興過程を取り上げた。そこで、真野地区まちづくり推進会の清水氏へのインタビューや『真野っこガンバレ！』という地域紙の記事を教材として用いることで、長年にわたる地域コミュニティによるまちづくりの蓄積が復興を主体的に担うことを可能としたこと、震災から数日、数カ月で課題に挙がる内容が異なること、それらの課題を真野地区の人々が乗り越えていった方法（建物レスキュー隊や地域企業の社会貢献、長屋の建替推進など）を捉えさせた。

3 結論報告と復興マニュアルの検証（第三時）

前時で学んだ真野地区のまちづくりの経験を視点として自分たちの話し合いを再検討し、再度復興街づくりの話し合いを行って結論を出していくが、再検討の過程でも、争点は高層マンションをつくることと景観や雰囲気を守るという点にあるグループが多かった。しかし、その解決方法については、話し合いでは住民主体のまちづくりの必要性からロールプレイの一人ひとりの主張にもう一度立ち返り、「Bさんのような住民が住むためのマンションを焼失した場所に区の資金で建設する」や「住民の居住を確保するためにマンションを建てる」という被災者の生活を優先的に配慮するという結論づけを行ったグループも出ていた。また、「旧自由が丘地区と新自由が丘地区にわけて再開発を行う」というように、同じマンションをつくるという結論でも、地区すべてを再開発していくというような異なる理由づけのものも見られた。したがって、真野地区の事例を承けて再検討の時間を入れたことで、住民主体のまちづくりの重要性を考えたり、長屋の建替からまちづくりのヒントを得たりする班も見られており、生徒はより多面的多角的な考察を行っていた様子であった。生徒は、役割として設定された立場に戻るからこそ、対立する住宅を失ってしまった人びとに対する居住権の確保と景観や雰囲気の維持とを両立させようと考えていたようである。この話し合いから出された結論や理由付けを共有した上で、実際の目黒区の復興マニュアルを取り上げ、内容を確認し検討した上で、特に復興計画は平時に作成することが明記されている事実を確認し、単元のまとめとした。

4　生徒の記述から読み取れること

震災はあくまで怖いものでしかなかったり、自分とは遠い世界で起こっている出来事と考えたりしている姿勢が見られた生徒たちが、シミュレーション場面に対する考えを出し、さらにロールプレイによる話し合いを通して、どのような認識を持つに至ったかについて、二人の生徒のワークシート記述から考察していく。

1　生徒Aの場合

生徒Aは何事にも熱心に取り組む意欲をもち、話し合い学習では論点整理や方向修正を行うなど、先見性をもって議事にあたることができる生徒である。

単元のはじめでは、「災害」が起こった時に備えていることとして、

「非常食や懐中電灯を入れた箱を準備してある。地震の時にテレビが落ちないようにしてある」

と、他の生徒も多く挙げている一般的な家庭でのハード面の対策を述べるにとどまっていた。

そして、ロールプレイのリード文に対する自らの考えとしては、

「できるだけ早く被災した人が元の生活に戻れるようにすることだけでなく、その人たちにとってのふるさとを壊さないようにすること」

と述べている。すなわち、話し合いを行う前の段階では、「元の生活に戻れる」や「ふるさとを壊さない」という被災者の生活の復旧を中心に思考していることが読み取れる。

そして、生徒Aは「Dさん役（区役所都市計画課職員）」としてロールプレイを行い、「Eさん役（建築コンサルタント）」の生徒と連携を図りながら、再開発を行うことで、居住権の確保を行っていく必要性を話し合いの中で主張できていた。

話し合い後の記述として、まず、被災者の格差是正のためには、

「大きな被害を受けた人が被害の小さかった人に比べて不平等にならないように、少し特別の優遇をするなど完全に復興するまで援助を行うこと。また、公共のサービスや機関については誰もが平等に受けられるようにすることが必要だと思う」

と指摘している。話し合い後も、被災者中心の思考を行っている点は同じだが、被災者間で生じた格差を是正するために「特別の待遇をする」と述べており、より具体的な政策面

の指摘につなげている。さらに、社会インフラは「誰もが平等に」と記述していることから、被災者支援は被害の最も大きかった人びとを対象に行われる必要があると考えていることが読み取れる。生徒Aのこういった思考の背景には、生活基盤が破壊されるほどの被害は「想定外」であり、想定外である以上、誰が被災しても安心できる社会づくりが大切になり、そのためには、人と協力することが大切だという認識に至ったことが、「学習のまとめ」の記述からも読み取ることができる。

「人と協力することはとても重要であり、また同時に大きな課題であると思った。なぜなら震災の際はいろいろな想定外のことが起こり、多くの人が慌ててパニックになるため、自分のことで精一杯で他人の事を考えるのは難しいだろう。だが命が助かった後は一人では生きていけない。震災直後は住民だけでの消火活動や救助が大切だということがわかった。また復興に向けた話し合いも人との協力が必要となる。だから非常事態の時こそ冷静さを保ち人との協力をすることが大切だと思った。またそれをしやすくするために普段から不測の事態に備えておくことも重要だということがわかった」

こうした単元を通しての思考過程をたどることで、生徒Aが「人との協力」を最終的な考えの核として位置づけることに至ったのは、被災者を中心とした認識がだんだんと自分と関連づけられていき、「普段から不測の事態に備えておく」という自分に近い認識に至ったためである、と読み取ることができる。

2 生徒Bの場合

生徒Bは、授業内ではじっくりと考えてから発言し、興味ある内容については高い学習意欲を見せており、また、ワークシートには率直な記述を行う生徒である。

単元のはじめでは、「災害」が起こった時に備えていることとして、

「貴重品を一箇所にまとめておく」

と、今回の生徒記述では数少ない貴重品に触れた生徒である。一方で、他の対策は言及されておらず、事前の関心はあまり高くない様子が感じられた。

そして、ロールプレイのリード文に対する自らの考えとしては、

「自由が丘の雰囲気は好きなので、あまり高層マンションは建てたくないと思っています。私は、雰囲気を壊さない程度のアパートを作って、被災者も被災していない人も負担を最小限にすべきだと思います」

と述べている。話し合いを行う前の段階で、リード文から与えられたシミュレーション内容に対して、「雰囲気を壊さない程度のアパート」建設を提案しており、生徒Aと比較すると、自分がもっているまちの認識と関連づけて考えている様子が見られる。

そして、生徒Bは「Cさん役（最近引っ越してきた二五歳の市民）」としてロールプレ

イを行い、自らの視点にはなかった若者の社会的な意義づけをロールプレイの中で行っていくことになった。

話し合い後の記述として、まず、被災者の格差是正のためには、

「被災者を優先し、被災しなかった人は平等に負担し、かつ今後町に人が来るようにするようなまちづくり」

が必要であると指摘している。前半部は話し合いの前から指摘されていた内容であるが、「町に人が来る……まちづくり」という点は、「今回の話し合いを通じて、本当の復興まちづくりが行われた時に、最も力を入れて臨みたいことは何ですか」という単元最後のワークシートに記述された「将来もその町が栄えられるようにしたい」という言葉や次の「学習のまとめ」の記述からも、Cさん役を通して得た認識であることが読み取れる。

「今までは町の復興は数ヶ月で終わるものだと思っていました。被災者に住居を与えて少し補助してあげれば済むと思っていました。けれどこの授業を通して復興というのは簡単にできるものではないことを知り、改めて震災の恐ろしさを感じました。私はCさんという若者側の立場だったので、町の復興や将来においての若者の必要性をすごく感じました。若者が町から出て行けば近い将来町はすたれしまうけど、若者を優先することにより、他の何かを諦めなければならないことは、復興だけでなく多々

あるそうです。少子高齢化が進む中、若者はかなり重宝されてくると思います。私たちがこれから日本復興するんだと思うと責任を感じます」

この生徒は、今回の学習を通して、「被災者に住居を与える」という他人事の状態から、復興が簡単に終わるものではなく、また、町の復興は町の将来を考えていくことも必要であるという指摘に変化している。さらに、こうした復興過程を少子高齢化の問題と関係づけ、若者として自分たちの世代に復興が任されていることなどを意識した視点も認めることができる。生徒Bの認識は、今回扱っていない東日本大震災の復興過程にも当てはまるものであり、今後大規模震災が生じた時に応用できる認識であるだろう。

いずれの生徒も、現在の認識の下で記述された自分なりの言葉や表現であるが、震災後に目を向ける必要性が述べられ、その重要性とそのために必要なことが語られている。阪神・淡路大震災からは一五年以上、東日本大震災からは二年近くの月日が流れる中で、風化させてはならないことが風化しつつあるという現状が生徒の前にはあったが、こうした授業を行っていくことで、必要な行動をとるために必要な認識と共感的な理解が生まれる可能性が示唆されている。

おわりに

本稿の目的は、震災への距離感がある生徒一般に対して、「もし自分たちの生活する地域に大規模震災が起こったら、どのように復興を果たしていくか」という問いを通して、大規模震災の影響や現実を理解し、震災後の社会をどのように復旧・復興させていくかを考えていくことで、自分に引きつけて震災を考えることができる学習を模索することにあった。このことについては、生徒Aと生徒Bの学習の記述からは、発災直後だけではなく復興過程にも目を向ける必要性や自分と関連づけて考えることが見いだされており、一定の成果が得られたと思われる。

一方で、生徒の記述から本実践の課題が二点挙げられる。一点目は、本時で取り上げた目黒区の復興計画や自分たちの生活する地域の復興まちづくりの計画に関する具体的な分析や指摘が出てきておらず、「協力が大事だ」や「私たちが頑張る」という一般的な感想の域にとどまっている点である。地方自治の学習と関連づけて単元構成を行って予算なども含めて検討させることや現実の復興計画について検証をより丁寧に行う時間を確保するなど、さらなる検証が必要となる。二点目は、震災復興における地方公共団体や国の役割が十分に反映されていないことである。復興を行っていくときに、住民中心だとしても、大きな役割がある地方公共団体や国の働きに関して十分な理解が進んでいるのかが明確になっていない点である。この点についても、復興計画の分析等の学習を充実させることなど、さらなる検証が必要になる。

社会科教育が取り扱う内容の中には、簡単に伝えられない、また、考えさせること自体が難しい内容も含まれており、専門諸科学を理解していなかったり、理解していてもわからない「非知」の状況におかれていたりするものもある。今回取り上げた「震災復興まちづくり」も、東日本大震災という「想定外」の自然災害がもたらした現象や結果だけを対象とするのではなく、そこで生活する人びとや企業、行政機関が行うものであり、その人びとの文脈に依存する内容を取り扱った。さらに、阪神・淡路大震災という公的な復興を終えた事例を取り上げることで、現在も復興計画が策定中だったり、進められている途中の東日本大震災の勝手な予想図を作ることなく、東日本大震災にも応用していくことのできる認識につなげることが可能となる。それは、これから避けることができず、かつ、どのような影響や被害を及ぼすかわかっていないという「非知」の状況にある未来の震災に対しても、自ら考え、対応できる資質や能力の育成につながると考えられる。その点で、社会科教育の中で、このような震災後のまちづくりを担っていく市民の育成は、今必要とされている地域だけでなく「平時」を過ごしている地域でも必要なことであり、そして、被災地と共有していく認識と行動を生徒に考えさせていくことにつながるといえるだろう。

参考文献

◉井門正美……「役割体験学習論に基づく社会的実践力の育成」（谷川彰英監修『市民教育への改革』東京書籍）、二〇一〇年

◉川﨑誠司……『多文化教育とハワイの異文化理解学習』ナカニシヤ出版、二〇一一年

◉小松丈晃……『リスク論のルーマン』勁草書房、二〇〇三年

◉石本貞衡……「話し合いを通して主体的に意見形成を行う社会科学習――『震災復興まちづくり』のロールプレイ学習を題材として――」（「高リスク社会に対応した学力を育成する社会科内容・指導に関する研究」平成二十三～二十四年度東京学芸大学連合大学院連合学校教育学研究科（博士課程）研究プロジェクト経費第一年次研究報告書、研究代表者：竹内裕一）、二〇一二年

◉住田功一……『阪神淡路大震災ノート 語り継ぎたい。命の尊さ 新版』学びリンク、二〇一一年

◉兵庫県教職員組合・兵庫教育文化研究所編
………『いのち やさしさ まなび―兵庫発の防災読本』、二〇〇五年
◉広原盛明……『震災・神戸都市計画の検証』自治体研究社、一九九六年

注

＊1…リスクと危険の違いについては、リスクは専門知によって規定され、人々は回避や備えを自己決定することも可能だが、危険は専門知でも欠落する知であるとされる。また、人々は回避や備えなどの自己決定をできないまま決定者の決定の影響を受け入れなければならない状況におかれるとされており、その過程で重要なのは本文中にあるとおり、決定者との対話にある（小松丈晃、二〇〇三）。

＊2…「震災の三日後、（中略）阪神淡路大震災の混乱のさなか、大阪では、まったくいつもどおりの生活が続いているではありませんか。瓦礫の街と化した神戸からわずか四十キロ。平時なら電車で二十五分の距離で、この天と地ほどの差は何なんだろう」（住田功一、二〇一一）と指摘されていることや、東日本大震災の時にも、液状化現象によって生活に大きな影響を受けた地域が首都圏においても存在したことは忘れてはならない事実である。

＊3…神戸市復興計画は一〇カ年（前半五年間でほぼハード面の復興は達成されたとされる）計画で二〇〇四年度に最終年度を迎えている。

＊4…本校社会科公民的分野の学習では、話し合い学習を中心に構成した学習計画を設定している。これは、平成二〇年度版学習指導要領では、現代社会をとらえる見方や考え方の基礎として「対立と合意、効率と公正など」を理解させることが目指され、情報を受け取るだけでなく、情報を活用しながら思考を練り上げていく学習過程を設定することが必要だと考えるためである。また、近年話題になっており、学習指導要領上でも言語活動の充実が指摘されていることに鑑みても、説明を中心とした授業による知識伝達型の授業形態ばかりでなく、こうした生徒同士の相互作用によって学びを深めていくような学習が必要になっているといえる。

＊5…行政上は安全と見なしていたり、想定されたりしていても、安全の想定外の地区が出てくることは想像に難くない。教材研究を行っていく中で話を聞いた建築や消防の専門家には、「正面切っては言えない」と前置きした上で、実際に危険な地域は地震による家屋倒壊や大規模火災による延焼がなければ、「実際問題として区画整理はできない」という認識をしている方もおられた。これは、この発言をしている方々が「（人権上）悪い」と言うよりも、財産権をもって人が生活している以上、それを

強制的に動かすことはできず、行うとしても当該者の話し合いによって決められるため、家を取り壊し、減築してまで防火や耐火に備えることはできないという当該者の主張を聞く立場にあるからこその発言だと考えられる。こうした実情を考えると、「安全」と見なすよりも「今は危険とは考えていない」という認識で備えたり、話し合いによって情報を共有したりしていく姿勢が大切だと考えられる。

中学・公民

7 福島第一原発事故報道にみるメディア・リテラシーの授業

上園悦史

1 リスク社会における社会科の授業

今回の東日本大震災では、地震・津波による犠牲者約二万人など、「想定外」の災害に被害状況の把握さえままならぬなか、放射能の恐怖が人々を襲った。ウルリッヒ・ベックは『世界リスク社会論』の中で、チェルノブイリのような「衝撃的な経験」が「国境を越える」現象を〝世界リスク社会〟という概念で表現し、高度にグローバル化した現代社会ではリスクのグローバル化も進み、「グローバルな認識モデルや公共性と行為に関する討論の場」が誕生しようとしている、と述べている。こうした指摘にヒントをえて、今回の実践では東日本大震災をテーマとして、日本の社会に潜在するリスクがグローバル化していく諸相をとらえながら、現代世界においては自国の問題を解決するためには国家を越えた協力が必要であること、つまり「自国の利益のためには脱国家」化さえも見すえて自己決定をしていくことが必要であるという態度を生徒たちに育みたいと考えている。

2 原発事故報道の教材化の視点

1 チェルノブイリ原発事故との比較

二〇一〇年四月一二日、日本政府は国際基準（正確には原子力事故評価尺度ＩＮＥＳ）に基づいて、福島第一原発事故の評価をチェルノブイリ原発事故（一九八六年）と同じ「レベル7」に引き上げた。これは、〝広範囲で人の健康や環境に影響を及ぼす大量の放射能の放出〟を意味する重大な事故という認識である。放射能の放出量について、政府は七七万テラベクレル（二〇一一年六月発表）、東電は九〇万テラベクレル（二〇一二年五月発表）としている。同レベルのチェルノブイリ原発事故では、放出量は五九〇万テラベクレル、原発から三〇キロメートルの地域は立ち入り禁止となっている。二つの原発事故には共通点も指摘できる。

まず、「想定外」の事故発生と対応の遅れである。チェルノブイリでは原子炉の爆発、福島では全電源喪失の事態などあり得ないと考えられていた。次いで、事故発生直後の情報公開の遅れと情報の操作の問題である。チェルノブイリ事故では、事故発生（四月二六日）から三日後にスウェーデンで放射能が検出され、これをきっかけにソ連政府は事故の公表を余儀なくされた。そして事故発生から三年近くたった、一九八九年二月に初めて詳細な汚染地図が公表され、原発から三〇〇キロメートルも離れた地域にまで高汚染地域が広がっていることが明らかとなった。三つ目は内部被曝の影響である。チェルノブイリ原発事故では、食べ物を通じた放射性セシウムの取り込みにより、高汚染地帯に住む子どもほど体内の放射性セシウムを多く蓄積することが報告されている。こうした内部被曝が人体に与える影響については、実のところ病理学的に裏付けることが難しく、すべてが放射性セシウムに起因する症状であるとは結論しがたいことも事実であるという。しかし、放射性セシウムがわずかでも生体の臓器に取り込まれると、疾患が悪化したり、ほかの疾患との合併症を引き起こしたりする危険性が指摘されている（ユーリ・I・バンダジェフスキー、二〇一〇）。

2　原発安全神話の崩壊

東日本大震災では、事故で外部に放出された放射能について、日本政府も、新聞やテレビも「ただちに健康に影響を及ぼすものではない」「日常生活を続けてもまったく問題ない」などの「安全」であることを何度も繰り返していた。こうした中で、私たちのように、放射性物質の専門家ではない立場にいるものに必要なのは、混乱した情報を自ら整理するための視点と指針である。そのためには、私たち自らが報道を適切に評価するための方法を身につけ、報道が正しいかどうかを判断することが重要である。影浦峡は『3・11後の放射能「安全」報道を読み解く』の中で、報道を理解するために「事実＝誰にとっても変わらないもの」「科学的知見」「基準」「個人的な判断」「個人の心理状態」の五つのレベルに分けて読み解く方法を提示している。ここでいう「基準」とは、自然放射線と医療行為で受ける放射線以外で、人々が平時に受ける線量の上限の数値「一年間に一ミリシーベルト」という政府が政令によってさだめた数値である。

表をみていただきたい。太枠内の「安全を考える基本レベル」の情報を私たちが抽出し、「基準」に照らして「安全」か「安全ではない」かを判断すれば、「どうすれば安全なくらしができるのか」についての一定の方向性が導き出されてくる、と筆者は考えている。

3　メディアの多様化と情報発信の遅れ

私たちは人生の大半をメディアとともに過ごしているが、中でもニュースは「現実」を伝えるものと思いがちである。テレビや新聞を通して伝えられる情報がそのまま世の中を映し出したものだ、と私たちは思っている。しかし、取材先を替えたり、編集や報道の仕方を変えたりするだけで、情報を受ける側の「現実」を変えることは可能である。例えば、福島第一原子力発電所から出た放射性物質の拡散の様子をコンピュータで示したのが、日本のＳＰＥＥＤＩシステムであった。この計算結果は原子力発電所の北西部地区が危険である可能性を示していたが、福島県は住民への公表を行わない方針を決定した。これに対して、インターネット上のウェブサイトにはソーシャルメディアやストリーム放送を通して、世界のメディアが報じる「もう一つの現

区分	内容	分類		
科学的に立証されている事柄（専門家の意見など）	・健康への影響は100ミリシーベルト以上	科学的知見		だれにとっても変わらない（事実）
政府が政令や法律などで定めた基準	・1年間　1ミリシーベルトを上限とする ・例外的な基準：放射線業務従事者 …50ミリシーベルト，緊急時対応100ミリシーベルト	社会的な見解	安全を考える基本レベル	
安全か危険かをめぐる判断	・年間1ミリシーベルト（安全か危険か） ・放射線の空間線量（安全か危険か）	個人的な判断		
安心と感じるか不安と感じるか	・100ミリシーベルト被爆しても（安心・不安）	個人の心理状態		

影浦　峡著『3.11後の放射能「安全」報道を読み解く』より。一部筆者修正

実」を閲覧することが可能であった。

つまり、情報の隠蔽や情報の開示の遅れから、世界のメディアの報じる情報と日本国内で報道されている内容との「開き」「ギャップ」が生じたわけである。この情報の「開き」は、どんな情報をいつ、どのように伝えるべきなのか、その判断の過程を振り返ったときに、いち早く情報を開示することの教訓を示唆している。それと同時に、二つの重要な視点を見過ごしてはならない。第一に、情報は誰が握っていたのかという点、第二に、なぜ情報が知らされなかったのかという点である。ここを問題の出発点として、メディア・リテラシーの授業を構想することにしたい。

3 メディア・リテラシーの授業構想

1 社会科の目標との関連

メディア・リテラシーについて、菅谷明子は「メディアが作る『現実』を批判的（クリティカル）に読み取るとともに、メディアを使って表現していく能力」（『メディア・リテラシー』）と定義し、メディアが送り出す情報を「構成されたもの」としてとらえる総合的な能力を指すとしている。本授業においては、この定義に基づいて、社会科教育の目標と重ね合わせて、授業の目的を再設定したい。

一、メディアがもたらす「利点」と「欠点」（あるいは限界）を冷静に把握し、世の中にはメディアが伝える以外の情報があふれていることに気づかせる。

二、メディアを通して伝えられる情報を単に受容するのではなく、意図を持って構成されたものとして読み解く力を養う。ただし、報道の自由や表現の自由は、私たちの社会生活の基盤をなす憲法において保障されている権利であることに留意する。

三、メディアから発信される情報を吟味することは、市民社会における様々な社会問題について、自ら判断し行動する人間を育てるという、社会科教育における民主的な社会の発展に参画する上での公民的資質にもつながってくる。

2 メディアの果たす社会的意義

メディア・リテラシーを扱う場合、教材となる今回の原発報道をどのような視点で話し合うのかという基軸作りが明確でなければ、議論が空回りしてしまう。その土台として、NHKと日本民間放送連盟（民放連）が共同で掲げている「放送倫理基本綱領」（一九九六年九月一九日制定）や民放連の「報道指針」（一九九七年六月一九日制定）などの自主基準を読んで、そこから主要な要素を抽出し、生徒たちに考えさせる視点とした。[*1] これらの内容を精査してメディアを分析する視点を抽出すると、第一に、事実をありのままに伝え公平な視点で扱われているか、第二に、公共性、公益性の観点から報道がなされているか、第三に、できるだけ多様な意見を考慮し、多角的な報道を心がけているか、の三点をあげることができる。また、メディアの果たす社会的意義に着目して考えてみると、一、権力との関係：政府の情報を鵜呑みにせず、裏付けをとった取材活動ができていたか。二、専門家との関係：賛否それぞれの立場の専門家の発言を適切に扱い、被災者に対して充分な情報を提供できていたか。三、被災者との関係：誰の目線に立って報道したか。こうした三点を軸にして授業を展開していくきっかけとしたい。

3 メディアの公共性をめぐる問題

メディアは全ての情報を知らせているかというと、もちろん、そのようなことはない。そもそもできない。つまり、日常的に情報の選別を行っている。武田徹は『原発報道とメディア』の中で、重要なのは報道内容のどこが、どのような理由で「知らされない＝非知」となったのかを考えることであり、情報を受け取る側においても「情報の可知と非知のありかたをきちんと特定して受け入れるリテラシー」が必要となってくる、と指摘する。さらに武田は、図を作成し、その中で、横軸に「安全――危険」、縦軸に「不安――安心」を設定し、第Ⅰ象限をジャーナリズムが安全なものを危険だと報道し、不安を過剰に喚起している領域、第Ⅲ象限をジャーナリズムが危険を見逃している領域、と整理している。この四象限から、多くの人々の意識は、第Ⅲ象限、つまり震災を通して放射能汚染の実態を知らない、あるいは影響はないものと受けとめながら、その「危険性」のみを認知し、特に日常生活に「支障はない」ものとして冷静に受けとめている態度であると考えられる。実際に授業前の生徒は、放射能汚染の危険性は認知しているものの、不安にはかられていないと答える者が多かった。理由としては、「よく知らない、目に見えないものだしわからないから不安にも思わない」「知識も持っておらず、普段の生活に関わりがないから」というものであった。こうした認識から第Ⅳ象限の安全で安心も感じる領域に移行することが望ましいといえよう。

原発報道においてもこの「知らせる」「知らせない」が論議となった。たとえば、海外のメディアは日本に比べて先んじていち早く情報を伝え、日本政府の発表は後手に回ることが多かった。[*2] 日本政府が退避や避難に消極的であったことの要因として作為責任と不作為責任の問題がある。いったん退避指示を出したさいに、そのあとの「副作用」の方がより重大な損益や混乱を生じさせてしまい、結果的に「作為責任」を問われかねない事態に陥ることを懸念したということがある。しかし、原発事故が悪化の一途をたどり、大量の放射能が飛散し、被害が拡大する事態になったとすれば、逆に退避をさせなかったという「不作為責任」を問われることになる。この作為責任と不作為責任の問題を考える事例として、二〇〇九年のイタリア中部ラクイラで発生した地震で、政府が「安全宣言」を出した後、一週間後に地震が発生し、安全宣言が被害を広げたとして、学者や政府の担当者らが過失致死罪に問われた事件がある。この事例は教訓とすべき点が多い。日本でも政府や専門家が委員会を作り、地震の長期予測などを検討しているが、研究者は専門的な情報を解説し、行政が最終判断に責任をもつが、その意見が集約される過程を公開し、一般市民が複数の考え方がある、と知ることが大切である。イタリアの場合は、作為による結果責任が問われたが、こうした問題は「知らせる」「知らせない」を再検討していく中で、公共的な使命を持っている報道のあり方を考えるきっかけ

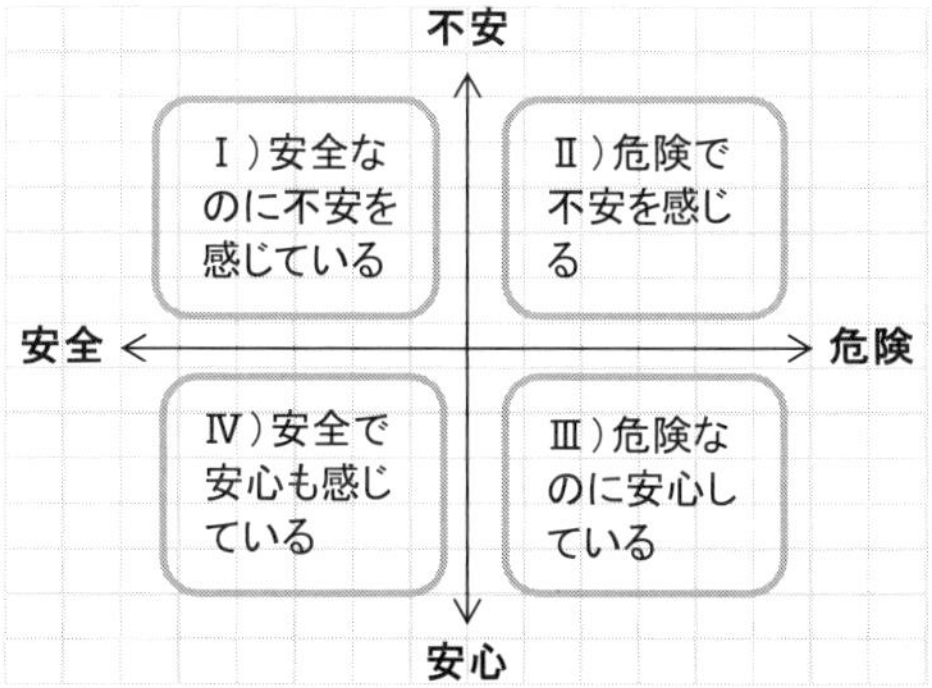

武田徹著「原発報道とメディア」p.59より。筆者が一部修正

となるものといえる。

4 授業実践報告『原発報道を読み解く』

1 単元設定の理由

本実践のねらいは、メディアから発信される情報を批判的に受け止める態度を養うことである。その題材として、東日本大震災における福島第一原発事故後の放射能の報道記事を分析することとした。授業の構想段階において筆者は、二〇一二年一一月に原発二〇キロメートル圏内の福島県楢葉町に足を運び、除染作業が進んでいない地域や被災地域の復興の様子を調査してきた。その際、福島市の公共図書館において東日本大震災発生当時の新聞記事を入手し、全国紙の「毎日新聞」、地方紙の「福島民友」、いわき市のローカル紙「いわき民報」の三紙の見出しと記事を抜粋し、分析を行った。その結果、地方紙には避難場所の具体的な情報や被災者への細かな情報が提供され、毎日新聞の中には、福島県全体が危険な状況に置かれているような見出し（三月一七日「福島から脱出」）も見受けられた。また、震災以降三月二〇日までの記事を読むと、放射能被害の実態を伝える紙面は格段に増えてはいるが、読み手の側にとって果たして危険であるのか、安全であるのか、あるいは避難場所に留まっていてよいかを判断する情報が極めて乏しく、専門家の意見を鵜呑みにしている状況が続いていたことに気づいた。メディアから発信されるこうした情報を私たちが批判的に読み解くためには、生徒たちに実際に新聞記事を読ませ、その問題点を捉えさせる学習が必要であると考え、本単元を設定した。

2 本単元のねらい

・震災から復興へ向けての取り組みの中からいくつかの課題を抽出し、歴史的・政治的・経済的視点から幅広く考察する。
・日本のエネルギー政策の観点から原発を推進してきた背景を考察し、その危険性（リスク）は国内にとどまらず、他国へも影響を与える状況にあることに気づかせ、グローバル化するリスクの様相をとらえる。
・原発報道における情報の取り上げ方について新聞記事を題材に、リスクと公益性の観点から考察したり、そこから新たな課題を見つけたりして、よりよい社会の実現にむけて自らの価値認識を問い直す。

3 単元構想（全六時間）

第一時　復興予算に転用のおそれ

【授業のながれ】 東日本大震災の復興予算としておよそ一九兆円が計上されているが、震災対策などとして被災地以外で支出されている問題が取り上げられている。さらに被災地の自治体では、人材不足などから復興計画になかなか着手できず、潤沢なはずの復興予算を有効に活用できないという現状がある。前提となる知識として、日本の財政事情や予算編成の流れ、会計区分などの基礎的な事項をとらえさせ、効率の観点から復興予算をめぐる課題を考察していく。

【学習事項】日本の財政事情、予算の編成、一般会計と特別会計の仕組み、公債の発行（日本の抱えている借金）、復興庁の役割と復興予算の使われ方、復興増税、復興公債の発行

第二時　放射能汚染処理はどのようにすすめられているのか

【授業のながれ】福島第一原発事故により原発から二〇キロメートル圏内に立ち入ることが厳しく制限され、一部の地域を除いては住民の帰宅もできない状況である。その放射能汚染の実態については、筆者が現地にいって記録してきた写真や映像を紹介し、線量計の実測値や津波被害の現状、除染作業の進捗状況などを写真で報告した。また放射能が人体に与える影響について、二〇一二年にＮＨＫテレビが放送した番組『ウクライナ政府報告書』を視聴し、汚染の実態や甲状腺がんの発症と低線量でも長期間被曝し続けることで様々な病気や合併症がおきる危険性があることを理解した。また福島の事故は世界のエネルギー政策にも大きな影響を与えたことを指摘した。

【学習事項】放射線の単位（シーベルトとベクレル）、原発二〇キロメートル圏内の実情、除染の実態、放射線の人体への影響・チェルノブイリ原発事故の教訓（低線量被曝の人体への影響、内部被曝）

第三時　なぜ原発に頼るのか

【授業のながれ】アメリカの核の平和利用宣言以降の核技術の転用と、福島第一原発に設置されたマークⅠ型の沸騰水型原子炉の危険性をめぐって、ＮＨＫスペシャル『アメリカ

からみた福島原発事故』を視聴し、すでに一九八〇年代にはアメリカにおいて全電源喪失という事態がシミュレーションされていた事実を理解した。それをふまえて日本のエネルギー事情が大きく変化した経緯を歴史的に考察しながら、過疎地がねらわれている理由や、特定の地域に集中していること、地震の多い日本での危険性などを考察した。

【学習事項】核の平和利用宣言、日本のエネルギー政策の変化、脱原発の議論、原発で働く人々の実態（下請け労働と健康被害の実態）、政府・電力会社・受け入れる自治体・企業にとっての原発の意義、原発の誘致とお金の流れ（交付金、寄付金、電気料金）

第四時　原発事故の被害はなぜ知らされなかったのか

【授業のながれ】チェルノブイリ事故と福島の原発事故の共通点を考察した。一つは、「想定外」の事故と対応の遅れ、二つ目は、事故発生直後の情報公開の遅れにみる情報の操作。福島の事故では、放射性物質の拡散の実態を示したＳＰＥＥＤＩシステムの公表は事故発生から一二日後であった。なぜ汚染の実態は国民に知らされなかったのかという問いをめぐって話し合いを行った。生徒からは、「政府には情報隠し体制がある」「情報を握っている人の政治的な判断で情報が隠されてしまう」「政府の体制を批判するメディアが弱い」などの意見がだされた。ここから、「国民の知る権利の保障」「権力の監視」「正しい情報の提供」というメディアが果たす役割に気づかせるとともに、本単元のテーマであるメディア・リテラシーに焦点をあてて授業を展開していくきっかけとした。

【学習事項】情報操作、情報隠し、放射能汚染の実態、メディアの存在と役割

第五時　報道を読み解く視点を知ろう（事前指導）

【授業のながれ】前時のメディアの果たす役割について再度取り上げ、新聞などの情報を読み解く視点として、影浦峡の前掲書『3・11後の放射能「安全」報道を読み解く』を参考に、報道を適切に評価するための方法を学習し、五つの観点の説明と実際の新聞記事を使って文章を分類し、作業手順を学習した。次回の授業で使用する新聞記事の資料を配布し、観点ごとに傍線を引いて分類しワークシートに記入してくることを課題とした。使用した新聞記事は毎日新聞・福島民友・いわき民報の三紙である。震災発生直後の二〇一一年三月一一日から三〇日までの記事から七つの記事を抜粋して資料とした（三三五頁参照）。

【学習事項】情報を読み解く視点・新聞記事の分析方法・紙面の読み取り

4（第六時）原発報道にみるメディア・リテラシーの授業指導記録

❶本時のねらい

一、震災直後の原発事故関連を取り上げた新聞記事の内容を読み、五つの観点に分類し、ワークシートにまとめることができる。【資料活用】

二、ワークシートの結果をグループの中で比較しあい、自分と他人とで観点のとらえ方や記事の評価に違いがあることに気づき、お互いに意見交換をして理解を深めることができる。【思考・判断・表現】

三、情報を発信するメディアと受け取る私たちとの関わりについて、これまでの自分の態度を振り返り、これからのよりよい関わり方を考え、自分なりに文章にまとめることが

できる。【思考・判断・表現】

❷本時の展開

◇導入部分

震災から一年以上が経過した二〇一二年六月に、福島県飯舘村（計画的避難地区に指定され、住民約六〇〇〇人が避難している）がまとめた放射能や放射性物質へのアンケートを紹介し、今なお「〝いろいろな意見があるのでどれが本当なのかわからない〟という回答が七割近くに上っていた」（朝日新聞二〇一二年九月一三日より）ことを受け、私たちのように放射能について専門的な知識のない立場のものに必要なことは、混乱した情報を自ら整理するための視点と判断力であるという、本時の主題に気づかせて導入とする。

◇展開部分

◆思考部分（一）

生徒があらかじめ作成してきたワークシ

学習内容	教師の支援（指導上の留意点）	資料
◇導入部分：５分 　福島県飯舘村のアンケートの結果からどのような課題が見えてくるだろうか	震災から時がたっても放射能に関する正しい理解が進んでいない現状から、本時の主題を意識付けさせる。	新聞記事
◇展開部分：４０分 ◆思考 1）ワークシートの読み合わせ：20分 　新聞記事を観点別に分類して整理した内容をお互いに比較し、共通点や違いを指摘し、自分と異なる考えを知る。 ◆思考 2）新聞報道の特色調べ：15分 　原発報道の記事を分類した結果から導き出される特徴を、グループで話し合って、成果をまとめる。 ◆思考 3）風評被害を考える：5分 　提示された食材の安全性を考える中で、食品の安全と安心を確保するためには何が大切かを考える。	観点のとらえ方の違いやコメントの評価の仕方に着目して、お互いに意見を交換しながら話し合いのきっかけをつくらせる。 　ホワイトボードを利用して、話し合いの成果を端的な言葉でまとめるように注意をうながす。 　被害をなくしていく対策として情報開示の必要性を強調しながら、情報を伝えるメディアの役割も関わってくることに気づかせる。	ワークシート ホワイトボード 新聞記事
◇まとめ：5分 　メディアの発信する情報と私たちとのよりよい関係を考え意見をまとめる。	メディアの果たす役割の重要性と危険性の両面に気づかせる。	ワークシート

ートの分類結果をグループの中で読みあわせ、同じ記事の文面であっても異なる観点で分類していたり、自分とは違った記事のコメントを読んだりして、意見交換の場を設定する。記事に対する評価のコメントについては教員もグループ間を巡りながら、分類結果の動向を把握する。扱った新聞記事の評価について複数の生徒のコメントの内容をくみ取りながら板書にまとめていく。

◆思考部分（二）

全体を通して『放射能に関する新聞記事の情報の出し方にはどのよう特徴があるのか』を再びグループで話し合い、その成果をホワイトボードに記入させ、発表していく。そして多くの記事が「安心」・「安全」を訴える記事が多く、「安全」の指針を示したり、判断の基本となる情報を提供したりしている記事はあまり目につかないことに気づく。生徒の報告では、放射能の安全性というのがわかりにくい、数値だけが示されていてわかりにくい→政府からの報道制限があるのでは？・専門家の意見をそのまま記事にしている、ためにならない情報ばかりで、結論となぜそうなのかというわかりやすい基準がない、専門家が話しているために知識のない私たちは信じ込むことが多い・実際に数値は示されていても根拠のない安全を訴えていて、危険な状態をあいまいにしている→危険だといったら国に責任とかパニックとかなるから「安全」と主張している、といった意見がでた。

◆思考部分（三）

授業風景　2012年11月17日
（撮影：上園　悦史）

福島県産の米を持参する。「このお米は安全であるか、どう思うか」と生徒に問いかけ、「産地へのこだわり、いつの収穫なのか、放射線の暫定規制値を超えていないか」などの安全とされている食材であっても、個人的な心理では「不安」が消えない心情に気づかせ、生徒自身の心の中にある〝福島のイメージ〟と対話させる。現在福島県では全量全袋検査を実施している。対象は流通させる米以外に、自主販売、保有米（自宅で食べる米）などすべてとなっている。なお、検査結果については福島県の公式ホームページにおいて公表している。そして風評被害とマスメディアがどのように関わり合っているかを配布した新聞記事からつかませたい。

◇まとめ

最後に、「これからの私たちはメディアの発信する情報とどのように関わっていくことがよいことなのか」を考え、メディアが果たすプラスとマイナス両方の役割をとらえさせ、本時の授業のまとめとする。

❸本時の評価

・情報を発信するメディアと受けとめる私たちの両方の姿勢を問い直し、よりよい情報との関わり方について自分なりの言葉で表現することができたか。【思考・判断・表現】

5 実践のまとめと課題

授業を終えた生徒の学習感想を分析すると、今回の授業のねらいがどの程度達成されていったのかを知ることができる。まずメディアに対しての意識については、「新聞に書いてあったことをあまり疑っていなかった」「新聞は正しいことを述べ、政治の暗部を公表してくれ、私たちにとってはわかりやすく非常に良いものであるが、全国紙や地方紙で書き方が違っていて、受け止め方次第で新聞も変わってしまう」「新聞だけでなくネットでも情報を得られるが、そのために情報が氾濫しどれが本当でどれが嘘なのかがわからなくなっているように感じる」「全国紙と地方紙では情報の伝え方が大きくことなり、とても驚きました」といったように、多様なメディアの存在とその特徴を知ることができたことを指摘する意見があった。

次に、報道の公平性を担保するため情報を発信するメディアについては、「（メディアが）どこが事実でどこが個人的な意見なのかを分けて捉える」「一人の意見だけでなく、反対する立場の意見も聞く」といった条件を指摘する意見があった。また別の視点から「（メディアは）何より商品なので人の興味を引くような表現をしている」というように、情報の選別の背景に購買意欲をかき立てる工夫やスポンサーの意向などの影響を加味していることを指摘する声もあった。

一方、メディアからの情報を受け止める側の姿勢については、「安心だ、などの心情に訴えるような表現に振り回されない」「根拠がないもの、根拠とされているがあいまいなものに対して疑問をもつ」「複数の記事を読み合わせることによってより納得のできる正しい情報に近づける」「メディアが出したイメージはなかなか消えないが、事実を見極めて先入観を持たずに情報に向き合う」「新聞やマスコミなどがいっている内容に対して、見極める力（疑う力）を養っていくべき」といった、まさしくメディアが作る「現実」を批判的（クリティカル）に読み取る態度が生徒たち一人ひとりに強く印象づけられたことがわかる。

　このように、「専門家の意見ばかり」「数値ばかり」でその正しさの根拠が示されていないことを指摘する生徒や、「複数紙を読み合わせることでより納得できる正しい情報に近づける」といったように、比較検討して情報を批判的に捉えようとする姿勢が芽生えてきたことが窺える。多くの生徒たちからは、たくさんの情報があるなかで、正しい情報を探すのは難しく、メディアから発信される情報の全てが真実とは限らないないことを念頭に置きながら読むことが大切だという意識が強くなったといえる。その意味では今回の授業実践においてメディア・リテラシーの意識を持たせるという目標は達成しえたといえよう。

しかし、今回の授業では過去の震災報道の記事を細かく分類し、再構成して授業を作っていくスタイルは、日々刻々と発信されている情報への判断力を生徒たちに育てたとは言い難い面もある。また、今後も題材を変えて、リスク社会におけるメディア・リテラシーの授業に取り組んでいく所存である。

参考文献
●ウルリッヒ・ベック（島村賢一訳）
……『世界リスク社会論』ちくま学芸文庫、二〇一〇年
●鈴木みどり編
……『新版メディア・リテラシー』リベルタ出版、二〇〇四年
●武田徹……『原発報道とメディア』講談社現代新書、二〇一一年
●児玉龍彦……『内部被曝の真実』幻冬舎新書、二〇一一年
●ユーリ・I・バンダジェフスキー
……『放射性セシウムが人体に与える医学的生物学的影響　チェルノブイリ原発事故被曝の病理データ』合同出版、二〇一一年

●徳田雄洋……『震災と情報――あのとき何が伝わったか』岩波新書、二〇一一年
●影浦峡………『3・11後の放射能「安全」報道を読み解く』現代企画室、二〇一一年
●関谷直也……『風評被害 そのメカニズムを考える』光文社新書、二〇一一年
●菅谷明子……『メディア・リテラシー――世界の現場から――』岩波新書、二〇〇〇年
●歴史教育者協議会編
………『福島原発事故と放射能 Q&A』平和文化、二〇一二年
●『報道写真全記録2011・3・11―4・11 東日本大震災』朝日新聞出版、二〇一一年
●『河北新報特別縮刷版 3・11東日本大震災 1ヶ月の記録』竹書房、二〇一一年

注

*1…放送倫理基本綱領には、「放送は、意見の分かれている問題については、できる限り多くの角度から論点を明らかにし、公正を保持しなければならない」ことや、民放連の「報道指針」には「あらゆる権力の行使を監視し、社会悪を徹底的に追及する」ことを使命とする、とうたっている。

*2…例えば、三月十六日の時点でアメリカ国務省は東京のアメリカ大使館や名古屋、横浜の関連施設の職員とその家族六〇〇人に自主的国外退避を認めている。ロシアはウラジオストクにおいて二十四時間態勢で放射能を監視し、データをテレビや非常事態省のサイトで公開した。また、韓国外交通商省は十七日、八〇キロメートル圏内に居住する韓国人に対し、避難または屋内退避を勧告している。（毎日新聞二〇一一年三月十八日朝刊記事より）

資料　毎日新聞・福島民友・いわき民報三紙の見出し記事一覧（2011年3月11日から30日までの記事）

		毎日新聞	福島民友	いわき民報
地震の発生全電源喪失	3/11		福島県内の幹線道路改修	市立中学校43校で卒業式
水素爆発20キロ避難	12	東北で巨大地震	東日本巨大地震緊急生活情報（避難所・避難物資・行政）	いわきで震度6弱　国内最大のM8.8
3号機で水素爆発 計画停電実施	14	放射性物質他県に　福島第一原発 3号機も爆発の可能性	双葉沖15キロ、男性生還　津波のまれ屋根で漂流 【社会】被災者支える支援物資	市内の死者数117人に　過去に例を見ない甚大な被害　市内145カ所に1万5445人避難
20―30屋内退避要請	15	2号機炉心「空だき」燃料棒完全に露出　3号機で水素爆発	3号機も水素爆発　格納容器損傷か	
4号機から白煙 被災地に物資届かず	16	高濃度放射能漏れ 4号機で爆発 2号機格納容器損傷か	【総合】放射能監視を強化　福島の測定値　いわきで午前4時胸部撮影時の半分にあたる23・72マイクロシーベルトを計測　福島市で午後5時に20マイクロシーベルトを観測	
自衛隊原発に水投下 円相場戦後最高値更新	17	3号機から白煙　放射性水蒸気放出　格納容器損傷か 【社会面】原発から離れたい　福島脱出相次ぐ　5000人超 【くらし】放射線正しく理解し行動　100ミリシーベルト以下なら健康被害なし	3号機格納容器損傷か　建屋から白煙　放射性物質拡散の恐れ 皆がいたわり合い震災を乗り越えて（天皇陛下メッセージ） 【社会】緊急生活情報（行政・雇用・金融相談）	
被災者の遠方避難	18	【国際】放射能汚染　各国警戒　避難勧告続々　日本からの入国者に検査	避難の患者14人死亡　いわき双葉病院の重症高齢者ら　原発20キロ圏内に取り残される	

	福島民友
20日	県産牛乳に大打撃　放射線量基準値超　買い控え広がる動き 「本県は県土が広い　国はすべての牛乳から（暫定基準値を超える放射線が）検出されるのか、そうでないのか、しっかりと発表してほしい。そうでないと酪農業がだめになってしまう」「茨城県産ほうれん草の販売自粛　消費者の安全安心の保証を考えて判断」
21日	【社会】放射能対応冷静に　20マイクロシーベルトの放射線でも人体に吸入される量は約10分の1。1日で50マイクロシーベルト。影響があるのは100ミリシーベルト以上を1回で受けた時で、将来ガンになる可能性が1万人に1人くらい増える。今回の事故はチェルノブイリとはレベルが違う。20～30キロ圏内は屋内退避で妥当だ。放射線量は時間とともに減少し、雨などで洗い流される。」（山下科長）

	いわき民報
22日	「いわきは安全気をしっかりもって」原発事故放射能健康リスク講演会　山下科長ら専門的見解述べる「いわきは安全」「健康問題はまったくない」「いわき市民が地元に踏みとどまることが、日本の安全安心につながる」 市内の水道は放射性ヨウ素99・2ベクレル　国の飲用水の基準300ベクレル
25日	農産物風評被害も補償対象へ
29日	市内水道　放射性ヨウ素100ベクレル以下　乳児の摂取指標値100ベクレルを下回る　念のため摂取を控えるように 原発事故の影響色濃く　漁業再開に風評被害の壁
30日	基準値の3355倍の放射性ヨウ素　原発放水口近くの海水から検出

高校・政経

8「コンセンサス会議」の手法を用いた授業
―千葉県柏市における放射能問題―

山本晴久

1「ホットスポット」・柏市で起こったこと

1 問題の発端

柏市は千葉県北西部に位置し、人口約四〇万人（二〇一二年）を擁する地域の中核都市である。道路・鉄道が東京都心と直結していることもあり、高度経済成長期以降、東京のベッドタウンとしての機能を担ってきた。同時に、コカブの生産で知られる、典型的な近郊農業地域という顔ももっている。こうした柏市の存在が、突如クローズアップされることになったのは、「放射能汚染問題」によってである。

二〇一一年三月一一日の東日本大震災に起因する、東京電力福島第一原子力発電所の爆発事故により大量に放出された放射性物質は、東北・関東地方の広い範囲に拡散し、各地に深刻な汚染をもたらした。茨城県南部から千葉県北西部にかけての汚染は、北寄りの風に流された放射性物質が、三月二一日の降雨によって地表面に沈着したためと考えられている。文部科学省が同年九月二九日に発表した資料によれば、同地域における地上一メートルの空間線量率は毎時〇・二〜〇・五マイクロシーベルトである（図1）。これは一般人の年間追加被曝限度である一ミリシーベルトを一時間当たりに換算した値〇・二三マイクロシーベルト[*1]を上回っており、二〇一二年一月一日施行の「放射性物質汚染対処特別措置法」にもとづく「汚染状況重点調査地域」として指定を受ける数値であった。

問題が表面化したきっかけは、原発事故前からHP上で公開されていた東京大学柏キャンパスにおける環境放射線量の数値が事故後に急上昇したことにあったといわれている。これに加えて、各地の市民による計測値がインターネット上に公開され、また週刊誌などでも周辺地域が「ホットスポット」として取り上げられたことなどから、問題の存在が多くの市民に知られるようになった。

2 「対立」から「協働」へ

このような状況に対して、幼児をもつ母親を中

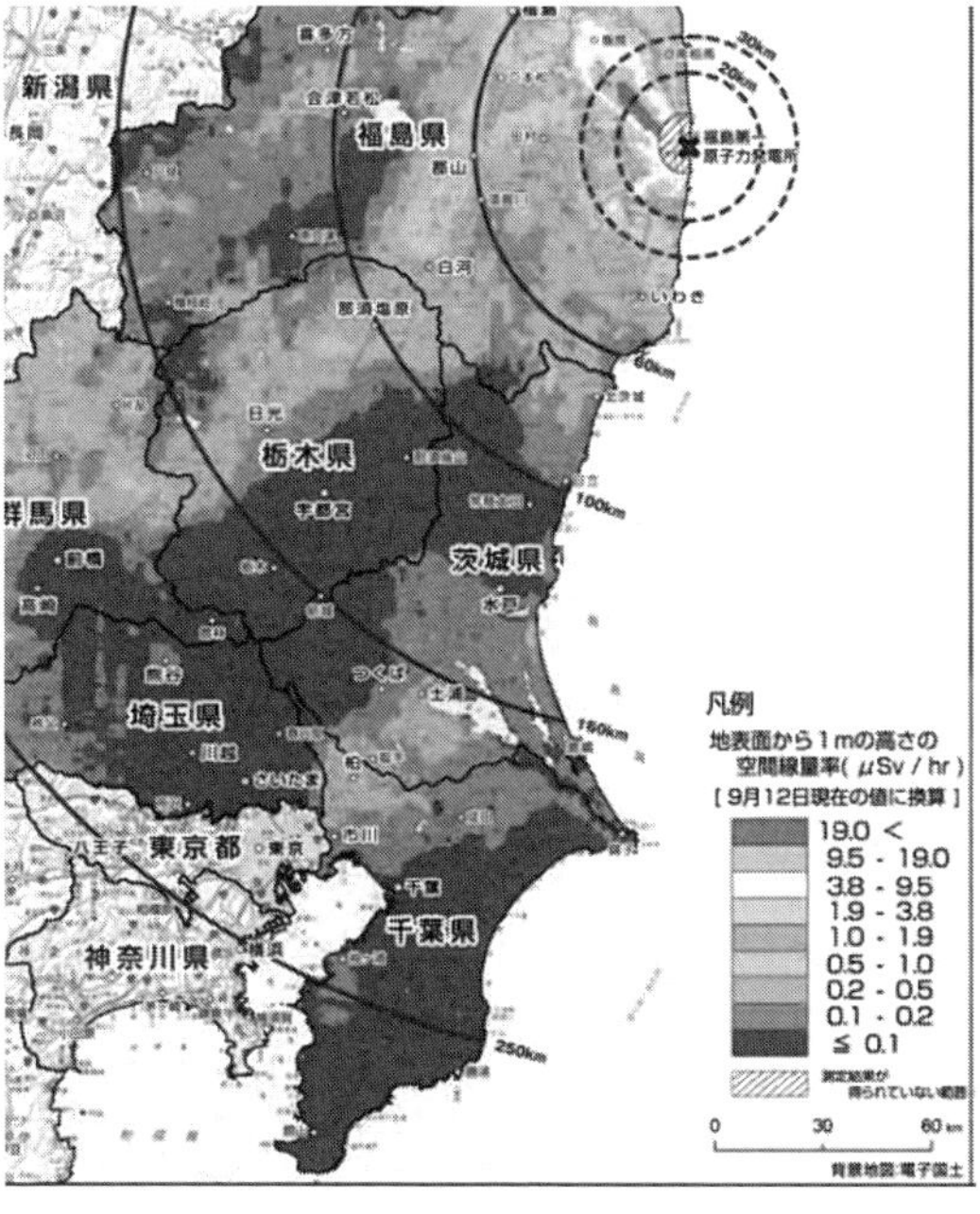

図1　関東各地の空間線量率
（「文部科学省による埼玉県及び千葉県の航空機モニタリングの測定結果について（平成23年9月29日）」http://radioactivity.nsr.go.jp/ja/contents/5000/4896/24/1910_092917_1.pdf を加工）

心としたグループ「柏の子どもたちを放射線汚染から守る会」(以下「守る会」)は、五月中旬には子どもが関わる施設での計測と除染を求める署名活動を始め、二週間余りで一万人を超える数を集めた。六月末には放射線対策の具体案を示した「要望書」を市に提出するなど、精力的な活動を展開する様子が多くのマスコミで報道され、全国的に知られるところとなった。当時、震災当初からインフラ被害、避難者、計画停電、給水などへの様々な対応に追われていた市当局にとって、放射能問題とは数ある課題の中の一つでしかなかった。そのため、実施された対策は、科学的に安全であることを証明し、市民を説得することが中心であり、予防原則の立場に立って早急な対策を求める市民グループとの間の対立は、一時深刻な様相を呈していた。

そのような行政の姿勢に変化がみられたのは、震災から半年近くが経過した夏のことであった。六月に市内二か所の「クリーンセンター」(ごみ焼却施設)の焼却灰から高濃度の放射性物質が検出され、運転停止を余儀なくされるなど、放射能問題は一向に収まる気配がなく、市民の不安は増大する一方であった。こうした事態を受けて柏市は、市民との対話を通して不安の解消と問題解決に取り組むという方向へ方針を転換した。八月末に「放射線対策室」を新設して放射能問題対策を一元化する一方、幼保育園・学校などの放射線量低減対策、放射線量計貸出、市民対話集会の実施など、独自の施策を次々と打ち出した。翌一二年三月には、パブリックコメントの内容も考慮した「柏市除染実施計画」が策定され、市内各所で本格的な除染活動が実施されていった。

この間の取り組みの最大の特徴は、民有地の除染に関して柏市が消耗品やノウハウの提供、除染アドバイザーの派遣などを行い、実際の作業は各地域の町会・自治会などが担うという、行政と市民の協働という形態をとっていたことである。このことに決定的な役割を果たしたのが、「守る会」が活動を休止した一一年一〇月以降、それを受け継ぐ形で発足した「つながろう柏！明るい未来プロジェクト」（以下「つな柏」）である。「つな柏」は、幼稚園の除染ボランティアに参加したことをきっかけとする数人の市民の活動から始まった。児童館や近隣センターなどの施設の除染にあたる「ワンワン隊」、市内の六〇〇を超える公園、およびその他の施設のきめ細かい計測を行い、その結果を市に提供する「柏計測隊」等の活動に、約七〇人が参加している。月数回の活動の内容、結果はＨＰ上で公開されており[*2]、多くのノウハウの蓄積が他地域への協力・アドバイス、柏市の除染アドバイザー養成などに活かされている[*3]。

事故後の約半年間、市民と行政の対立が先鋭化する中で、「つな柏」が目指してきたものは、行政と市民の協働「オール柏による除染・放射線対策」であった。この経緯について、「ワンワン隊」隊長のＡ氏は次のように振り返っている[*4]。

「私たちの会が目指した『オール柏による除染・放射線対策』を実現するためには、より多くの市民を巻き込む必要がありました。ただ、限られた人数、予算の中で、柏市民に対して幅広い広報活動を行うことは難しいと判断しました。それよりは目的達成のために、行政と協業し、その広報力を活用すること、また行政そのものを私たちが望む放射線対策へと動かしていくことを目指しました。」

3 何が問題なのか

放射能汚染問題をめぐるこの間の市民の不安、行政の苦悩、両者の対立の根本的な原因はどこにあったのだろうか。それは、柏周辺地域の空間放射線量でいえば平均〇・三マイクロシーベルト前後、年間にして数ミリシーベルトと推定される「低線量被曝」に長期間晒された場合の健康影響が科学的には明らかにされておらず、専門家の間でも見解が異なるということに尽きる。放射線被曝による人体の健康影響に関する唯一の疫学的データは、広島・長崎の原爆被爆者調査に関するものである。これによれば、一度に一〇〇ミリシーベルト以上の被曝をした場合に発がんリスクが直線的に増加する（確定的影響）が、これに満たない「低線量」といわれる領域においてはデータのばらつきが大きく、相関が確認できない（確率的影響）とされる。この「確認できない」範囲をどう解釈するのかが、専門家によって意見が異なるのである。

その見解の一つは、広島・長崎のデータですら喫煙などのリスクに埋もれるほど小さいのだから、同等の線量を長期間にわたって被曝（低線量率）する場合には、人間の細胞の修復機能から考えてもリスクは限りなく小さく、安全と考えてよし、とするものである。もう一つは、分子生物学などの見地から細胞やＤＮＡレベルにおける放射線の生物影響を考慮すれば、低線量であっても決してリスクは小さくならない。たとえ一本の放射線であっても遺伝子に大きな損傷を与え、これが蓄積すれば発がんの原因になり得る、とするものである。

各国政府が関係法令制定の際に依拠する「原子放射線に関する国連科学委員会」（UNSCEAR）や「国際放射線防護委員会」（ICRP）は、これら双方に一定の科学的根拠があると認めている。その結果、放射線被曝による健康影響はその線量に比例して増加し閾値はないとする、いわゆる「閾値なし直線（LNT）仮説」（以下「LNT仮説」）を基本的な前提として各種報告・勧告を作成している。どれだけの低線量であっても閾値は存在しないというLNT仮説を採用するとなると、柏市周辺のように実際に低線量被曝のリスクを抱えてしまった地域においては、その放射線防護策をどのように考えればよいのだろうか。放射線防護に関する基本的な考え方として「ALARA（As Low As Reasonably Achievable）原則」がある。そこでは、「社会的に可能な限り合理的な範囲で被曝を低減するための対策を講じること」とされている。この場合、「可能な限り合理的な範囲」とは、もはや「科学」ではなく、「社会」で決めるべきものとなる。柏市の事例は、放射能汚染という未経験の災害に地域社会としてどのように取り組んでいくのか、具体的には放射線対策に有限な金銭的・人的資源をどの程度投入すべきなのかを、「社会で決める」過程であったといえよう。

2 授業づくりの視点とその内容

1 授業づくりの視点

「科学技術社会論（STS : Science, Technology and Society）」という学問分野がある。「科学技術と社会の関わりについて、（中略）人文・社会科学の観点から学際的に研究する」〔平川秀幸、二〇一〇、一七〜一八頁〕ものであり、そこでは「不確定要素をふくみ、科学者にも答えられない問題」には、「公共空間」における「社会的合意形成」が必要であるとされる〔藤垣裕子、二〇〇三、七七頁〕。まさに、低線量被曝の問題にゆれた今回の柏市の状況そのものであるが、原子力の問題をめぐっては、原発の再稼働、放射性廃棄物処理など、日本に住む者すべてがその当事者となる可能性がある、ということである。さらに地球環境、遺伝子操作など科学技術をめぐる問題に加えて、経済、社会にかかわるものまで含めれば、「社会的合意形成」を必要としている問題は数限りなく存在するといっていい。従来、このような問題の政策決定過程は官僚や専門家など一部の利害関係者によって独占されてきたが、社会的な合意なしに問題を解決することがもはや不可能であることは自明であり、その過程をひろく市民に開くことは世界的な流れである。

このような時代に必要とされる社会科の学力、「市民的資質」とは何だろうか。筆者はこれを「社会的合意形成能力」と名づけ、その育成を目的として柏市における放射線問題をテーマとする授業を実践した。授業づくりにあたっては、①生徒たち自身の問題への切実さにもとづく課題設定、②問題理解に必要とされる科学的知識、社会的状況についての多面的理解、③生徒たち自身が話し合う場などをそれぞれの場面で設定する必要があると考えた。これらの学習過程を保障するための授業方法として、「公共空間」創出の具体例として主にヨーロッパで実施されてきた「市民参加型テクノロジーアセスメント」の一つ、「コンセンサス会議[*5]」の手法を用いた。

2 授業内容と展開

授業は千葉県立柏中央高校三年生選択「政治・経済」（週一回連続二時間）三一人を対象として実施した。具体的な内容を表1に示す。初回から三回目まではオリエンテーションとして、事前アンケート、震災以降の生徒の行動・心情の振り返り、筆者による震災や原発事故についての簡潔な確認、生徒の興味・関心に応じたグループ調査・発表などを行った。生徒の問題に対する関心の高さがうかがえたが、TVのニュースを何となく見ている程度の知識であるので、とくに原子力や放射線に関する内容理解が定着するには至らなかった。四～六回目では、今回の授業の軸となる「低線量被曝のリスク」について異なる見解（簡潔に表現してしまえば、「安全」か「危険」か）を持つ専門家二人のお話を伺い、質疑応答を通して論点整理を行い、リスク評価についてそれぞれが判断する立場に分かれ、グ

表1　授業の概要（2012年実施）

回	月日	テーマ	内容
1	4月12日	オリエンテーション	アンケート実施，生徒の社会認識抽出
2	4月19日	あらためて大震災・原発事故を知る①	授業者による講義
3	4月26日	あらためて大震災・原発事故を知る②	生徒によるグループ発表
4	5月10日	低線量被ばくのリスク①	専門家による講義と質疑応答
5	5月17日	低線量被ばくのリスク②	同上
6	5月31日	低線量被ばくのリスクを考える	各自の立場を決め，討論をする
7	6月 7日	地域住民の思いと取り組み	地域住民による講義と質疑応答
8	6月12日	地域住民と行政の協働	市民団体関係者，行政担当者による　〃
9	6月21日	地元農業生産者支援の取り組み 模擬コンセンサス会議準備	柏「円卓会議」関係者による講義と質疑応答
10	6月28日	模擬コンセンサス会議	社会的合意形成を模擬的に試みる

ループ同士の討論を組織した。講義を通して放射線に関する知識を繰り返し耳にすることによってその定着がはかられ、討論においても知識を活用している様子がみられた。

後半は、地域社会における問題への取組みの実態を把握するため、それぞれの場で独自に活動を続ける一般の市民の方々三人（七回目）、放射線対策において協働の仕組みを構築した市民団体「つな柏」・柏市放射線対策室職員・柏市除染支援員の方々（八回目）、そして多くの利害関係者が集まり市内で生産される農産物について独自の放射能基準値を決めた「円卓会議」事務局長（九回目の前半）など、様々な立場の方々のお話を伺い、同じく論点整理を行った。

生徒たちは、前半で学んだ科学的知識をベースにしながら、科学的合理性では判断できない部分について自力で情報を収集し、判断し、行動に結びつけているゲストの方々の姿に接し、その認識を新たにしていった。

九回目後半から最終一〇回目においては「模擬コンセンサス会議」と称して、文字通りの模擬的な「社会的合意形成」を試みた。一連の授業をどのように完結させるかということについては最後まで悩んだが、ここでは生徒それぞれの低線量被曝のリスク評価をベースとして、様々な考えを持つ人々が柏市で暮らしていくためには何について合意を形成すべきか、具体的には、優先して税金を投入すべき政策課題は何かという点にしぼって話し合いをさせることにした。そこで、「他の人々の意見や考えについて、討議したり、譲歩したり、調停するなど、コンセンサスを得る手法」〔G・パイク他、一九九三、四一頁〕として活用される「ダイヤモンドランキング」の手法を用いることとした。九つの政策課題を次のようにカード化した。
❶公費による健康調査・健康相談・医療の実施
❷食品の放射能検査
❸放射線量計測・除染・モニタリング
❹原子力・放射能に関する教育の充実
❺原子力・放射能に関する情報公開
❻まちづくりへの市民参加の促進
❼福祉体制の充実
❽交通安全・防犯体制の強化
❾柏市の経済活性化

❶から❺までは、授業のゲストとして参加してくださった市民の皆さんから、放射線問題への対処として今後何が重要と考えるかという質問の回答としてあげられたものを参考にした。❻から❾については、柏市が二〇〇九年に実施した「市民意識調査」で施策の重要度と満足度をクロス集計した資料から、「重要度は高いが、満足度が低い」ものを選択した。*6 ただし、これらの政策課題を同列に扱ってよいものなのか、またそもそもランキングという手法がここでの「社会的合意形成」に合致しているのかという点については、疑問を残したまま実施に踏み切ってしまい、「形式的過ぎる」といったご批判もいただいていることを付記しておく。

3 生徒は何を学んだのか

1 「低線量被曝のリスク評価」の推移

今回の放射能汚染問題は、個人から社会全体にいたるまでの様々なレベルでどのように対応するべきなのか、その根拠となるものが科学的には明らかにされていない「低線量被曝のリスク」をどのように評価するのかということになろう。授業においては生徒にそれぞれの立場を次の五段階の中から選択するように求め、それにもとづいてグループに分けて話し合いをした。

❶Ａ：科学的に危険とは証明できないので安全とみなす
❷どちらかといえばＡ
❸判断できない
❹どちらかといえばＢ
❺Ｂ：科学的に安全とは証明できないので危険とみなす

このことについて、三回（第六回、第九回、そして授業終了後）にわたって生徒に問うた結果を図２に示す。一見すると、授業回数を重ねるにつれて「安全」と考える生徒が増加していったようにも見えるが、内実はそう単純なものではない。以下に、立場を決定する際、そして「安全」・「危険」双方への移動の根拠として語られた生徒たちの言葉をいくつかのキーワードに集約し、生徒たちが低線量被曝のリスク評価について下した判断と、その背景についての全体像をまとめる。文中の「　」内は感想レポートや聞き取り調査における生徒の言葉を、〈　〉内は筆者がそれらの言葉をキーワードとして抽出したものを指す。

「危険」側へ移動した生徒たちが語ったことは、「見えないからこそ危険」、「一〇〇%安全とは言い切れない」など、科学のわからなさへの〈不安〉と、それに由来する「未来のために警戒するのは無駄ではない」、「わからない場合には、一応危険の方に考えを置いておいた方がいい」など、いわゆる〈予防原則〉にもとづくものである。わかりやすくシンプルな論理構造であるといえる。

それに対して「安全」側への移動は様々であり、また複雑な感情の発露であるともいえる。「研究者や宇宙飛行士などは、はるかに高い線量を浴びている」、「市民の取組みについて聞き、最悪の時期は脱したと思った」、「検査も除染もちゃんとやってるんだから」などが語られた。専門家から与えられた科学的言説や行政や市民の取組みなどへの〈信頼〉が見られる一方で、議論を通して「みんなの意見を聞いていたら、よくわかんなくなっちゃって」、「安全側の人の意見を聞いていて納得ができて、どちらとも言えなく」なった結果の〈混乱〉や〈揺らぎ〉がみられる。また、多くの生徒が「気にしすぎたら逆に体をこわす」、「気にして生きていくのもよくない」と語る〈楽観〉や〈諦観〉、それにもとづく彼らなりの〈当事者意識〉、「柏に住み続けるとしたら、安全と思うしかない」という、ある意味

図2 リスク評価の推移（全体）

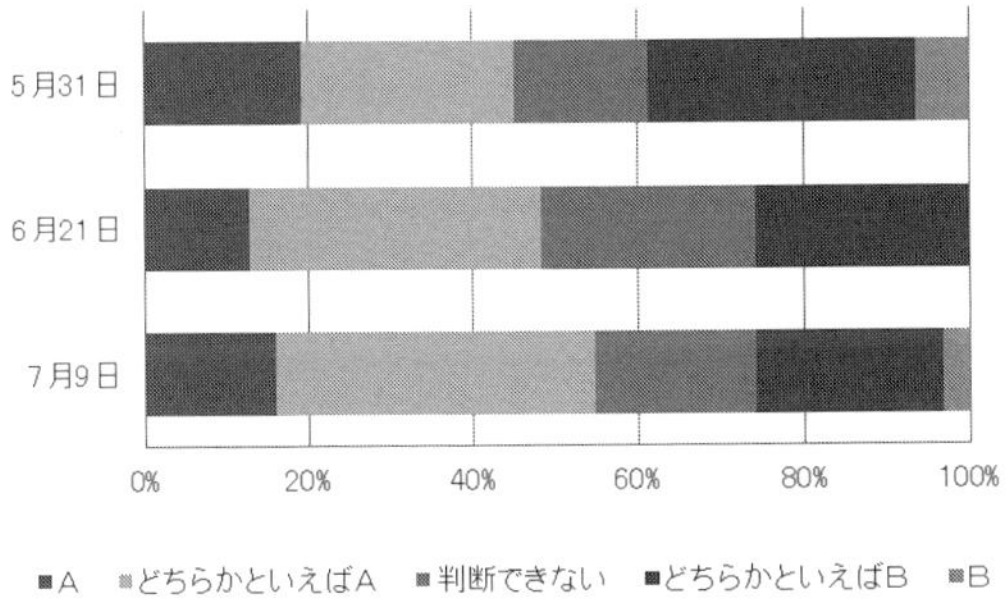

で悲壮な覚悟が根拠になっていることもよみとれる。

生徒たちは、授業の進行にしたがって専門家の話から得た科学的知識や、市民その他の多面的な取り組みをもとにそれなりの判断をしていった。しかし、最終的に一人ひとりが地域に生きる当事者として真剣に考えれば考えるほど、科学的、合理的なものは捨象され、見た目には情緒的と受け取れるような判断を下さざるを得なかったのだろうと筆者は考えている。

2 生徒の学習・思考過程を追う

次に、ある女子生徒（生徒B）が一連の授業を通して何を学び、何を考えたのかについて、感想レポートや聞き取り調査の結果にもとづいて要点を紹介したい。

①自分の事は「他人事」

原発事故当初、生徒Bは自分の心配ばかりをしている場合ではなかったという。福島県いわき市にいとこたちが住んでおり、放射能汚染の深刻化にともなって新潟に避難するまでの一部始終を聞いていたからである。そういったことから、半年後に柏市がホットスポットであるという報道が盛んになってからも「原発（放射能のこと：筆者注）って風に流されて飛んでくるものだと思っていたんで、一〇〇キロも離れたこの地に飛んでくるっていう意識があんまりなかった」ため、「ネットって結構盛り上げる」から「誰かがそういう風につぶやいて盛り上がって大げさになっているのかな」という程度の認識しかなかったと述懐する。原発事故当時は「知識も何もなかったので、一番安全ラインっていうか、

Aです」と語っている。つまり、前述の五段階の「科学的に危険とは証明できないので安全」という立場をとっていたのであり、それは〈根拠のない楽観視〉ともいうべき認識であった。

②「不安」から「迷い」へ

生徒Bの〈根拠のない楽観視〉は、授業の進行とともに変わっていく。筆者による大震災・原発事故の概要についての講義、生徒によるグループ発表の内容などを聞いて徐々に不安が増していったという。「〇・六マイクロシーベルトが出たからってそれが大きいのか小さいのかっていうのが分からなかった」ものが、授業を聞くことによって「『あ、これは高いんだ』っていうことが分かって」、とくに「今まで食べたものへの不安感が出た」からであるという。筆者もその頃、生徒Bから「震災の頃ほうれん草をよく食べていたんですけど、大丈夫ですかね？」という質問を受けた記憶がある。この時期の不安感について生徒Bは、「部分的な知識が多かったんで、どこまでが安全・安心かわからなかった」からだと言うが、確かに筆者による概要と生徒の発表程度の中途半端な内容、すなわち〈情報の欠如〉が不安を増大させる面があったことは否定できない。この時期のリスク評価については「どちらかといえばB」であったという。

彼女はその後の授業、専門家による話から「それぞれの人の立場や状況によって被曝の基準値が異なる」と説明され、さらに「葛藤というか迷い」を深めていく。「専門家によってやっぱり捉え方が違って」いて、「どっちの話をもとに自分の意見を決めていいのかがわからない」状態に陥ったからである。

これには彼女の進路希望が放射線を扱う医療現場で働くこと〈看護学校への進学〉が影響していたと思われ、「医療従事者であるからって、同じ人なのに浴びていい量に差があるのはおかしい」との疑問を呈した。

後の聞き取りの中でも「理屈はわかるんですよ。〈中略〉理解できるんですけど、なんかそれを認めること、納得することができないんです」と、その割り切れなさについて語っている。さらに「行きたい〈看護師として働きたい〉と思っている身だからかもしんないんですけど、やっぱりちゃんと、リスクを伴って働くよりかは、ちゃんとした安全の基準内で働きたいという気持ちが強い」という自分自身の将来への不安があったことも語っている。このような感情と〈専門家によって異なる見解〉のはざまで生徒Bは葛藤していた。当然、この時期のリスク評価は「判断できない」であった。

③自分で調べて判断する

五月三一日に行われた授業の六回目「低線量被曝のリスク評価についての話し合い」において、生徒Bははっきりと「どちらかといえばA」に立場を定め、グループの議論をリードした。彼女はあの「葛藤というか迷い」をどのように整理したのだろうか。

その授業直前の休日に、柏市のボランティア団体「つな柏」による市南部にある「近隣センター」除染に向けた事前計測が予定されていた。筆者は発行していた授業通信で、また授業中にも「興味のある者は参加を」との呼びかけを行っていたが、唯一参加を表明したのが生徒Bであった。彼女は「除染に対する知識もないのに〈参加するのは〉ダメかなって思った」こともあり、計測当日に向けてインターネット上の除染や計測に関する様々なサイトやブログを「予習」のために閲覧した。その中で、あらためて「安心を求めている」小さな子を持つ母親たちの存在を知ることになった。しかし、その一方で前述の宇宙飛行士や医療従事者の事例から「一〇〇ミリ（ミリシーベルトのこと：筆者注）っていう値を不安って考えちゃうと、こういう人たちの安心は確保されないんじゃないか、安全は確保されないし、（中略）その人たちの生きる保障っていうんですか、それが全部失われちゃう」とも考えたという。結局、幼児をもつ母親たちを視野に入れつつも、「ちっちゃい子とかいる人にとっては不安な値であって、対処しなくちゃいけない値なんだろうけども、自分の中ではそこまでの不安感を持つ値ではない」という結論に至った。

もちろん、参加した計測会においては、線量計を持って実際の汚染の状況や局所的な高線量箇所の存在を実感することになったし、その場所が弟たちが日頃遊んでいる公園の近くであったことはその後も不安材料として残り続けるのだが、彼女自身にとっては、この経験も「そこまで不安がる必要もない」との判断の根拠につながるものであった。

④「新たな発見」をする

ようやく自分なりの判断を下すことができた生徒Bにとって、柏市民による話は衝撃的であったという。「ずっと危ないって言われ続けていたので、（中略）いつでも危険を感じているんですか？」という質問をしたところ、「いつでも危機感を持っている」と答える市民たちは「私とはまったく違う」、「今までになかったタイプ」の人々であった。この経験を通して、「誰がどのくらい（不安感を）抱えているのか」がまだよくわかっていなかったという生徒Bは、幼稚園児の保護者たちによる署名活動などのテレビ報道を見たこととも重ねて、「小さい子を抱えているお母さん」が最も強い不安感を持っていることに思い至る。〈「当事者性」を獲得〉した瞬間である。また、授業前の自分や周囲の大人たちの様子から、一般の市民には「あんまり知識がないという観念」があったので、様々な情報があふれる中で「正しい知識とかを見分けて判断材料にしているっていうのは本当に尊敬するし、すごい」と市民への敬意を深めている。やはり、これらも市民の取組みにみられる〈「物語」への共感〉なのだろう。

ただし、生徒Bは「どちらかといえばA」との立場を変えることはなかった。理解はできてもゲストの市民たちとは立場が違うし、小さな子どもがいるわけでもないからである。しかし、ここでいう「立場」にはもう一つの意味がある。生徒Bを含む何人かの女子生徒で「もし今自分にお金があって、ひとり身だったらどうするか？」という話をしたことがあったそうだが、全員が「柏から出る」、「絶対ここにいないよね」と話したという。これは、彼女たち自身が自由に住む場所を選択することができない高校生として、この先も柏での生活を考えていかざるを得ない、切実な「当事者」そのものであることを示している。

生徒Bだけではなく、「どちらかといえばA」の生徒たちには、このような「柏で暮らす以上、安全と思わないとやっていけない」という考えをもとに判断を下している者が多い。放射能問題における「当事者」といえば、何となく「放射線について心配をしている小さな子を持つ母親」をイメージしがちである。しかし、これら生徒たちの考え方にも、多面的、多義的な「当事者」の姿をかいま見ることができる。

⑤自分で測ってみる

生徒Bが「つな柏」の計測活動に参加したことは前に述べた。自分の家の近くで、それなりの高線量スポットが確認され、その近くで小学生の弟たちが遊んでいるということは、その後の彼女にとって日々意識せざるを得ない事実となった。母親にその旨を伝え自治会を動かしてくれるよう懇願しても、「危なかったら市がやってくれるはず」、「言ってもわからない」と動く様子がないことに落胆した生徒Bは、六月の半ばに近隣センターから借りた線量計を用いて、一人で近所の公園の放射線量の計測を行った。調べた範囲においては、心配していたような高線量を検出することはなかったそうだが、母親とのやり取りや公園で出会った若い母親との会話などから、生徒Bは「今住んでいるところの状況を知らない人が多すぎる」と感じ、知識がなければ情報も意味を持たないこと、「知らないことの恐怖」を痛感したと語っている。このような〈多面的・批判的・継続的な情報取得〉が必要という認識は、生徒Bが自ら線量計を借りて計測をしてみるという経験なしには獲得し得なかっただろう。

⑥安心を伝えるために

最後の授業「模擬コンセンサス会議」において、生徒Bはグループの話し合いの方向性に違和感を抱いていた。自分も「安全派」の一人であるけれども、「放射能は大した問題ではない。まず経済の活性化を」という議論にはついていくことができなかったからである。生徒Bは、授業を通して自分の〈根拠なき楽観視〉が、「色々な知識を得た中で、色んな立場のこともわかった上で、それでもそんなに不安になる必要はない」と思えるように変わってきたという。そして、この先も授業で得た知識をもとに「みんなに安心を与えるため」に何らかの社会的な活動をしてみたい、とも語っている。

一一月下旬に、生徒Bから「看護学校の推薦入試に合格した」との知らせが届いた。現在も放射能問題に関する情報収集を続け、ツイッターによる情報発信にも取り組んでいるという。彼女の「安心を伝える」ための学びが今後どのように継続されていくのか、筆者も関心を持ち続けたい。

4 あらためて「社会的合意形成能力」とは何か

「社会的合意形成能力」を社会科授業に即して考えると、以下の三点にまとめることができるだろう。①対象となる社会問題について関心を持ち、得た情報をもとに考え、自分なりの認識を確立すること。②「公共空間」における他者との相互批判・相互調整を粘り強く行うこと。③「公共空間」の形成や運営、その場のファシリテーションに主体的にかかわること。

しかし、筆者は、授業における生徒たちの学びの過程を分析していくうちに、これらの点は学習の「結果」として自ずとついてくるものではないかと考えるようになった。最後に、あらためて本実践を通して見えてきた「社会的合意形成能力」の核心部分についてまとめ、結びに代えたい。

第一は、切実な〈「当事者意識」を獲得〉することである。問題に関心を持ち、調べ、考え、そこから得た自分なりの認識をもとに他者と話し合うということが社会的合意形成に必要なプロセスであるとすれば、その前提として問題を切実なものとしてとらえる「当事者意識」が存在していなければならない。さらに、現代の社会問題があまねくその構成員に影響を及ぼすとすれば、より多くの人々が〈「当事者意識」を獲得〉しうるかどうかは結果ではなく、「社会的合意形成能力」の前提であり一部分をなすものといってよい。これを社会科授業において育成するには、〈科学的知識の獲得〉や〈多面的・批判的・継続的な情報取得〉が必要となるが、学習者がとくに強い学習動機を保持していない場合には、その学習が他人事として終わってしまう可能性がある。そこで、地域に生起する切実な社会問題を学習課題とし、主体的に行動するごく普通の市民の〈「物語」への共感〉や生徒同士の〈討論という「社会的過程[*7]」〉を通して、地域に生きる「当事者」としての意識を獲得させる必要がある。

第二は、より多様な〈「当事者性」を獲得〉することである。「社会的合意形成」とは、粘り強い対話を通して暫定的な合意を積み重ねることで、一つひとつの課題を解決していく息の長い取り組みである。学習者には、多様な〈「当事者性」を獲得〉していること、つまり他者の置かれた立場やその気持ちへの理解にもとづく間主観的な対話能力が求められる。この点は、合意形成の成否にかかわるだけに、「社会的合意形成能力」の核心部分に位置づけられると言えるだろう。

参考文献

◉G・パイク他……『ヒューマン・ライツ――たのしい活動事例集――』明石書店、一九九三年
◉平川秀幸……『科学は誰のものか　社会の側から問い直す』NHK出版生活人新書、二〇一〇年
◉藤垣裕子……『専門知と公共性　科学技術社会論の構築へ向けて』東京大学出版会、二〇〇三年

注

＊1…二〇一一年一〇月一〇日の環境省環境回復検討会において確認されている。(http://www.rri.kyoto-u.ac.jp/rb-rri/QA/1mSv.pdf)

＊2…「つながろう柏！明るい未来プロジェクト」HP（http://www.tsunagaro-kashiwa.com/）

＊3…市の放射線対策や町会による除染活動など追求してきた「協働」にある程度の道筋がついたということから、二〇一二年一二月二二日をもって「つな柏」は解散した。今後は、除染にあたる各町会や周辺各市における市民活動への支援に回る予定であるという。

＊4…柏中央高校での研究授業において、文書を介して行われた生徒との質疑応答内容による。

＊5…住民名簿から無作為抽出された一般市民が、専門家より提供された情報をもとに「鍵となる質問」を作成する。これを専門家にたずね、専門家からの回答を得た後に市民のみで議論を行い、合意文書を作成、公表するというもの。世界の二〇弱の国々で実績がある。

一九七〇年代のアメリカにおいて、専門家が科学技術の社会的影響や効果を事前に評価する仕組みとして開発された「テクノロジーアセスメント」の一手法であった。八七年にこれを導入したデンマークでは、主たる参加者を一般市民に置き換え、科学技術に関する市民討議の方法として定着させた。会議における合意内容に法的拘束力はなく、政策決定過程への位置づけが問題とされるが、市民による議論の方向性、あるいは専門家にはない多様な視点を示すなどの意義が認められている。

日本における事例は、小林傳司『トランス・サイエンスの時代　科学技術と社会をつなぐ』（NTT出版、二〇〇七年）などに詳しい。

＊6…「平成二一年度柏市民意識調査結果報告書」（http://www.city.kashiwa.lg.jp/soshiki/020300/p005798_d/fil/h21_1.pdf）

＊7…吉村は、民主的・主体的価値観形成にあたっては、自己と他者の存在を前提とした相互批判・相互調整を行うという「社会的過程」を経ることが重要であると指摘している。吉村功太郎「社会的合意形成能力の育成を目指す社会科授業」（全国社会科教育学会『社会科研究』五九号、二〇〇三、四一～五〇頁）

9 現代日本の「生きづらさ」を社会的に見つめ直す
―「自己形成史」を綴り、自己肯定をとり戻し、現代を問う社会科教育―

田中恒雄（仮名）

1 生徒の「心の傷＝心的外傷」をつかむ模索 ――なぜこのような授業を行ったのか

私は今の学校に来るまで「困難校」ばかりをくぐってきた。特に一九九〇年代に十年間勤めたA高校で生徒達から学んだことが大きい。この高校は当時、県で退学者の最も多い学校の一つで、ピーク時には卒業時までに半分以上が退学していた。当時、私は管理の手法等を経験の中で一応身につけていたので、大変なクラスを持っても、クラスの維持はできた。しかし、それだけだった。たいしたことは何もできない現実がそこにあった。何とか変えたいと、私は「子どもの権利条約」に学んだ。腹を割って話せる教員仲間と時間割の共通する空き時間を利用して会議を持つようにし、生徒の要求実現をテーマにした時代もあった。授業をサボりたいという欲求からスタートし、授業をつぶして球技大会や学校外レクを行うことを生徒達がきちんと議論し、学年会に生徒が提案した。果ては職員会議まで生徒が出て答弁することを射程に入れた取り組みは、これはこれでとても良かった。生徒達の中に学校を変えていけるというある種の自信がついたかに思われた。しかし、学校の日常は変わらなかった。

生徒達について、彼らの貧困や家庭崩壊、偏差値による差別など、わかっているつもりになっていた。教育科学研究会（教科研）・高校生活指導研究会（高生研）などの研究者の子ども理解を当てはめたりもした。今思えば、その子ども理解は本質的だったとしても、その言葉で私が生徒の内面を外側から想像しただけだった。つまり、目の前の生徒の言葉から自分で生徒を理解していなかったのだ。もちろん、生徒の声や現実を見ていないわけではない。しかし、それは浅いものであった。また、それなりに努力しているのだから、手応えのあるものが返ってくる時もある。しかし、わずかの喜びと多くの苦労、時に深く傷つけられ、押し寄せる多忙化の波にのまれていった。

その頃、東京弁護士会が犯罪少年達の声をもとに創った演劇『HELP ME! 誰か愛して』を見た。そこには売春、シンナー、暴走族、ナイフでの傷害事件など少年達の問題が表現されていた。私は感動した。それは少年達の姿が目の前の生徒達とダブっていたからだ。そして、彼らの困難な人生の中でできた「心の傷」が描かれていたからだった。私は「今まで生徒の何を見ていたのか！」と強い衝撃を受け、涙が止まらなかった。

以来、私は生徒達の「心の傷」にこだわるようになった。そして、自分の専門は政治経済だが、たまたま受け持った倫理の授業で、生徒が悩んでいることに関わる作品を見せて、「心の傷」を問題にする授業を試みた。すると、生徒達からは私の予想もしなかった生徒自身の過去や「心の傷」が感想文などに記されてきた。偏差値による差別、いじめられてきた人生、いじめた経験、不登校の苦しみ、自分が非行に走っていく過程、援助交際や性虐待、貧困と家庭崩壊、犯罪、自殺、殺人への衝動など。つっぱってはいても、過去にはいじめられたり、傷つけられたりした被害者としての人生があった。彼らが起こす、あるいは起こしてきた様々な問題の根っこがリアルに見え始めた。

同じ学年に非行に詳しい教員がいた。その人と連携しながら、そして学年の多くの教員と共に生徒達の問題行動の原因をつかむ学年の作風ができていった。ベテラン教員の「違いを認め合う職員集団作り」の努力も加わり、教員の間に生徒についての情報交換が日常的にできるようになった。学年規模が小さかったことも重要だった。これらの結果、教員集団の生徒認識の深まりと一致が出てきた。そして、生徒達の教職員への信頼が高まっていった。

そのような中で、非行生徒が「家庭に困難を抱える生徒達の会（生徒達は「革命」の会と呼んだ）」を立ち上げたいと相談にきた。その時、中心になった、最も粗暴であった非行生徒は次のように話した。「自分のようなバカを他のやつらにするな、と言いたい。ぼろぼろ辞めてく奴等はみんな自分のような問題を抱えているはずだ。俺達は自滅するか爆発するしかないんだ。でも、俺達は聞いてくれるだけで救われるんだ。だから、先生達に聞いてもらいたい」。そして、「自分たちはバカだから、国会議員には絶対になれない。だけど、俺たちの話を聞いて、先生達が変われば、学校が変わる。その先生達がいろんな所に転勤すれば、その学校がまた変わる。そうしたら日本中の学校が変わる。そうしたら世の中を変えることができる。」と、「革命」の意味を語った。こうして、非行生徒の語る人生を学年の教職員集団が聞くこととなった。非行生徒の話に教員が涙する関係ができていった。

そして、この学年の生徒達が卒業していった。すると、学校の統廃合計画が降りかかってきた。これに対して生徒、卒業生が立ち上がった。非行生徒、いじめられていた生徒、殺人を行い自分も死のうと思っていた生徒、卒業生らが「俺たちはこの学校にしか居場所がないんだ」「ここで俺たちは救われたんだ」「なのに、こんないい学校をなぜつぶすんだ！」と自分の幸せ薄い、苦難の人生を語りながら、県と闘った。そして、統廃合を阻止し、母校を守った。

2 現代が作りだす「生きづらさ」を社会的にとらえ、「自己責任論」を乗り越える授業

二〇〇一年、私は「困難校」の上位の方であるB高校に転勤した。退学者数は前任校と比べるとかなり少ない。しかし、時代は構造改革（＝新自由主義改革）によって貧困が拡大し続けていた時だった。私は倫理の授業で様々な「生きづらさ」や心的外傷を生み出す社会を意識化することができないか、「自己責任論」を乗り越えられないか、と考えた。

ここで「自己責任論」について述べたい。現代日本では「自己責任論」は社会の理不尽さに対して黙らせるためのイデオロギーとなっている。つまり、生きる困難は本人の能力や努力が足りないのだから、自分のせいだ、とする論理であり、孤立を助長する競争のシステムと一体となって、生徒の生活を深く覆っている。そのため、つらさやストレスを自

分自身を責める方向へ向かわせる。人間及び自分への不信と絶望へと誘導するのである。

このへんを湯浅誠は、「反貧困」についての一連の著作の中で「自分自身からの排除」と呼んだ。貧困や社会的排除による困難を自分の性格、能力、意志力、努力のなさが原因と見て、無力感に覆われ、自分自身で困難を突破する希望を奪われた状態である。また中西新太郎は『〈生きにくさ〉の根はどこにあるのか』の中で、新自由主義の社会が〝被害を被っている側〟に〝自分に責任がある〟と感じさせてしまう、つまり困難を内閉化させる抑圧様式を蔓延させていると言う。そして、新自由主義が抑圧された者たちを徹底的に無力化していく思想的回路となっている、と言う。

これをどう突破するか。ここで思い出すのが、先の「革命」の会の非行生徒の言葉——「統廃合反対の集会で話をすることを考えていると、俺も生きていていいんだ、という気持ちになるんだ」である。彼らは自分の苦難の人生を集会で語り、人々から傾聴された。彼らは、偏差値による差別、家庭崩壊の中での苦悩、その中で荒れた体験、自殺への衝動などをこの学校が乗り越えさせてくれたと語り、母校を守ろうとした。そして、自分の唯一の居場所であり、自分を救ってくれた母校を「なぜつぶすのか」と、社会と闘った。しかも、彼らは自分のこれまでの生きづらさを単に個人の心の問題とするのではなく、自分たちのような高校生に共通する問題として語り、自分を通して見えてきた社会問題として語っていた。そして子ども達の困難を放置し、希望を奪い、責任を果たさない教育行政に対して訴えていたのだ。ある卒業生は、「(見下しの中で)自分たちがどれだけ苦労してきたか、この学校で自分たちがどんなに努力してきたか、それをあなたたち(県改革推進委員会の人々）は一度でも見に来たことがありますか」と教育行政を追い詰めていった。それを市民が絶賛してくれた。だから、統廃合反対運動が生徒や卒業生にとって、生き直す最高の教育の場にもなっていた。このような社会運動の中に、自己否定を雨宮処凛の言う「無条件の生存の肯定」[*1]に切り替える何かがあったのではないか。

雨宮処凛は、多くの人がフリーターメーデーなどへの参加を通して、「心の問題」と思われてきたことが労働問題だったと捉えられるようになり、怒りを自分から社会に向けることができるようになっていく、と述べている。その境目にあるのが「無条件の生存の肯定」であり、「まずは自分を肯定できないと怒れない」と言う。[*2]だから、問題を社会的に見つめ、自分ではなく、社会に怒りを向けられるようになることと「無条件の生存の肯定」はおそらくワンセットの関係であり、この自己肯定こそ権利意識の根幹ではないか。これがないと権利侵害を受けても声をあげられなくなってしまうのだ。

ジュディス・ハーマンは『心的外傷と回復』の中で、トラウマを引きおこす事件は対人関係の破壊、それによる「セルフ」の解体、信念体系の空洞化、実存的危機を引き起こす、と言う。そして、（心的外傷の中核は）無力化と他者からの離断である。だからこそ、回復の基礎はその後を生きる者にエンパワーメント（有力化）を行い、他者との新しい結びつきを創ることにある、と言う。

私は、次の五点が相互に因果関係を持ち、三つ巴ならぬ五つ巴の関係になって回復に向かうと考えている。すなわち、①自分にはことの本質において責任はなかったという認識と感覚、②「心の問題」や「生きづらさ」を社会的にとらえられるようになること、③居場所と人間関係の回復、④そのことによる無条件の自己肯定と、エンパワーメント（有力化）、⑤そのことによって権利の主体として立ち上がること、さらに必要ならば自分にこのような苦難を強いた社会の創り変えの主体となっていくこと、である。

このことについて私は倫理の「自己形成史」の授業を通じて手探りしてきた。とりわけ、心的外傷を、それが形成される人生をありのままに綴りながら自己肯定に向かうことと、それを単に心の問題としてではなく、社会的に見つめ返すことを模索した。

そのことと生徒の作品を以下に記す。生徒の作品は愛子（仮名）のもの以外は全てB高校での「自己形成史」である。また、プライバシー保護のために内容理解に影響がない範囲で内容を一部変更してある。

3 授業の実際

受験に関係ないので、一年間青年期ばかりを行った。生徒の悩みに関わるであろう教材を生徒の状況や時代に応じて提示した。例えば、映画『学校』、東京弁護士会作製のいじめ・非行・犯罪の演劇ビデオ、過去の生徒の作品、夜回り先生の講演などである。そして、ジェンダー、いじめ、登校拒否、学力競争、非行、少年犯罪、貧困などを考えさせた。その都度、感想などを書いてもらう。その際、皆の前で読まれたくない場合はその旨を書くように指示し、それがない場合は読んでもいいものということを確認して、名前を伏せて、読み、交流する。そして、一年間の集大成として、三年の卒業テストの代わりに「自己形成史」を書く課題を出す。それは単に何年に入学して、というものではなく、自分にとって切実な問題をありのままに書くというものである。人間には死んでも知られたくないことがある。しかし、それこそが最もわかってもらいたいことだったりすることがある。だから、自分をしっかりさせるために書く。そして自分と社会を見つめていく。もし書きたくなければ、別なテーマを一般的に書けばよい、としている。

1 ジェンダー

まずは一コマかけて、自己紹介を兼ねて、私自身（の危機の時代）を歴史的、社会的に語ることをすることがある。その後、生徒に簡単にジェンダーのことを教えた。そして、「男はどんな女が好きか、やせている女が好きか、女はどんな男が好きか」の授業を行った。次は『さらば、悲しみの性』[*3]を力一杯読み聞かせる。さらに、女、男の世界にジェンダーを巡る序列が存在していることを見つめさせた。女の世界に「美」を巡る（敵対的）競争があるのに対して、男の世界では「強さ」が重視される。そして、それにともなう「身体の大きさ」や、「スポーツができる」、「けんかが強い」、「リーダーシップがとれる」などが男の「特性」として重視され、それらを巡って（敵対的な）競争と序列が生まれることを見つめさせた。生徒達は社会に出て新自由主義の被害を受ける以前に、学校カーストと言われるような、以下のような息苦しい空気の下で無力化される者も多いと思われる。

男のジェンダーの中で生きてきたつらさ

「俺は小・中校と男のジェンダーの中で生きてきて、とても息苦しさを感じてきてた。

俺のいた環境は、スポーツができる（特にサッカーがうまい）、けんかが強い（暴力）により、人間関係に序列ができていて、俺は中位にいたが、それでも息苦しさを感じていた。それはなぜか。今、冷静に自分を見つめれば、簡単なことだ。下位になることをいつも恐れていたからだ。中位にいたって、上位の奴らが気に入らなくなれば、すぐにいじめを始める。こんな光景を何度も見てきたし、俺自身体験した。つまり、下位にならないために、上位の奴らに毎日、気をつかわなければならない。この状況はとても嫌だったけど、息苦しさはこれだけが原因ではなかった。きっと、あのときに感じていた息苦しさは、このような状況で上位の奴らの言いなりになっている自分の非力さに息苦しさを感じていたんだろう。これが息苦しさを感じていた最大の原因だ。言いたいことも言えない、言えばいじめられる。いじめを恐れている自分もなぜか嫌だった。これも今思えば、自分のことしか考えていない。本当に、今こうしてあの頃を思い起こすと、一番苦しかったのは、下位にいた人たちだ。毎日のようにいじめられていた。俺の小学校は1クラスしかないので、遊びたくなくても誘われやすく、NOとは口が裂けても言えない。このような状況で下位の人たちは強引に誘われ、遊びという形で、いじめられていた。上位の奴らは、今日もあいつイジる（通常は、ちょっとからかったりすることを指す）かなどと言っていたが、俺にとってはいじめをするにしか聞こえなかった。遊びで一番つらかったのは、上位の奴らが下位の奴らをいじめる。そして、上位の奴は俺に『おまえもやれ！』といじめに加われと言ってくる。俺はすごく嫌だった。だけど、自分自身がいじめられたくないから俺も加わった。ほんとに自分の非力さにショックと言うか、何か言葉に言い表せないほどの怒りがあり、自分自身をすごく責めた。中学校に入り、いじめはなくなったが、人間関係の序列はなくならなかった。俺は上位の奴らに気を遣っていたし、上位の奴らは俺や下位の奴らを見下していた。

しかし、中学校は他の小学校からの生徒も来るので、友達の輪が広がった。このことが俺の『自分の非力さが悪い』という考えを変えることになる。それは対等に話せる友達が増えたことだ。何も気にせず話せることの喜びはそれはもう最高だった。これこそが本当の友達だ。俺を苦しめるあんな奴ら（上位の奴ら）は、友達なんかじゃない。また、上位の奴らは中学に入っても、相変わらずの態度なので、俺が対等に話せる友達たちも嫌がり始め、俺と同じ息苦しさを感じる人も出てきた。そうした中で、俺の考えが１８０度変わることができたことがあった。それは、上位の奴らに不満を持っている俺の友達が言った愚痴だった。『あいつら（上位の奴ら）が悪いのに、何で俺が悪いみたいな思いをしなきゃなんねんだよ‼』。この愚痴を聞いたとき、俺は目が覚めた。何かから解放されたような気持ちだった。そうだ、俺が悪いんじゃない、上位の奴らが悪いんだ。見返してやろう、と思ったけど、それはできなかった。でも、俺と同じ思いを抱いていた人とつながりあえたことは、すごく嬉しかった。また、倫理で勉強して、改めて、自分は悪くなんかなかったんだ、ただ自分自身で縛りつけていたんだ、ということが学べて、すごくためになった。ただ、まだ少し後遺症がある。自分自身自分より上だなと思う人には、ペコペコしたり、自分より下だと勝手に決めつけた人には見下した発言をしたりしていて、自分でも良くないと思っているのだが、反射的に出てしまうことがある。これは直していきたい。あと、小・中学の頃の俺は、悪いことしている人に「それは悪い」と言えなかった。これも、今後の人生の課題にしていきたい。このように、人に序列をつくらない、悪いことを注意できる人が増えれば、俺みたいに苦しまないで、学校生活を送れる人が増えるので、俺は「そういう人になるんだぞぉ」と、教えていきたい。（教師になったら）』

男の世界の序列、不平等。そのことを通じてつかんだ「平等」、「対等」という関係の中でしか友情はあり得ない、という確信。生徒達の学習意欲がなくなってきた、と表面的にはその通りに違いないが、この危機社会の中で深い問いが生まれ出ていることを感じさせられる。序列、不平等とその対極の平等、対等への希求、正義への問い。ここに学習意欲の源があるのではないか。

2 いじめ

加害行為をする子の被害者としての側面

東京弁護士会・子どもの人権と少年法に関する特別委員会作成のビデオ（「もがれた翼」シリーズ）が良い教材となる。被害者の苦しみだけではなく、加害行為をする者も被害者としての側面を持っていることを考えさせられるからだ。

今の私になるまで〈女子〉

「……しかし、その時の私の姉は、生活が乱れていました。本校とはそんなにレベルは変わらないと思うけど、ちゃんと高校に通って成績もクラスで1番とかでした。けど、その時からたばこは吸っていたし、姉が自分で言ってたので本当かはわからないけど、レディースに入ってたらしいのです。でも、そんな姉でも私は大好きでした。それは今でも変わりありません。その姉に、私が6年生の時に、『ちょっと吸ってみな。』ってたばこを差し出されました。そこで私はためらったが、『あ、いいのかな。』って思って自分でもたばこに手を出しそうになりました。今考えると、バカバカしいけど。その時から私は人の質として、少し崩れていきました。そんな姉だから、父親と衝突することも多く、私が中学生になっても、夜とかに父と姉のけんかする声が家中に響きわたり、私は寝たふりをして聞いていないふりをしていました。その時、私はとてもつらかったし、悲しかったです。父や姉の泣くところも見たくありませんでした。そのストレスを学校で他の子にあたっていたのかもしれません。中1の時、クラスでいばるようになり、それはそのうちなくなりましたが、中学2年になると、部活でいじめをするようになりました。その時は本当にひどいことをしてたなと自分でも思います。今思い出すだけで、胸が苦しくなります。中学の友達とはもう会いたくないと思うほどです。

しかし、中学3年生の途中から変わり始めました。家を出てた姉が父ともとても仲良くなっており、急に姉が来るって言われました。私はずっとけんかしてるものと思っていたのに、正直どうしてって、思ったけど、そこには触れず、久々にあった姉は前とは変わっていました。それからは1年に何回か会うようになり、遊んだりして、今はその時が一番幸せです。そこから私はいじめなどせず、今の自分に至り、前の自分とは正反対になりました。今思うことはやはり周りの環境は大切だなと思います。周りの環境が与える影響はすごく大きいなと自分自身で実感しました。私は今の自分になれて本当に良かったと思います。」

いじめの中心にいる者はこのような問題を抱えている。猛烈にいじめられている子がいじめをさらにより弱い子にしている場合さえある。この認識抜きに行政などが考えている単純な「厳罰化」「犯罪としてとりあげよ」「道徳教育」では真の反省には至らない。加害行為をする子の被害者としての側面が受け止められてこそ、初めて自分のやったいじめが「許すべからざる罪」という認識に至るのではないか。その時初めて、いじめっ子が真にいじめをしないで生きていけるのであろう。そこを欠いて、単にいじめの加害性だけ性急に反省させようとすれば、(それは必要なことでも)「はいはい、謝りゃ〜いいんでしょ。もうあいつとは口聞かないから」という面従腹背の表面だけの反省になりがちである。

いじめのために登校拒否した被害者の詩画集「あかね色の空が見えたよ」を読み聞かせる

これはおとなしくして生きざるえない子達にとっては「痛いほどわかる」と述べる作品である。また、今、現在目立ったいじめがなくとも同様の問題を、つまり、心の傷を日常背負い続けている生徒達にとても響く作品である。

いじめと学力を巡る敵対的競争・期待という重荷

A高校のヤンキーギャル愛子（仮名）が書いた次の文章を教材にして見つめさせたりする。

私がこの学校に行くと言った時には（両親は）泣いていた

「私は、中学の時から塾に行っていて、夏休みも遊ばないで、勉強した。両親も、塾に相当お金をかけていたから、私がこの学校に行くと言った時には、泣いていた。私は、家の近くにも高校があるし、どっちかと言えば、C高校の方が近いし、その方が良かったんだけど、あえてA高校にしてみた。それにはずっと悩んだ。進路も決まったのは、後の方だった。A高校は、夏休みが終わると、半分はつかまってるとか、族がいて、しめられるとか、ほんとうにやばいと言われていた。でも、実際は違う。確かに、偏差値は低いけど、みんな勉強じゃなく、友達とか人間関係のことならどんな頭のいい学校にも負けないくらい考えている。（偏差値による高校間格差と差別を描いた）『翼を下さい』とはすごくかぶってる。でも、昔より今はずっと良くなった。でも、今でも私の友達とかは私がA高校って言うと、『えっ』と（いう）顔するし、『さすがバカ校』って言うけど。でも、そんなの気にしない子もいるから。これからもっと勉強ができるとかじゃなく人間性を見る社会になってほしいと思う。」

いじめ……今も私の心の中には壁がある

「小6の時、私はいじめにあった。そして、いじめた。いじめの中心の子は若林（注東京弁護士会作製のビデオに出ていた――田中）と同じように、（今思えばだけど、）受験とエリートの両親、優秀な兄弟という感じだった。小6の時のいじめは、一人にずっとではなく、週ごとにいじめの標的が代わるのだ。そして、何週間かしたら、謝ってくる。私はその子にいじめられたとき、そのつらさを知った。でも、それと、またやられたらどうしようと言う恐さも知っている。だから、止められなかった。親友の子とも、そうやっていくうちに、別れた。

その後からだ。私が変になったのは。私は、ある日、急にどうしようもなく恐くなる時がある。そういう時、親友や彼氏にそういう恐さで、思いっきりヒステリーになる。ちょっとのことで怒ったり、泣いたり、それがかなりひどいらしい。私は今も恐い。人を信じるのが。信じすぎて大切になりすぎて、そのとき、裏切られたら、私はきっと死んでしまうから。だから、今も私の心の中には壁がある。でも、高校に入ってその壁が壊れつつある。きっとそれは大好きな彼氏や親友たちのおかげなんだ。」

私はみんなに好かれようとへこへこしてた――何が彼女を支えたのか

「私は高校に入ってわがままになった。今まで、私の周りの人々は（友達）わがままということを否定していた。わがままを言えば、いじめられるのだ。ちょっとのことで友情は壊れる、綱の上の友情だった。でも、一人私を受け入れてくれる子がいた。きっとその子のおかげもあって。私は自分で高校を選べたのだ。この高校に来て最初はやっぱり信用できなくて、みんなに好かれようって、へこへこしてた。でも、1年ずっとやってきて、私は自分を出すようになれた。私のことを受け入れてくれる友達が出来たからだ。私は変われた。だから、他の子もきっと変われると思う。」

本当のありのままの自分を受け入れてくれる場所が必要だったんだと思う

「私はあのビデオ（注　東京弁護士会の『もがれた翼、ｐａｒｔ６』——田中）を見て、彼女たちのことを少し考えた。倫理のビデオを見ると、いつも考える。彼女たちは、自分を本当に必要として受け入れてくれる、大人が必要だったんだと思う。いい子がキレると言うのも、本当のありのままの自分を受け入れてくれる場所が必要だったんだと思う。私があのビデオで印象に残ったのは、りょう（注　援助交際の少女——田中）という子の言葉だった。『〈心の傷を感じないために〉感じるのをやめた』。彼女をそこまで追いつめたのは、この競争社会だと思う。どうして、経済的、家庭的に困難な少年・少女を否定する社会になってしまったんだろう。いくら、少年法を厳しくしたって、少年犯罪は無くならない。そういう子どもたちの心を受け止めてあげられる場所が必要なんだって思う。犯罪を犯してしまった子どもたちの心のＳＯＳを気づいてあげたい。その子たちが自分の犯した罪を知るには心の痛みを思い出させてあげなくてはいけないんだ。」

父を乗り越える

「今は頭のいい高校に行かないと、就職は難しい、って言われる。私の両親もそうだ。中学の時から、父に『D高校レベルの学校より下なら高校に行かせない』と言われ、『大学は父と同じ所、3年になったら、ホームステイさせる。そして、将来は、通訳の人になれ!』とまで言われていた。でも、私はA高校に入った。そうしたら、今度は弟に、『勉強しろ!』と厳しくなった。私ができなかったことを押しつけている。勉強は2時間と塾。中学校も受験するらしい。私と父はこの前バイトのことでケンカした。父は『高校生なんだから、勉強と部活をしろ』と言った。でも、私はその時ははっきり言った。『私のしたいことをする!』って。それから父は私にあんまり言わなくなった。それまで、苦手だった父からたまにメールが送られている。私も返す。父は母に『嬉しい』と言っていたらしい。私は、父の言うとおりいい職場に就けないかもしれない。でも、家族とか友情とかそういうものがあれば、幸せになれるんじゃないか?私は頭のいい人より、人のこと考えられる人が価値のある人だと思う。父は弟に期待している。でも、その期待が重く感じることがある。弟はそれに応えようと一生懸命だ。弟まで私のことを『バカ』と言う。でも、バカの方が楽だ。父は『愛子のしたいようにしろ』と言っている。だから、私はこれからは重い荷物を背負わないで、いい。その反面、弟は大変だ。もし弟がにもつに押しつぶされそうになったら、そのときは私が少し、持ってあげよう。支えてあげようと思う。私は頭が良くなるより、人の心のわかる人になりたい。私がどんなにできそこないでも、父の娘だ。きっと父もそう思ってくれていると思う。今も父は苦手だけど、私が、反発してもしょうがないから。父の考え方は好きじゃない。でも、父は好きだ。だから、いつか父にもわかってほしい。本当に価値のあって、幸せになれるのはどんな人なのかを…。」

3 問題行動・非行の背景

様々な問題を起こし、時には加害行為、罪を犯す子ども達も別な側面では被害者としての側面があること、そして、その中で形成された心的外傷が問題の根っこにあることを見つめさせた。

自分の小さいころ〈男子〉

「自分は小2の頃に母を病気で亡くした。しかし、その時は小さかったため、事の重大さが分からなかった。それから、父、姉と三人で暮らした。なぜだか、クラス皆や近所の人の接し方が優しくなったのを感じとった。複雑な気分だった。運動会の時、父兄が見に来るのだが、父が忙しくて、来れず、友達の家族の中に入れてもらったりした。自分が哀れになった気がした。しかし、今ではよく受け入れたな、と思う。それから、弁当を作ってくる時も自分だけ買った弁当で、とても皆の目が気になって仕方がなかった。

それから、母という言葉がコンプレックスになった。国語の教科書の音読の時間に母という言葉が出てくると周りの目が気になった。とても国語の時間がゆううつになっていった。友達が母親の話をすると、自分はあまり会話に入っていけず、つまらない思いをしたこともある。周りは自分みたいに家庭が不安定な人がいなかったため、共感できる人がいなくてよけいに寂しかった。その寂しさを埋めるためにつまらないこともした。人をいじめて、その人の親に謝りに行ったり、クラスの人にいたずら電話をかけて、学校問題になったり、万引きして捕まったり。それをした小学生時代の時は、寂しさからそんなことをしてしまったのだと、この倫理の授業を受けてわかった。

そして、そんな自分を払拭するために、野球部に入った。しかし、そこでも、大会になると父母が応援してくるのに対し、自分には誰も来なくて観客席を見るのが辛かった。家に帰っても誰もいなくて、寂しい思いをするなら、野球をやった方がいいのではと思って入った野球部がいつの間にか野球に夢中になっていた。何であんなに野球に必死だったのか。うまくなって友達に認めてもらいたくて、家庭に居場所がなかったから、どうしても居場所が欲しくて必死だったと思う。その寂しさを野球にぶつけることで、自分はやっていけた。いつの間にか寂しさがなくなっていった。友達と馬鹿騒ぎするのは好きだったけど、一人でいる時間が多かった分、一人でいることが好きになった。家に帰ると、すぐ部屋に閉じこもった。

高校に行っても野球を続けた。高校に入ってだんだん母に対してのコンプレックスがとけてきた。それは、なぜか、ふと考えた。その理由は周りに同じような境遇の人が増えたからだ。それは、自分にとってこの上ない仲間だった。嬉しかった。その人とは腹を割って話せる中になり、心強かった。大学受験をきっかけに、父親とも話すようになり、全てがいい方向に向いていると言える。

早すぎる母の死。それを乗り越えてこそ、今の自分がいる。もし母親が生きてなかったら今の自分は確実にない。自分は今の自分が好きだ。だから自分はこれでいいと思っている。しかし、それを乗り越えるためには多大な時間や犠牲があった。寂しさを取り繕うためにイジメや万引きをした。それに気づけたのは、この倫理でイジメをする人の心理を学べたからだ。一年間ありがとうございました。」

貧困と、切れていく母との関係——何が彼女を支えたのか 自分の人生〈女子〉

「私の家は、私が小さい頃に親が離婚し、母と二人で暮らしていた。母親はいつもいつも仕事で忙しく、保育園では必ず迎えは最後だった。

小学生になり、生活費がますますかかるようになると、親もいろんな種類の仕事を始め、さらに忙しい毎日になった。夜ご飯はほとんど毎日おばさんが買ってきたお弁当を食べ、おばさんが帰った後は一人でお風呂に入り、一人で寝た。朝起きてもまるで寝てるかいないかで、朝ご飯もろくに食べたことはなかった。寂しいと思ったこともあるが、自分のためだ、と思って、我慢していた。そんな毎日を繰り返していたある日、私が小学校4年生ぐらいの時だった。母親が夜、珍しく早く帰ってきた、と思うと、一人の男の人を連れてきた。その人はそれからはほぼ毎日、家に来るようになった。その人と母親はとても仲が良さそうで、私はその光景がとても嫌で嫌でたまらなかった。そして、（私は）よく家で暴れるようになった。ずっと今まで二人で暮らしてきたのに、母親がどんどん離れていくような気がして、本当に嫌だった。

ある日、学校から家に帰って来ると、一つの手紙があった。手紙には母親とその人は婚姻届を出し、正式な夫婦に成り、今、おなかの中には、赤ちゃんがいると書いてあった。苗字も変わることになった。学校で先生は皆に事情を説明し、それから皆が違う苗字で呼び始めた。私はそれがすごく嫌で、プリントやテストにも当てつけのように前の苗字を書き続けた。

何ヶ月かたち、母親は赤ちゃんを産むため入院した。私は生まれるまで一度も母親のところには行かなかった。赤ちゃんを生み、母親が赤ちゃんを抱いて帰ってきた。私はあえて何の声もかけなかった。赤ちゃんにも全く、関心を寄せなかった。けど、親が出かける時や用事がある時は嫌々面倒を見るはめになった。私は本当はその子が大嫌いだった。でもそんな私に笑いかけ、手を握ってくれた。その赤ちゃんが少しずつかわいく見えてきた。

一年がたち、二人目の赤ちゃんが生まれた。私は『またか』と思った。あっ、と言う間に私は二人の妹ができた。二人はかわいかった。けど、親は私なんかそっちのけで二人の面倒を見るようになった。もう本当に『私だけの母親』ではなくなった。

私は今日まで一度も父親を『お父さん』と呼んだことはない。親らしいことなんか何一つしてくれない。帰ってきても二人には話しかけるが私には一言も声をかけない。家族で出かける時も、私はいつも一人で自ら家に残った。自分でしていることなのに、この家で自分一人が浮いた存在な気がしてたまらなかった。家にいると毎日毎日息がつまった。

けど、二人の妹は私に本当になついてくる。家に帰ってくると、『○○ちゃん、○○ちゃん（生徒本人の名前）』と駆け寄って来た。私は二人が本当にかわいくて、かわいくて仕方がなかった。そして、月日がたって、三人で公園に行ったり、保育園に迎えに行ったり、面倒をよく見るようになった。保育園に迎えに行くと、たくさんの小さい子ども達がいた。皆無邪気で、かわいくって、自分は子どもが好きだ、ということを実感した。そして、将来は保育士になろう、という夢が出てきた。

きっと私以外にもそういう辛い思いや寂しい思いをしてきた子どもたちはたくさんいると思う。私は将来保育士になり、そんな子どもたちを少しでも救ってあげようと思った。いろいろな経験をしてきた自分だからこそできる自信があった。だから、今となっては良い経験をした、と思っている。そして、私が大人になり、いつか子どもができたら、絶対に幸せな子にしてあげようと思った。」

この生徒は家族特に母親との関係を求めながら、孤立していった。しかし、嫌だった妹達が思いがけず自分を慕い、その妹達から必要とされた。そのことによって生きる道を見いだした。人間が生き直す上で、何が必要なのかを考えさせてくれる作品である。

4　貧困と生活を見つめ、社会を見つめ続ける

社会福祉（男子）

「2001年、母親が検査入院することとなった。当時、自分は小学5年生。両親はその時には、すでに離婚していて、父親の行方はわからなくなった。

検査入院は1泊だったので、私は伯母の宅にあずけられた。そして、退院後はすぐに、長期入院が必要なことがわかった。約3月間、私は、伯母の宅から通うこととなり、ランドセルを背負って、電車に乗り、学校に通っていた。その後、母が亡くなる2006年の1月まで、入退院を繰り返すこととなる。最後はガンが転移していて、体力的にも限界だったらしく、手術を行うことができなかった。

2000年頃に、医療費の負担が増加することとなった（注　小泉改革の医療費自己負担増のことを指すと思われる――田中）。私の家庭は貧しく、明日食べるものでさえ用意できるかわからなかった。小学2年生の頃だっただろうか。水道を止められた経験がある。ちょうど冬の時期で、駅までトイレをしに、母と共に出かけたことを、今でも、よく覚えている。こんな状態だったから母は、病院に行くことができなかった。自分の体が悪くなっていると自覚しても、私にご飯を食べさせるために、行くことができなかった。幸い、私は健康に恵まれ、全くといっていいほど大きな病気はしたことがなく、私に対する医療費はかからなかった。

こんな状態の家族は、今の世の中、とても多くなっているのではないだろうか。だ

からこそ、医療費の負担が0割であることは、裕福な家庭ではどちらでも良いことかもしれないが、体験上、日本は医療費の負担を0割にするべきだ。そうしないと、私と同じ思いをしてしまう。もし、医療費負担が0割だったなら、（母は――田中）助かったかもしれない、と。

この前の月曜、サラ金の講演をしていた（注　総合学習での宇都宮弁護士による講演――田中）。この時、思い出したのが、父のことだ。詳しい話は聞かされてもいないが、父は借金があったらしい。昔、母から聞いた話によると、「金を返せ」等と書かれた紙をアパートのドアの間にたくさん挟まれていたことがあるらしい。スーツ姿の男の人が来たのを私は覚えている。

２００３年から、中学に入学し、サッカー部に入部する。その後、前の倫理で書いたと思うが、サッカーの上手、下手での優劣に悩んだ（注　サッカー部内で猛烈ないじめを受けていた――田中）。母親には、言えなかった。心配させたくなかったからだ。しかし、この中学の3年間で少し自分が強くなった気がする。

２００６年4月、B高に入学した。もう、この頃からは、伯母や祖母と共に暮らしていて、祖母宅から学校に通ってきた。でも、ここでも、人生に壁がくる。祖母が脳梗塞で倒れてしまったのだ。だから、身の周りのものは自分でそろえていこうと思い、アルバイトを始めた。部活と勉強との両立が大変だったが、今では良い経験をしたと思っている。

介護の費用も負担割合がある。私の現在の家族は、貧しくはない。だから、介護の費用も出せるし、施設にだって利用することができるが、これが貧しい家庭だったら、どうなるだろうか。現代日本社会では、悲惨な結果になってしまっているケースが少なからずある。お金が無ければ、命を守れない。こんな社会を民主主義国家と言えるだろうか。憲法では「健康で文化的な最低限度の生活をする権利」が与えられているのに、これさえも実現できない。憲法がただの文になってしまうではないか。

私は、生まれてから現在まで、様々なことを体験してきた。私は、お金の面で、経験的な意味で、苦労してきたことが多いのかもしれない。今回、この自己形成史を書いていて、そう感じた。しかも、それは、国の問題、社会の問題を直面していることがわかった。これからも、自分の生活を見つめ、社会を見ていきたい。」

新自由主義を中心として生み出された危機社会が個人の生活と内面に危機を生み出している。その個人の危機を綴ることで自分を肯定する方向に進むと共に、危機を生み出す現代日本社会を見つめ返し、問い返すことを考えてきた。問いが生まれ出る一歩手前というものもあるだろう。どれだけのことができたか。ともあれ、生徒達の作品を読んで、私は生徒に「よくぞ生きてきた、生きてきただけですごい」と声をかける。しばしば生徒は涙を流さんばかりに喜ぶのである。どれほど苦しんできたことか、と胸が熱くなる。同時に、生徒達は間違いなく現代が生み出す困難の中で、それを突破しようと必死にもがいている。そして将来に不安を持っている。そのような自分と生活を見つめる対象にした時、問いが必ず生まれる。その問いこそ学習要求になりうるものであろう。この点と授業を様々な形で結びつけることは今最も重要な課題ではないだろうか。

注

＊1…雨宮処凛・小森陽一『生きさせる思想』新日本出版社、二〇〇八年、一五五頁。
＊2…前掲書、一六一頁。
＊3…河野美代子『さらば、悲しみの性　産婦人科医の診療室から』高文研、一九八五年。

高校・倫理

10 福島の高校生と公民科授業
─混在化する被害体験と「わからなさ」を巡る授業（倫理）─

重松克也

当事者であるがゆえに現実を直視できない（したくない）という忌避が強く働く。学習するには対象との適度な距離取りが必要なのであるが、今、福島で高校の先生はどのように生徒の不安と向き合い、三・一一を教えようと踏み出しているのか。先生自身もまた被災者であるがゆえに、先行きの見えない現状の深刻さを抱えつつどのような立ち位置で実践に取り組んでいるのか。本稿はその一端を紹介することを目的としている。

1 一括りにできない生徒の被災体験の多様さ

福島県南相馬市にある原町高校の生徒がどのように三・一一を受けとめているかについて、山本富士夫教諭による自由記述形式のアンケート[*1]がある。アンケートは、「思い出したくない人、書きたくない人は無理をしないで下さい」という但し書きとともに、三・一一の大震災そして東電原発事故についての「このできごとの後、あなたはどのように行動しましたか」と「このできごとを、あなたはどのように受け止めましたか」という二つの質問からなっている。二つ目の質問に対して生徒は次のような回答をしている。[*2]

「これをきっかけに、国と東電が大嫌いになりました。地震は天災だし、起きてしまったことは仕方ないけれど、原発事故は明らかに人為的だと思います。こういう自己が起きる前に、原発を作るなら作るなりに対策をとっておくべきだったし、万が一自己が飽きても、もっと迅速に対応していればこんな大規模な事故にはならなかったはず。最悪なのは、パニックになるからと情報を隠ぺいしていたこと。想定外とかの話じゃない。」

「起きてしまったことなので、仕方ないなと思いました。だが、原発の管理を疎かにし、公開すべき情報を隠した東電や国への不満は治まらない。」

政府や電力会社への不満、怒りを持つ者もあれば、その一方で、原子力発電に対する今後のリスク管理のあり方こそが改善されなければならないと考える生徒もいる。

「原子力発電は、電力供給量が多いので、必要なものだと思う。また、今夏の原発事故は、安全対策をぬかったことが原因だと思う。おそらく、地域住民による〝安全でなければ原発は作らせるな!〟という考えに押され、セーフティネットをはり損ねたことが、今回の事故の原因のひとつになったのだろう。絶対に安全ということはありえない。今日車にひかれる、明日いん石に当たる、そういう不確定要素が充満している中で、どれほど事故のリスクを減らし、安全に近づけるのか、それが大切だと思う、ただ単に、原発は危険だから廃止するというのではなく、その利益、そのリスクと、今までよりもうまくつきあっていくことが大切だと思う。」

怒りと不安を抱えつつも、「仕方ない」と自分に言い聞かせることで、前を向こうとする生徒たちもいる。

「弟とか親との時間が激減して寂しいけど仕方ない。しょうがない。弟からいわれる。『早く、ねぇねぇ、帰って来て前みたいに暮らそうね』が悲しいけど、うん！しょうがない！」

「偶然ではなく必然として受け止め、（部活で）自分ができることをしようと思った。」

「最初は何も考えられませんでした。冷静になってから、初めて悲しみとかつらさがおしよせてきました。愚痴なんて言ってたらキリないし、もやもやは消えないし、やっぱり家に帰りたいし、何で私ら悪くないのにって思ってたけど、震災があって初めて気づかされる事もいっぱいあって……。心ない事をいう人たちもいるけど、応援してくれてる人もいっぱいいる。この震災で強くなった気もするし、ピンチをチャンスに生かせることが重要だと思います。」

津波被害や放射線被害を直接被っているが、あえて仕方ないと自分自身に言い聞かせて、前を向こうとしているのである。

当然のことながら、体験の受け止め方は生徒個々によって異なるのであるが、それは地域の相違にも規定されている。例えば、農業地域である二本松市の学校の生徒たちは、魚介類は食べないあるいは食べないようにするが、米や穀物類に関しては食べる／食べないとは明確に判断できないとの報告がある。[*3] 農作物の放射線汚染の危険性を授業で取り上げると、表情が険しくなる農家の生徒もいる。また、ここにいるしかない避難してきた生徒にとってみれば、放射線被曝に関する知識は自らの過酷な現状を再認識させるだけのことになりかねない。

そうした一方で、都市部である福島市内の高校に勤務する渡部純によるアンケート調査（二〇一一年一二月）によれば、低線量被曝による健康に関する不安を抱いている者が多い。[*4] 渡部は次のような八項目で整理している。

(1)将来の妊娠・出産に関する不安
(2)将来の健康への不安
(3)原発・放射能に対する不安
(4)専門家の評価に対する不安
(5)原発廃止への賛否
(6)政府に対する不安・不満
(7)福島県外の人々の考え、忘却、差別への不安

(8)その他[*5]

渡部によれば、この中で特に生徒が多く記した不安は、(1)と(2)であった。それは次のような不安である。

・自分の子どもが障がいを持った子どもではなく、健康な子どもが生まれてくれるのか。
・自分の子どもに障がいがあったら、どうしたらいいかわからない。育てていく自信がない。
・ニュースで甲状腺がん発生率が一五〜一八歳の人たちが一番高い数値だった。なのになぜ高校生にはなにもしてくれないの

同校では、アンケートを実施する半年前の六月一日に、野口邦和（日本大学歯学部）による放射線と人体に関する講座を開き、「(当時、政府が発表していた放射線量では——重松）障がい児出生の確率がほとんど差のないことや、年間一〇〇mSV（マイクロシーベルト）以下の被曝による健康被害は証明されていない」ことが説明されている。その講座での学習が多くの生徒たちの関心を方向づけたと推測される。それにもかかわらず、生徒たちは将来の妊娠・出産・健康に不安をいだいたのである。図式的に把握することは避けなければならないが、海沿いの農村部の生徒のように津波被害や作物の放射線被害（風評被害も含めて）への不安ではなく、不安の多くが低線量被曝による健康被害に向けられていることが特徴だと言えよう。

被災体験が直接的か間接的か、都市部と農業地域か漁業地域か、あるいは放射線量の飛散の度合いの相違等々の諸要因によって、また、福島市内の学校に避難している生徒がい

ることで、クラスや学校の中では三・一一への向き合い方が混在している。これに加えて、専門家や政府などの見解を信頼できないために、特に公民科を担当する先生にとって授業で教える事実や現実の客観性が設定できないこととなる。さらに、先の見えない現実の苛酷さを生徒に突きつけ、ともに解決しようという授業は生きていく意欲そのものを生徒から奪いかねない。

2 授業で何ができるか——福島県高等学校地理歴史・公民科学習研究会の取り組み

福島県北・県南の、地理歴史科と公民科の高校教員および大学教員が二〇〇六年からお互いの実践や研究を交流検討する自主的な研究団体として、福島県高等学校地理歴史・公民科研究会がある。研究会の活動は震災によって一時中断したが、九ヶ月のちに再開した。それは三・一一を巡って授業実践として何ができるのか、特に原発事故やその後の影響については一定の高度な専門的な知識が必要であり、今後どのように自分たちの生活を作っていくのか、どのような社会制度が必要なのかを今、考えさせることの意味を問い直そうという会員の思いからであった。

二〇一一年一二月一五日に開かれた第四九回研究会では、「〈原発問題〉の授業づくりに向けて」をテーマとして、七人の参加者それぞれの現状と悩みが話し合われた。計画的避難区域内と当時指定され、学校ごと福島県内の学校に避難していた県立農業高等学校の教員は生徒から「私は結婚できるの?」「子どもを生んじゃダメですよね?」と尋ねられ、「軽々しく安全とは言えない」と言えず、さりとて「安全である」とも言えない悩みを語っている。また、甚大な津波被害を体験した浜通りにある高校の教員からは、生徒に被災体験を語らせようとすると、語ったところで、誰が死んだとか家が流されたとかばかりで辛くなるだけだと言われた体験も出された。この教員はそれでも現状に対する思いを交流する実践に取り組んでおり、「お互いの価値をぶつけ合うことが大切で、そこから何かかが生まれればとの期待」を持っていると述べている。

二〇一二年二月三日に開かれた第五〇回研究会では、何を教えたらよいのだろうかという悩みを持ちつつ取り組まれた実践が検討されている。ここでは、その中から、低線量被曝の問題を取り上げた福島の高校公民科における実践を次に紹介する。

3 「わからなさ」を巡る倫理の授業——渡部純実践

1 東京電力福島第一原発事故を実践化することへのためらい

福島市内公立高校教諭の渡部純は「理不尽な人災を強いられた後に、原発の不合理性を授業で伝えないわけにはいかない」という思いと次のようなためらいを述べている。[*6]

❶生徒に忌まわしい記憶を再び想いおこさせるべきではないのではないか?

❷放射能をめぐる「わからなさ」という問題

①安全基準に関する科学的見解の不一致、安心感に対する「温度差」への困惑

②「教師自身がわからないことを授業で教えて責任がとれるのか」という不安

❸当事者性の問題

↓「原発事故」は被災者にしか語れない/被災者だからこそ語ることができない。

2　授業の実際

❶「原発事故」授業の目標

渡部は次のように実践の目標を設定し、単元を構成している。

①原子力エネルギー・放射線についての基本的な知識を理解できるか。

②原発・放射能に対する不安の根っこを考えられるか。

③「東電福島第一原発事故」以後、希望をつくることができるか。

❷新たなテーマ

生徒たちの意識や考えは渡部の予想と大きくずれながら展開していく。まず、一時間目は、『ぼくのお父さんは東電の社員です』（森達也・毎日小学生新聞共編）を読ませた[*7]。執筆者の小六の「ゆうだい君」は二〇一一年三月二七日の毎日小学生新聞の「NEWSの窓」（東電の原発事故、計画停電等を批判する記事）を読み、編集部宛に手紙を書いた（その手紙は五月一八日の同紙上で紹介され、これに対して小学生四九人、中学生五人、高校生二人、大人九人計六五人からの手紙が寄せられた）。

生徒たちの中には「みんなに責任があるということは、誰にも責任がないことになってしまうではないか」という意見も出されたが、彼・彼女らの多くの反応がゆうだい君の意見に賛同するものが多かった。また、責任追及よりも「これから何ができるか考えるべきだ」という、一見すると前向きな考えにも受け止められるが、むしろ問題の所在を不問に

表1　渡部実践の単元展開

単元の文節	学習テーマ	内容	時数
第一次	「『ぼくのお父さんは東電社員です』を読んで」	1．『ぼくのお父さんは東電社員です』（森達也・毎日子ども新聞編）をプリントで読ませ、執筆者である「ゆうだいくん」の意見に対してどのように応えるか考える。 2．グループ（3〜4人）での意見交換と検討。 3．グループでの話し合いの報告を全体にさせ、東電福島第一原発事故の「責任」について話し合う。	一時間
第二次	原子力エネルギーとは①	プリント学習で、原発の仕組み、火力発電所との違い、日本と世界との原発数や設置場所、耐久年数、そして30年以内に生じると予測されている地震・津波の位置等を理解する。	一時間
	原子力エネルギーとは②	映画「六ヶ所ラプソディ」の視聴（30分程度）と感想の交流	一時間
	冬休みの課題レポート「原子力エネルギーの未来を考える」	次のテーマから選択させ、授業者が提示した参考図書を用いてレポートを作成する。なお、インタビュー等の調査レポートとしても可。 A　原発と核廃棄物　B　放射能と健康・農業・食品　C　新エネルギーの可能性　D　原発を受け入れた地域　E　世界の原発　F　チェルノブイリ原発事故と現在　H　その他	冬休み
	「放射能って何？」	プリント学習とNHK「追跡！真相ファイル・低線量被ばく・揺らぐ国際基準」（2011年12月28日放映）を30分間視聴し、科学的に解明されていない事柄に対してリスク軽減を図る必要があることを考える。	一時間
第三次	「〈ありのままの生命〉を肯定できないか？」	1．「生まれない権利」とは何か？ 2．「生まれない権利」を認めるのは可能か？ 3．「なぜこのような権利が主張できるようになったの？」（出生前診断・着床前診断） 4．「生まれない方がいい場合なんてあるの？」（優生保護法、母体保護法と人工妊娠中絶） 5．「いかなる生命も否定されない理由なんてあるの？」（シュヴァイツァー、ガンディーの思想） 6．課題：「ありのままの生命を肯定するとは？」	一時間
第四次	「〈10万年後の安全〉のために」	1．責任とは何か—「僕のお父さんは東電の社員です」の授業をふり返りながら— 2．「原発事故」を巡るそれぞれの責任主体を挙げよう 3．それぞれの責任は平等？ 4．2で挙げたそれぞれの責任主体が事故前/後になすべき（だった）こととは？ 5．君たち高校生に事故の責任はあるの？ 6．なぜ責任は問われなければならないの？ 7．宮本常一「萩の花」を読む—未来への責任・世代間倫理—	一時間

※同研究会で配布された資料をもとに、筆者が作成した。単元構成の分節化も筆者の解釈による。

付して、社会的な解決へは向かいにくい考えを表明する者もいた。

渡部は本時に生じた課題を次のように二点にまとめ、本単元を貫くこれまでのテーマ（妊娠・出産と健康被害の不安）に加えていく。①みんなに責任があるということが即、誰にも責任がないと言えるのか、②過去の責任を問わないことが未来へ進むこととなるのか、である。

❸ありのままの生命を肯定できないのか？——五時間目

本時までに、文部科学省「放射線等に関する副読本」を題材にして、原発の「安全神話」を自然科学的な知識の習得とともに批判的に考えさせ（二〜三時間目）、一〇〇mSv以下の放射線被曝が人体に与える影響について科学的に解明されているとはいえない事実や、いやだからこそできるだけ被曝のリスクを減らす必要があるという判断の必要性など（四時間目）を学習している。五時間目には、生徒の多くが抱えている不安（妊娠、出産、将来の健康）の根底にある生命の質 the Qulity of Life を巡る学習が取り組まれた。なぜ障がいをもつ生命が受け入れられないのかについて考えさせ、障がい児を産むことへの不安から客観的な視点（障がい＝不幸と感じない社会づくり）を形成させた。つまり、生徒たちに産むのか産まないのかと直截に問うのではなく、将来訪れるであろう妊娠・出産について考え判断する足場を自ら作り出すこと、それを学習のねらいとしたのである。

授業の流れと配布資料は次の通りである。

1 「生まれない権利」とは何か？

資料　「誕生前の障害で訴訟は許さず　仏会員で法案可決」……中見出し「生まれない権利」に対抗・日本　障害理由の中絶を認めず」（毎日新聞二〇〇二年一月一二日付朝刊）

2　「生まれない権利」を認めるのは可能か？

3　なぜこのような権利が主張できるようになったの？

資料　①出生前診断の仕方（図表入り）

②「障害児の出生　激減」……母胎血液マーカーテストによるイギリス、フランス、中国、日本における影響（毎日新聞二〇〇一年一〇月三〇日付朝刊）

4　生まれない方がよい場合もあるのだろうか？

資料　優生保護法第一四条（中絶許可条件）と母胎保護法第一、第二、第一四条

5　逆に、どんな理由があっても生命を奪うことは認められない理由はあるだろうか？

6　ありのままの生命を肯定するとは？

資料①「あら、この子、羊水の中でVサインしているわ。ある水頭症の子の母*8」

②「『不幸』決めつけないで　重症新生児の治療拒否　障害者はこう思う」（朝日新聞二〇〇三年一〇月九日付夕刊）……障害者自身が治療拒否する問題について太田修平（障害者の生命保障を要求する連絡会議代表）と山田智子（脳性マヒの主婦）の意見。

生徒たちは授業を通してどのように考えたのであろうか。

□周囲の共同性の重要性

「障害があるから産まないとかではなく、一つ一つの命を大切にしてほしい。最近では子どもを大切にしない親がたくさんいるが、そのような人たちが少しでも減って子どもを大切にする大人たちがもっと増えれば、もしその子どもが障害者であっても親が一人で抱え込む必要もなくなり、大変だとか嫌だとか思うことが少なくなると思う。みんなで支え合いながら一つの命を大切に育てていくことが〈ありのままの生命〉を肯定することだと思う。

子どもが『生まれたくなかった』と言うのは、周りの人たちが子どもに辛い思いをさせてしまっているからだと思う。それでは自殺者も多くなる。私は障害者ではないが、病気を持って生まれた。辛いこともあったが周りの人たちに恵まれて『生まれたくなかった』とは思わない。そう思えるような世の中になればいいと思う。」

「障害を持って生まれた人の気持ちは、私にはおそらく全然分からないけれど、見ている限りでは、正直辛そうに見える。太田さんの話で『障害を持って生まれてくることが不幸』なのではなく、『そのような差別が存在する社会に生きることが不幸』と書かれていて、とても重たい気持ちになった。しかし今の世の中は胎児診断などの技術が生まれてきて障害のある子供を減少させようとしている。それは差別というよりかは、『生まれてくる子供には苦労をかけたくない』という思いからではないかと思った。」

□不自由を与えない社会づくりの困難さ

ありのままの生命を肯定する親密な関係を望みつつも現実の厳しさを指摘する生徒

もいる。

「……『ありのままの生命』を肯定するということは、まず親や周りの人たちがその子を受け入れることから始まると思う。そして受け入れた人がフォローしていき、周りにとっても当事者にとっても幸せだと肯定することができると思う。でも、これは奇麗ごとでしかないと思う。実際は無理なのかもしれない。」

「私は初め、障害があるからといって出生しないのはおかしいと思っていたけど、授業を進めていくうちに考えが変わった。母親が産めない。産みたくないと思ったら、産むのはやっぱり仕方がないのではと思うようになった。育てていくのは母親だし、産む前に嫌だと少しでも思ったまま産んで、やっぱり育てることができないないから……と言って子どもを施設にあずけるようになったら一番傷つくのは子どもだし、『あなたはいらない』と親に言われるように感じて、生まれてくるんじゃなかったと自分を責めたりしてほしくないなと考えたからです。でも、実際、わたしは認めてしまう社会よりは全ての命を肯定する社会に住みたいと思う。そのためには、『障がい』ということに対しての考えやイメージを一人一人が変えていかなくては実現出来ないと思った。」

規範的な奇麗事ではすまない現実の厳しさを認め、「全ての命を肯定する社会に住みたい」と願う生徒に、そうした社会とはいかなる社会であるのか、どのようにそれを実現するのかという実践的な課題が次に出てこよう。生徒たちがそうしたわからなさを抱えた社会構想をする土台には、記述したような「みんなに責任がある」という認識の問い直しを位置づけたのが、次の時間であった。

❹一〇万年後の安全のために――六時間目

本単元の最初で「ゆうだい君」のみんなに責任があるという意見に多くの生徒が賛同した。渡部は本時でまず、政府や東電、科学者、政治家、福島県民、関東圏の電力消費者等それぞれの責任（やるべきだったことやこれから取り組むべきこと）があることを示し、生徒たちにもそれらと異なる責任があることを考え話し合せている。その際に、未成年者であり有権者ではない生徒たちの責任とは、「それぞれの世代において子孫たちがよりよいものになるように子孫に働きかける」「人間が生まれながらに理性に課せられている義務」[*9]（カント）を提示している。本時の流れは次の通りである。

1 責任とは何か――「ぼくのお父さんは東電の社員です」の授業をふり返りながら――

2 「原発事故」を巡るそれぞれの責任主体を挙げよう

3 それぞれの責任は平等？

4 2で挙げたそれぞれの責任主体が事故前／後になすべき（だった）こととは？

5 君たち高校生に事故の責任はあるの？

6 なぜ責任は問われなければならないの？

7 宮本常一『萩の花』[*10]を読む――未来への責任・世代間倫理――

敗戦直後、社会秩序が乱れ、道徳が荒廃する中でよりよい生活を打ち立てるために苦心したことを、お腹の中にいる子どもに語り聞かせようと思う母親。その後、生まれた赤子を抱いて家の裏の浜辺を散歩しながら、次のように彼女は考える。「世の中がどのように苦しくなろうとも、どうぞこの子に生まれ出た喜びを持たせたいと思った。まあ生まれ出た意義をも感ぜしめたいものであるとも思った。……せめて愛情に満ちたところに生まれ出たものに対しては素直な成長を祈り、その身に、その心に愛情をしみこませて、その子自身を愛情深い人間たらしめ、その周囲の人たちを深く愛する人たらしめたい。それが世の中を明るくし、生甲斐をも感ぜしむるものとにもなろう。」（重松による要約）。

生徒たちはどのように責任をとらえ考えたであろうか。それぞれの責任のとり方について考え始め、よりよい社会づくりと結びつける生徒がいる。


「今回は安全神話がある上での、この事故だったから責任が生まれなければ東電が福島でやりたい放題なだけ。責任があるからこそ、わたしたちの安全な社会、幸せを確立できている。責任は問う者ではなく、自分たちが進んで持つべきものであると思う。」

「『責任≠原因』と先生が書いてくれたけど、今夏の事故のような悪い原因をつくった人が責任をとらなくてもいいようになると、何も考えずにいると、次の悪い原因をつくってしまうと思う。責任をとるということは反省し、それを次につなげないようにすることと似ていると思う、責任のとり方はそれぞれ違うけれど、お金を使って責任をとるのは、あまり反省されていないと思う」

また、将来をつくりだす責任について主体的に受け止めた生徒もいた。

「原発事故に関しては自分には一ミリも責任がないと思っていた。生まれたときから原発があったし、原発が危険だなんて教わってなかったし、そもそも有権者ではないからだ。電気を使っていたから責任があるなど納得できない。電気があるのが普通のことで当たり前だったのに、今更それがダメなんて言われても、責任は感じなかった。しかし、自分には将来への責任があるのだと知った。将来、自分たちの子供が住み良い世の中にするための責任がわたしたちにはある。自己の責任がないから何もしないのではなく、将来を変えていかなければならない。責任があるから他人任せではダメなんだと感じた」

その一方で、未来をつくりだす責任があるという意見に納得できない生徒もいた。

「今回の原発事故に関しては日本や世界中の人々に責任があるというのは確かだと思う。でも、責任の重さに差はあるに違いないと思った。わたしたち未成年者は電力消費者でもあるので責任がないとは言えないけれど、事が起きてからなのに将来への責任があるといわれても困惑するばかりで……」

「責任」とは原因の所在であり、責め立てる対象という理解ではなく、将来を切り開くための言葉であることに多くの生徒は気づいている。しかし、今なお、三・一一のまっただ中にいる生徒に「責任」があると言っても、困惑するのは当然のことだろう。ただ、渡部のねらいは生徒に「責任」を規範的、理念的に課することにはない。そのことを項を改めて考えることにする。

4 解決策の見えない現実の中で育成すべき思考と判断――まとめにかえて

三・一一を収束する有効な手だてを見いだせず、ましてやその意欲が容易に持てない生徒たちに、渡部は前述のようにカントのいう「責任」を巡って考えさせ話し合わせる授業をした。それは、誰にでも次世代によりよい生活や社会を与えたいという理性が備わっており、理性の発揮が「責任」つまり次世代という他者を視野に入れた社会づくりへ私達を向かわせるという見解であった。そして、「責任」を巡る学習が、次のような思考や判断を育み、カタストロフィーともいえる今の現実と向き合う力だと考えたのである。

「ややもすると原発問題をめぐっては、その是非も含めて請求な判断(原発の『安全神話』や特定のイデオロギーなど)を促すものを批判的に考える力こそが求められる。その意味で、それまでの自分の考え方が動揺させられる思考経験は、より判断力(を――挿入は重松)逞しくする力として作用するのではないだろうか。……判断力とは実に不思議な力で、科学的知見や法的規範以上に他者の声や自分の生活をじっと見つめることがその根拠となるケースがままある。もちろん、それが判断の正しさを意味するわけではない。にもかかわらず、このたびの出来事によって科学的知見の無根虚勢や官僚機構の機能不全が明らかになったことを考えれば、それ以外に判断を形成するもの、すなわち具体的な他者の声や自分の生活を手がかりとした思考や対話が求められる必要があるのではないだろうか。」

渡部のねらいは、次の「倫理の授業を一年間、受けて」を読むと、一定程度成功したことを物語っているといえるだろう。

「この一年間は主に、原発のことを学んできた。東日本大震災もあり、原発のことを学ぶのは重要だと思う反面、正直なところ気が乗らなかった。放射能のこと、原発のことを知り、自分のみを間持つ知識は欲しかったし、興味はあったが、学んだことで恐ろしい事実などを知ってしまうのではと思ったからだ。

授業の中で〝ぼくのお父さんは東電の社員ですと〟いう本を題材にしたが、私はその本を授業後に購入した。どうしても東電が許せなかったし、〝原発をつくらなければならない社会にしたみんなの責任である〟という少年の言葉を忘れられなかったからだ。

私はこの本を読んで良かったと思う。いろいろな世代の人の声を知ったし、自分と立場の違う人の気持ちや考えも知ることができた。東電に対する不満が消えたわけではないが、いろいろな人の考えを知ることができたのが良かった。

多分、私は倫理の授業で原発のことをやらなければ、この本を読むことはなかっただろうし、原発や放射能のことも、ニュースを見て文句ばかり言っているだけで調べようとしなかったと思う。授業で学ぶ、将来に不安を感じたところもあったが、原発事故にあった福島人として原発のことを知っておいて損はないし、これからまだまだ続く放射能問題に対する対処の知識も学べたのは本当に良かった。」

最後に、自身の実践資料や「地理歴史・公民科学習研究会」での発表資料を提供していただき、また聞き取り調査にもご協力いただいた渡部純先生に感謝の念を記して筆をおく。

注

*1…「高校サテライト方式の一年」（第六四回　福島県高等学校地理歴史・公民科（社会科）研究会（二〇一二年八月一〜二日）での配布資料。同アンケートは二〇一一年一一月九日に福島県立原町高等学校で実施された。

*2…生徒が記した文章で誤字脱字等の表記ミスがあっても、そのままとした。以下、同様。

*3…「てつがく＠カフェ　第五〇回歴史地理・公民科（社会科）研究会のご案内」「前回二〇一一年一二月一五日」の研究会報告文」http://blog.goo.ne.jp/fukushimacafe/e/13fde8ab0bd077fb7ed244fd912ffc83。以下、同会の動向や学習会の内容は同HPと同会会員の渡部純よりの聞き取り調査（二〇一二年七月一六日　於東京）に基づく。

*4…渡部純「『東電福島第一原発事故』から考える授業実践」。前掲第六四回大会における発表資料。

*5…次のような回答がある。・映画みたい。・福島から出れば原発の影響がないと思うけど、誰かが残らなければ福島の復興はない。・原発事故が起こり、今まで何も言わずに過ごしてきた人たちが口を揃えて「原発なくせ」といっているのを見るとなんだかモヤモヤする。

*6…以下、渡部純実践に関する引用は前掲資料と渡部よりご提供いただいた資料に基づく。

*7…要旨は次の通り。「原子力発電をつくったのは誰でしょうか。もちろん、東京電力です。では原子力発電所をつくるきっかけをつくったのは誰でしょうか。それは、日本人、いや世界中の人々です。その中には僕もあなたも……みんな入っています。なぜそう言えるかというと、こう考えたからです。発電所を増やさなければならなかったのは、日本人が夜遅くまでスーパーを明けたり、ゲームをしたり、無駄に電気を使ったからです。さらに、発電所の中でも原子力発電所をつくらなければならなか

ったのは、地球温暖化を防ぐためです。火力発電では二酸化炭素を出します。水力発電ではダムをつくらねばならず、村が沈んだりします。原子力発電ならば燃料も安定して手に入るし、二酸化炭素も出ません。そうして原子力発電がつくられたわけですが、その地球温暖化を進めたのは世界中の人々です。（改行）そのように考えてくると、原子力発電所をつくったのは東電だけではなく、みんなであると言え、みんなも無責任であるのです。」

＊8…フォーラム哲学編『翼ある言葉』青木書店、二〇〇二年。中村秀行が朝日新聞一九八三年一月三日付の文芸欄の特集「家族、何がやんでいるのか」の中で「開かれた笑み」記事を取り上げた考察。同記事は夫婦ともに染色体異常が見つかった母親（三八歳）の出産とその後の治療にあたった担当医師への取材記事である。同記事の内容は次の通りである。彼女はそれまで、度重なる流産や二度の死産、そしてようやく出産した長女も水頭症のため一歳一ヶ月でなくしている。新たに妊娠することについて、当時の担当医師は思いとどまるように説得するが、彼女は「だれでもどんな子どもでもいい、もう一度自らの胸に赤ちゃんを抱きしめたい」と願う。新たな生命が彼女の体内に宿り、レントゲン検査で胎児が水頭症である可能性が高いことが判明する。その後、仮死状態での出産であったが、一命をとりとめ、その後、医師は彼女との手紙のやり取りの中で記される子どもの健常な発達の様子を喜ぶ様子に、水頭症による症状（眼振、けいれん）であると指摘できずにいた。ところが、二歳三ヶ月の時の診察で、母親が「さあ、帰ろうね」と抱きかかえた時に、その子は「にっことした」。もう一度、母親の同じことをしてもらうと、その子は「またにっことした。」それは笑顔であり、痙攣ではなかった。配布資料は中村が以上の記事を紹介し、「ここには『人間であることの気高さ』がみごとに表現されている。」として、「人間の尊厳とは、〝人間がさまざまな不自由・障害とたたかうなかで発揮される人間関係（共同性）によってつくりだされる気高さ〟だ、と言えるだろう。」と締めくくっている。

＊9…「理論と実践」北尾宏之邦訳『カント全集一四』岩波書店、二〇〇〇年。

＊10…『ちくま哲学の森四　いのちの書』筑摩書房、二〇一一年、八一～八五頁。

おわりに

本書ではリスク社会を、高度に発達した科学技術と複雑化・グローバル化した社会システムがもたらす制御不能なさまざまな社会問題が顕在化する社会と規定した。これを受けて、1章では、リスク社会に向き合う社会科授業づくりの七つの視点（①地域や当事者のリアルな視点、②「食」や「生活」の安全・安心の視点、③科学研究の相対化、④合意をめざす議論の展開、⑤新しい政治文化の担い手の育成、⑥メディアリテラシーの鍛錬、⑦未来を見据えた現実的妥協的な思考）を提示した。3章で紹介した授業実践は、この七つの視点を意識しながら取り組んだものである。

実践を通して見えてきたことは、当事者の視点の重要性ではなかっただろうか。

重松が紹介した福島県地理歴史・公民科学習研究会の放射能汚染問題と向き合う実践や放射能汚染のホットスポット・柏市における山本実践、浦安市の液状化問題を扱った渡邉実践、自らの自己形成史を綴ることを通して貧困問題と向き合った田中実践では、直接的なリスク被害の当事者である子どもたちの学びの過程が報告されている。その記録を読むと、被害の当事者である子どもたちの問題に対する認識や反応は一様ではないことがわかる。学習以前の子どもたちは、自らが直面するあまりにも深刻な事態に困惑し、考えることを放棄したり、安易な「周辺的ルート処理」（山本実践）による判断を下している場合が少なくなかった。しかし、学習が進むにつれ、子どもたちは自らが置かれている問題状況を客観的に理解し、また問題解決に向けたさまざまな取り組みや考え方に接することを通して、徐々に当事者意識を獲得していった。

他方、実際に遭遇したリスクに接しながらも、被災地域から遠く離れていたり、自らの生活と関係性の薄い問題に関して、なかなか自分のこととして捉えられないという子どもたちの実態もあった。そのような子どもたちを前に、阪神・淡路大震災後の神戸市における復旧・復興を参考にしながら身近な防災まちづくりについて考えさせた石本実践や、がれきの受け入れという問題を自分の問題として捉えさせようとした田﨑実践、地域の酪農家Hさんの仕事とその思いの学習を通して生産と結びついた消費のあり方を考えさせた井山実践、地域にあった津波被害の歴史を掘り起こすことにより現代の生活を見つめ直させた板垣実践、自ら体験した原発事故報道を読み解いていった上園実践、歴史学習において飢饉と戦い・乱取りの関係から自らの戦争観を見直させた木村実践では、一つひとつていねいに事実認識を積み重ねることを通して、リスクや当事者と対峙させ、その本質を見極めることを試みた。その結果、子どもたちは、徐々にではあるが、問題を自分に引き寄せて捉えられるようになった（当事者性の獲得）。

当事者意識と当事者性の獲得に加えて、子どもたちが問題解決に向けて歩を進める際に不可欠な能力のひとつに、粘り強い対話力がある。リスクは生活の快適性を追求する人間の根源的欲求に根ざしているだけに、その評価や対処方法についてはさまざまな見解がある。「どうすればよいのか」、「どうあるべきなのか」に回答することは、決して簡単なことではない。そこで求められるのが、上記の七つの視点を踏まえながら、意見や考え方を異にする他者と粘り強く対話を継続する営みである。本書で紹介した実践では、いずれも集団による議論の場を何度となく設けている。そこでは、粘り強く対話を重ねることにより、成長していく子どもたちの姿を見てとることができた。

そして、最後に指摘しておかなければならないのは、リスクのもつ不平等性を踏まえた実践の必要性である。リスク社会におけるリスクは、特定の人たちだけが被るものではなく、あらゆる人に平等に降りかかるという特色をもっている。しかし一方で、リスクによってもたらされる被害の可能性や程度は、階級や階層、地域によって異なり、個々の被災状況に不平等が生じる。私たちがリスク社会に向き合っていくためには、このことを十分に認識し、根本的なリスク回避を目指すと同時に、被害の不平等をなくす、あるいは軽減することを視野に入れた社会科授業実践が必要であろう。

本書は二〇一一〜二〇一二年度、東京学芸大学大学院連合学校教育学研究科（博士課程）研究プロジェクト「高リスク社会に対応した学力を育成する社会科内容・指導に関する研究」（研究代表・竹内裕一）の研究成果を中心に編纂したものである。本書の出版に際しては、東京学芸大学大学院連合学校教育学研究科（博士課程）の援助をいただいた。また、梨の木舎の羽田ゆみ子氏には、出版事情厳しき折、快く本書の出版を引き受けて頂いた。最後になってしまったが、記して感謝申し上げる次第である。

二〇一三年三月

執筆者を代表して　竹内　裕一

●執筆者

坂井俊樹（さかい　としき）
東京学芸大学教育学部　はじめに、１章１、１章２、２章５
高田滋（たかだ　しげる）
東京学芸大学教育学部　２章１
小瑶史朗（こだま　ふみあき）
弘前大学教育学部　２章２
金広植（キム　クァンシク）
横浜国立大学教育人間科学部非常勤講師　２章３
竹内裕一（たけうち　ひろかず）
千葉大学教育学部　２章４、おわりに
鈴木隆弘（すずき　たかひろ）
高千穂大学人間科学部　２章６
井山貴代（いやま　たかよ）
神奈川県伊勢原市立成瀬小学校　３章１
渡邉剛（わたなべ　たけし）
千葉県浦安市立明海小学校　３章２
板垣雅則（いたがき　まさのり）
千葉県浦安市立舞浜小学校　３章３
田﨑義久（たざき　よしひさ）
東京学芸大学附属小金井中学校　３章４
木村洋平（きむら　ようへい）
東京学芸大学附属竹早中学校非常勤講師　３章５
石本貞衡（いしもと　さだひら）
東京学芸大学附属世田谷中学校　３章６
上園悦史（うえぞの　よしひと）
東京学芸大学附属竹早中学校　３章７
山本晴久（やまもと　はるひさ）
千葉県立柏中央高等学校　３章８
田中恒雄（仮名，たなか　つねお）
公立高等学校　３章９
重松克也（しげまつ　かつや）
横浜国立大学教育人間科学部　３章10

編者
坂井俊樹（さかい　としき）東京学芸大学教育学部
・『ゆれる境界・国家・地域にどう向きあうか』監修森田武、共編著、梨の木舎、2009年
・『東日本大震災と東京学芸大学』（共著）東京学芸大学出版会、2013年

竹内裕一（たけうち　ひろかず）千葉大学教育学部
・『地理教育カリキュラムの創造』（分担）、古今書院、2008年
・『増補版　身近な地域を調べる（東京学芸大学地理学会シリーズ）』共編著、古今書院、2009年

重松克也（しげまつ　かつや）横浜国立大学教育人間科学部
・『社会科教育研究の再構築をめざして—あたらしい市民教育の実践と研究』竹内裕一他共編著、東京学芸大学出版会、2009年

現代リスク社会にどう向きあうか
——小・中・高校、社会科の実践

2013年3月25日　初版発行
編　者………………坂井俊樹・竹内裕一・重松克也
装　丁………………宮部　浩司
発行者………………羽田ゆみ子
発行所………………梨の木舎
〒101 - 0051　東京都千代田区神田神保町1 - 42
TEL 03（3291）8229
FAX 03（3291）8090
eメール　nashinoki-sha@jca.apc.org
http://www.jca.apc.org/nashinoki-sha/
ＤＴＰ………………石山和雄
印刷所………………株式会社　厚徳社

教科書に書かれなかった戦争

㊸歴史教育と歴史学の協働をめざして——
ゆれる境界・国家・地域にどう向きあうか

坂井俊樹・浪川健治編著　森田武監修

A5判/418頁/定価3500円＋税

●目次　1章　境界と領域の歴史像　2章　地域　営みの場の広がりと人間
　3章　交流のなかの東アジアと日本　4章　現代社会と歴史理解

歴史教育者である教師と、歴史研究者の交流・相互理解をすすめる対話と協働の書。今日の歴史教育を取り巻く状況を、「境界・国家・地域という視点から見つめなおす。

978-4-8166-0908-4

㊹アボジが帰るその日まで
——靖国神社へ合祀取消しを求めて——

李熙子（イ・ヒジャ）＋竹見智恵子/著

A5判/144頁/定価1500円＋税

●目次　第一章　イ・ヒジャ物語—日本で提訴するまでの足どり
　第二章　江華島ふたり旅
　資料編　イ・ヒジャさんの裁判をもっとよく理解するために

「わたしにはひとつだけどうしてもやりとげたいことがある。
それはアボジを靖国神社からとり戻し故郷の江華島に連れ帰ること」

978-4-8166-0909-1

㊺それでもぼくは生きぬいた
日本軍の捕虜になったイギリス兵の物語

シャーウィン裕子　著

四六判/248頁/定価1600円＋税

●目次　一話　戦争を恨んで人を憎まず——チャールズ・ビーデマン／二話　秘密の大学——フランク・ベル／三話　トンネルの先に光——鉄道マン、エリック・ローマックス／四話　工藤艦長に救われた——サム・フォール／五話　命を賭けた脱出、死刑寸前の救命——ジム・ブラッドリーとシリル・ワイルド

第２次世界大戦において日本軍の捕虜となり、その過酷な状況を生きぬいた６人のイギリス人将兵の物語。

978-4-8166-0910-7

㊻次世代に語りつぐ生体解剖の記憶
——元軍医湯浅謙さんの戦後

小林節子著

A5判190頁　定価1700円＋税

目次　１湯浅謙さんの証言　２生体解剖の告発—中国側の資料から　３山西省で
　４中華人民共和国の戦犯政策　５帰国、そして医療活動再開

　日中戦争下の中国で、日本軍は軍命により「手術演習」という名の「生体解剖」を行っていた。それは日常業務であり、軍医、看護婦、衛生兵など数千人が関わっていたと推定される。湯浅医師は、罪過を、自分に、国家に、問い続けた。

978-4-8166-1005-9

㊼クワイ河に虹をかけた男　元陸軍通訳永瀬隆の戦後

満田康弘著

四六判/264頁/定価1700円＋税

●目次　1章たったひとりの戦後処理　2章アジア人労務者
3章ナガセからの伝言　4章遠かったイギリス　5章最後の巡礼

永瀬隆は、1918年生まれ。日本陸軍憲兵隊の通訳として泰緬鉄道の建設に関わる。復員後、倉敷市で英語塾経営の傍ら、連合国捕虜1万3千人、アジア人労務者推定数万人の犠牲を出した「死の鉄道」の贖罪に人生を捧げる。タイ訪問は135回。本書は彼を20年にわたって取材してきた地元放送局記者の記録である。

978-4-8166-1102-5

㊽ここがロードス島だ、こで跳べ

憲法・人権・靖国・歴史認識

内田雅敏著

A5判/264頁/定価2200円＋税

●目次　1章二つの戦後を考える　2章靖国神社と大東亜聖戦史観
3章わたしたちは言論と表現の自由を手にしているか　4章裁判員制度はこのままでいいか？

本書からは、行動する弁護士・内田雅敏さんの覚悟と行動が立ちあがってくる。（鎌田慧）

978-4-8166-1103-2

㊾少女たちへのプロパガンダ

――『少女倶楽部』とアジア太平洋戦争

長谷川潮　著

四六判／144頁／定価1500円+税

目次　第一章　満州事変が起こされる　第二章　仮想の日米戦争
第三章　支那事変に突入する　第四章　太平洋戦争前夜
第五章　破滅の太平洋戦争

テレビやインタネットの誕生以前は、雑誌が子どもたちの夢や憧れを育み、子どもと社会をつなぐ文化的チャンネルだった。アジア太平洋戦争の時代に軍が少女に求めたものは、「従軍看護婦」だった。

978-4-8166-1201-5

㊿花に水をやってくれないかい？

――日本軍「慰安婦」にされたファン・クムジュの物語

イ・ギュヒ　著／保田千世訳

四六判／164頁／定価1500円＋税

目次　507号室はなんだかヘンだ　鬼神ハルモニ　うっかりだまされていた「イアンフ」って何？　変わってしまったキム・ウンビ　留守の家で　わたしの故郷　ソンペンイ　咸興のお母さん　汽車に乗って　生きのびなくてはお母さんになる　もう1度慰安婦ハルモニになって　他

植民地化の朝鮮で日本軍の慰安婦にされたファン・クムジュハルモニの半生を、10代の少女に向けて描いた物語。

978-4-8166-1204-6

女性への暴力防止・法整備のための国連ハンドブック

国際連合女性の地位向上部著
A5判/176頁/定価1800円＋税

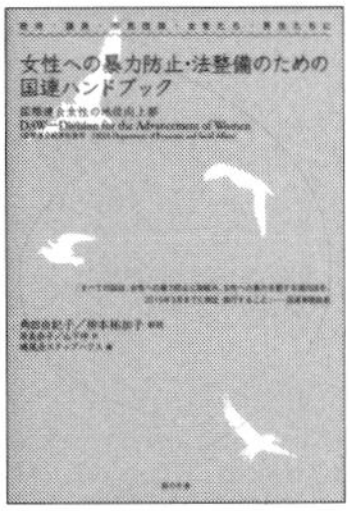

●目次　1章はじめに――世界は動き出している　2章国際的・地域的な法および政策について　3章女性への暴力防止についての法律モデル　4章女性への暴力に関する法案の起草にあたって踏むべき手順のチェックリスト

こんな法律がほしい――本書は、女性への暴力防止法整備のために国連が作成した法律モデルの翻訳です。

978-4-8166-1105-6

いつもお天道さまが守ってくれた
――在日ハルモニ・ハラボジの物語

朴日粉著
四六判212頁　定価1500円＋税

「人様を思いやる心根のやさしさ」は「人間の一番初めにあるべき知性」と石牟礼道子さんは言った。生きて、愛して、闘った、ハルモニ・ハラボジ34人へのインタビュー

978-4-8166-1101-8

母から娘へ―ジェンダーの話をしよう

権仁淑著　中野宣子訳　まん画・大越京子
A5判／186頁／定価1800円＋税

目次　1つめの物語　女と男はどのようにつくられるのか　2つめの物語　母の犠牲はいつでも美しいか　3つめの物語　女は身体に支配されているか　4つめの物語　女と男の性、そして性暴力　5つめの物語　職場の女性たち、男性たち

「ソニ、カワイイって言われたい？」「うん、もちろん」
女の子や男の子の中で、ジェンダー意識はどうつくられるか。民主化運動をたたかった韓国の女性学研究者の母から娘への愛情あふれる語り。民主化を阻む最後の壁は、視えないジェンダー意識ではな～い？

978-4-8166-1106-3

旅行ガイドにないアジアを歩く

マレーシア

高嶋伸欣・関口竜一・鈴木　晶著
A5判変型192頁　定価2000円＋税

●目次　1章マレーシアを知りたい　2章クアラ・ルンプールとその周辺　3章ペナン島とその周辺　4章ペラ州　5章マラッカとその周辺、6章ジョホール・バルとその周辺　7章マレー半島東海岸　8章東マレーシア

「マラッカ郊外の農村で村の食堂に入り手まねで注文した。待つ間に年配の店員が出てきて「日本人か」と聞いた。「それでは戦争中に日本軍がこのあたりで住民を大勢殺したのを知っているか」と。ここからわたしの長い旅がはじまった」（はじめに）

978-4-8166-1007-3